Deutsche strafrechtliche Landesreferate zum IX. Internationalen Kongreß für Rechtsvergleichung Teheran 1974

Beiheft zur
Zeitschrift für die gesamte
Strafrechtswissenschaft

Herausgegeben von Hans-Heinrich Jescheck

1974
Walter de Gruyter · Berlin · New York

Gedruckt mit Unterstützung der Deutschen Forschungsgemeinschaft

ISBN 3 11 004941 4

Printed in Germany.

Satz und Druck: Druckerei Chmielorz, 1 Berlin 44

Inhaltsverzeichnis

Vorschau auf den IX. Internationalen Kongreß für Rechtsvergleichung

(Teheran, 27. September — 4. Oktober 1974)

Die Auswahl eines passenden Kongreßortes für internationale Tagungen scheint immer schwieriger zu werden. Die Internationale Akademie für Rechtsvergleichung hat jedenfalls diese Erfahrung nun schon zweimal machen müssen. In der Schlußsitzung des VIII. Internationalen Kongresses für Rechtsvergleichung verkündete ihr inzwischen verstorbener Secrétaire Général perpétuel Gabriel *Marty*, die Akademie beabsichtige, mit einer fast 40jährigen Tradition zu brechen und erstmals ihren Kongreß außerhalb Europas zu veranstalten. An Den Haag (1932 und 1937), London (1950), Paris (1954), Brüssel (1958), Hamburg (1962), Uppsala (1966) und Pescara (1970) solle sich 1974 Santiago de Chile als Treffpunkt der in der Rechtsvergleichung Tätigen anschließen und die zunehmende Bedeutung unterstreichen, die Lateinamerika zukomme.

Leider mußte der Plan in dieser Form aufgegeben werden. Schuld daran tragen nicht etwa organisatorische Schwierigkeiten oder die weite Entfernung von Europa, das beim letzten Kongreß in Pescara mehr als die Hälfte der rund 400 Teilnehmer gestellt hatte. Die Universidad Católica de Chile ließ es an sorgfältiger Vorbereitung nicht fehlen; die chilenische Regierung bot über ihre Fluggesellschaft einen subventionierten Charterflug ab Frankfurt über Paris und Madrid an, der — finanziell gesehen — die Entfernung schrumpfen ließ. Aber wiederum, wie schon beim VIII. Internationalen Kongreß für Rechtsvergleichung, machte die Politik einen Strich durch die Planung. So wie seinerzeit nach dem Umsturz in Griechenland auf Athen als Kongreßort verzichtet werden mußte, so blieb der Akademie nichts anderes, als diesmal weniger als ein Jahr vor dem Beginn der Tagung Chile abzusagen.

Die dadurch aufgeworfenen und durch den unerwarteten Tod des Generalsekretärs der Akademie verschärften Probleme waren beträchtlich. Die Zahl der Städte, die einen solchen Kongreß aufnehmen können, ist begrenzt. Zudem bereitet es erhebliche Schwierigkeiten, wenn dem Organisationskomitee des Gastlandes weniger als ein Jahr zur Planung und Finanzierung zur Verfügung stehen. Schließlich hat die Akademie durch ihren Verzicht auf Athen und Santiago de Chile auch gezeigt, daß sie entschlossen ist, gewisse Anforderungen an das gastgebende Land zu stellen.

Es sah daher so aus, als müsse der Kongreß verlegt, der Vier-Jahres-Rhythmus diesmal aufgegeben werden. Die Folgen wären vor allem für die Landesberichterstatter äußerst mißlich gewesen: Die überwiegend bereits ganz oder teilweise fertiggestellten Berichte hätten fast ausnahmslos ein Jahr später noch einmal völlig überarbeitet werden müssen, und alle Zeitpläne wären umgestürzt worden.

Glücklicherweise ersparen jedoch die in der Akademie durch *H. Afchar* vertretenen persischen Kollegen[1] allen diese Verlegenheit durch ihre Bereitschaft, den Kongreß 1974 in Teheran aufzunehmen. Die Anpassung an den mohammedanischen Kalender macht es zwar erforderlich, an einem Freitag (statt wie ursprünglich vorgesehen an einem Samstag) zu beginnen, und eine kurzfristige, weniger als zwei Monate vor dem geplanten Beginn angekündigte Verschiebung um vier Wochen dürfte manchem sehr ungelegen kommen. Im übrigen ändert sich jedoch nichts, ein beachtlicher Erfolg des Secrétaire Général p. i. *R. Drago*, der nach dem Tode Gabriel *Martys* die Geschäfte übernommen hat.

Das wissenschaftliche Programm des Kongresses ist wieder sehr reich, fast zu reich. Insgesamt sind nicht weniger als 39 Themen vorgesehen, die in sechs Sektionen behandelt werden sollen. Das bedeutet, daß wahrscheinlich je Thema nur ein halber Tag zur Verfügung stehen wird (die Sektionen II/Zivilrecht und IV/Öffentliches Recht haben je neun Themen zu bearbeiten!). Ein

[1] Die Akademie gliedert sich nach einer Übersicht aus dem Jahre 1972 in vier „groupes" (in Klammern jeweils die Länder, die nach dieser Übersicht vertreten sind): Groupe de l'Europe centrale et septentrionale (Deutschland, Finnland, Österreich, Schweden, Schweiz, Türkei) — sieben Titularmitglieder, zwei assoziierte Mitglieder; Groupe latin (Argentinien, Belgien, Brasilien, Chile, Frankreich, Griechenland, Italien, Mexiko, Niederlande, Portugal, Spanien, Venezuela) — 24 Titularmitglieder, 14 assoziierte Mitglieder; Groupe anglo-américain (Australien, Großbritannien, Kanada, USA) — acht Titularmitglieder, 16 assoziierte Mitglieder; Groupe Orient-Afrique (Ägypten, Iran, Japan) — drei Titularmitglieder; Groupe des Pays de l'Est (Jugoslawien, Polen, Rumänien, Tschechoslowakei, Ungarn, UdSSR) — fünf Titularmitglieder, sechs assoziierte Mitglieder. Insgesamt also 47 Titularmitglieder (davon gut die Hälfte dem Groupe latin zugehörig) und 38 assoziierte Mitglieder.

halber Tag, das sind abzüglich einer Diskussionspause kaum mehr als drei Stunden. Diese Zeit steht aber keineswegs für die Aussprache voll zur Verfügung. Zunächst muß jeder Generalberichterstatter eine Zusammenfassung seines Berichts vortragen, denn dieser wird den Kongreßteilnehmern erst bei ihrer Ankunft zur Verfügung gestellt, so daß sie ihn kaum vor Beginn der Sitzung lesen können. Unter diesen Umständen wird es nur in Glücksfällen möglich sein, zu den eigentlichen Problemen vorzustoßen und ihnen Aufmerksamkeit zu widmen.

Erfreulicherweise ist die Rechtswissenschaft der Bundesrepublik mit Landesberichten zu allen 39 Themen vorzüglich vertreten. Seit 1950 war bei den Kongressen der Akademie von deutscher Seite keine so umfassende Beteiligung mehr zu verzeichnen wie jetzt für Teheran.

Daß gegenüber dem letzten Kongreß (Pescara 1970) etwa doppelt so viele deutsche Landesberichte vorgelegt werden können, dürfte dem Umstand zuzuschreiben sein, daß zur Vorbereitung dieses Kongresses wieder ein Deutsches Nationalkomitee gebildet wurde, wie das an dieser Stelle (Beiheft ZStW 1971) nach Pescara empfohlen worden war. Besonderer Dank gebührt dem Bundesjustizministerium und der Deutschen Forschungsgemeinschaft für die Unterstützung, die sie dem Nationalkomitee zukommen ließen.

Zur Frage der Veröffentlichung der deutschen Landesberichte hat sich das Nationalkomitee die Überlegungen zu eigen gemacht, die Teilnehmer des Kongresses von Pescara seinerzeit angestellt hatten[2]. Auf einen Sammelband, der bei der Überfülle ganz verschiedener Themen keine thematische Ausrichtung haben könnte und deswegen wenig sinnvoll wäre, hat man daher verzichtet. Leider hat die Akademie den Vorschlag von *Drobnig* bisher nicht aufgegriffen, die einzelnen Landesberichte zu jedem der verschiedenen Kongreßthemen zusammen mit dem Generalbericht jeweils geschlossen zu veröffentlichen. Dies wäre zweifellos die beste Lösung. Da die Akademie aber nach wie vor die Veröffentlichung den Berichterstattern überläßt, hat das Deutsche Nationalkomitee den an dieser Stelle (Beiheft ZStW 1971) vorgeschlagenen zweitbesten Weg gewählt: die Veröffentlichung der Landesberichte,

[2] S. *Drobnig*, VIII. Internationaler Kongreß für Rechtsvergleichung, RabelsZ 1971, 576 (577), sowie meinen Bericht im Beiheft ZStW 1971, 1 (2).

entsprechend den Sektionen des Kongresses nach Fachgebieten zusammengefaßt, in Reihen oder Zeitschriften[3].

Die ZStW hat es dankenswerterweise wieder übernommen, die deutschen strafrechtlichen Landesreferate zu veröffentlichen[4]. Wie für Pescara, so hat es auch diesmal die Akademie für gut befunden, nicht weniger als fünf strafrechtliche und strafprozessuale Themen aufzustellen. Vergleicht man das mit der Zahl der Themen, die dem Kongreß der A.I.D.P. gestellt sind, und stellt man die ungleich geringere Zahl teilnehmender Strafrechtler in Rechnung, so wird klar, wie schwer ein solches Programm zu bewältigen ist.

Glücklicherweise ist es gelungen, für alle fünf Themen deutsche Landesberichterstatter zu gewinnen, durch deren schriftliche Berichte die deutsche Strafrechtswissenschaft in allen Sektionen vertreten sein wird. Diese fünf Berichte enthält das vorliegende Beiheft zur ZStW. Um den Kollegen, die des Deutschen nicht mächtig sind, das Verständnis zu erleichtern, sind jeweils fremdsprachige Zusammenfassungen angefügt, die teils von den Verfassern eingereicht, teils im Auftrag des Nationalkomitees erstellt worden sind. Für ihre Mitarbeit an dieser Aufgabe gebührt besonderer Dank Frau *Bleckmann*, Lcda. *García de la Torre*, Lcdo. *Nicolás Muñiz* und Ger. Ref. Dipl.-Übers. *Niederndorfer*.

Nach der Zahl der angemeldeten Landesberichte zu schließen, haben die strafrechtlichen Themen großes Interesse geweckt. Zum Thema V A 1 sind elf Berichte angekündigt: Äthiopien, Argentinien, Belgien, Deutschland (BRD), Frankreich, Großbritannien, Italien, Japan, Polen, Ungarn, USA; zum Thema V A 2 zehn: Argentinien, Belgien, Deutschland (BRD), Frankreich, Israel, Japan, Niederlande, Peru, Rumänien, USA; zum Thema V A 3 ebenfalls zehn: Deutschland (BRD), Frankreich, Großbritannien, Israel, Italien, Japan, Niederlande, Polen, Rumänien, Schweiz; zum Thema V B 1 vierzehn: Äthiopien, Belgien, Chile, Deutschland (BRD), Frankreich, Griechenland, Großbritannien, Italien, Japan, Mexiko,

[3] Die deutschen strafrechtlichen Landesreferate zum VIII. Kongreß (Pescara) sind in dem bereits zitierten Beiheft zur ZStW erschienen, die übrigen weit verstreut; s. die Zusammenstellung in RabelsZ 1972, 379. Eine vollständige Liste der deutschen Berichte für Pescara findet sich in Mitteilungen der Gesellschaft für Rechtsvergleichung, Nr. 12 (September 1970), S. 11, 12.

[4] S. im übrigen das Verzeichnis der für die Veröffentlichung der deutschen Landesreferate vorgesehenen Zeitschriften und Reihen am Ende des Heftes.

Rumänien, Ungarn, Somalia, USA; zum Thema V B 2 gar fünfzehn: Argentinien, Belgien, Chile, Deutschland (BRD), Frankreich, Griechenland, Großbritannien, Italien, Israel, Japan, Mexiko, Polen, Portugal, Rumänien, USA. Leider ist bis zur Stunde noch unbekannt, ob und wo die ausländischen Landesberichte und die Generalberichte veröffentlicht werden.

Dem Kongreß wird es nicht an Themen fehlen, und sicher auch nicht an Teilnehmern. Unseren persischen Kollegen, welche die Last der Vorbereitung unter Zeitdruck auf sich genommen haben, gilt unser Dank. Wir hoffen, daß dieser Kongreß, auf dessen Vorbereitung von deutscher Seite viel Mühe verwandt worden ist, erfolgreich verläuft und neue Verbindungen insbesondere auch zwischen dem gastgebenden Land und dem unsern entstehen läßt.

Dr. Kurt *Madlener*, MCL
Referent am Max-Planck-Institut für ausländisches und internationales Strafrecht in Freiburg i. Br.
Generalsekretär des Deutschen Nationalkomitees

Das Fahrlässigkeitsdelikt*)

Von Professor Dr. Günther *Jakobs*, Kiel

I. Gesetzlicher Rahmen, „Rechtsfahrlässigkeit"

Weder im Strafgesetzbuch geltender Fassung noch in der Fassung des Allgemeinen Teils durch das 2. Strafrechtsreformgesetz[1] findet sich eine positive Bestimmung dessen, was Fahrlässigkeit ist[2],[3]. Immerhin ergeben sich aus dem Kontext des Gebrauchs des Wortes Fahrlässigkeit im Gesetz (insbesondere in den §§ 59 StGB/16 Abs. 1 in der Fassung des 2. Strafrechtsreformgesetzes i. V. m. den §§ 13 Abs. 1 S. 1 StGB/46 Abs. 1 S. 1 in der Fassung des 2. Strafrechtsreformgesetzes) Ansätze zur Entschlüsselung des Gemeinten: Fahrlässigkeit ist eine Voraussetzung der Zurechnung eines Verhaltens als schuldhaft mit derselben Stellung wie Vorsatz; ihr Anwendungsbereich (nicht notwendig ihr Umfang; der mag den Vorsatz umfassen) ist also das — weitere Deliktsvoraussetzungen unterstellt — noch als schuldhaft Zurechenbare und nicht Vorsätzliche. Je nach dem Verständnis von Schuld und Zurechnung und je nach dem Gebrauch verfestigter dogmatischer Auffächerungen des Verständnisses von Schuld und Zurechnung

* Abgeschlossen im September 1973.

1 Vom 4. 7. 1969, BGBl. I, 717 ff.

2 Wohl aber sah § 18 Entwurf 1962 (Bundestagsdrucksache IV 650) und sieht § 18 Alternativ-Entwurf (vorgelegt von *J. Baumann* u. a., Tübingen 1966) eine positive Bestimmung vor.

3 Auch ist nicht durchgehend im Gesetz ausgesprochen, wann nicht nur die vorsätzliche, sondern auch die fahrlässige Zuwiderhandlung gegen eine Norm strafbar ist. Nach einhelliger Ansicht soll fahrlässige Zuwiderhandlung strafbar sein, wenn dies ausdrücklich angeordnet oder dem Sinn und Zweck der Vorschrift zu entnehmen ist (BGHSt. 6, S. 131 ff., 133). Letztere (interpretierend zu ermittelnde) Strafbarkeit fahrlässigen Verhaltens bleibt zum StGB ohne größere Bedeutung (von den Vergehen: § 330, Verletzung der Regeln der Baukunst; BGHSt., a. a. O.: die Vorschrift sei bei Beschränkung auf Vorsatz nahezu überflüssig); Nachweise bei *Jescheck*, Lehrbuch des Strafrechts, Allgemeiner Teil. 2. Auflage, Berlin 1972, S. 217. — Diese unnötige Einschränkung der Bestimmtheit des Gesetzes wird in § 15 in der Fassung des 2. Strafrechtsreformgesetzes im Einklang mit den Intentionen der neueren Entwürfe (§ 15 E 1962; § 16 AE) beseitigt.

läßt sich dieser Rahmen, der wegen der äußerst fragmentarischen gesetzlichen Bestimmung des Vorsatzes (in den §§ 59 Abs. 1 StGB/ 16 Abs. 1 S. 1 in der Fassung des 2. Strafrechtsreformgesetzes) nur dürftige Konturen abgibt, verschieden ausfüllen, ja sprengen: Ob fahrlässiges Verhalten überhaupt schuldhaftes Verhalten sein kann, ist nach dem Gesetz nur terminologisch ausgemacht[4]. Von der damit gegebenen Freiheit macht die Rechtslehre üppigen Gebrauch, freilich bei starker Konvergenz der praxisrelevanten Ergebnisse. Nur zu der Frage nach der Behandlung eines in Verbotsunkenntnis bei gegebener Kenntnis des (Verbots-)Gegenstandes vollzogenen Verhaltens bleiben die Ergebnisse unüberbrückbar kontrovers: Der Bewertung des beschriebenen Verhaltens als allenfalls fahrlässig (rechtsfahrlässig i. S. der Vorsatztheorie) steht die Bewertung als vorsätzlich und nach dem Maß der Vermeidbarkeit schuldhaft (Schuldtheorie) schroff gegenüber. Die Kontroverse[5] soll hier nicht behandelt werden, da sie de lege ferenda zu-

[4] Und soll hier auch nicht ansatzweise behandelt, sondern nur als Problem benannt werden: Es geht — in äußerster Simplifizierung — um die Frage, ob derjenige, dem nicht zumindest sachgedanklich bewußt ist, sich unrecht zu verhalten (also jedenfalls: jeder unbewußt fahrlässig Handelnde), sich schuldhaft verhalten kann. Daß hier, je nach dem Vorverständnis von Schuld, Fähigkeit zur Unrechtsvermeidung u. a. m., differente Antworten gegeben werden können, ist evident. Jedenfalls läßt sich eines ausmachen: Auch dem sich in aktueller Unrechtskenntnis Verhaltenden *fehlt* die aktuell hinreichende Zuwendung zur Norm, wie das Verhalten beweist; es geht also nicht allein um das psychisch Aktuelle, sondern auch um den — psychologisch meist nicht einmal zu erwartenden — hypothetischen Ausgleich eines Mankos. Um nichts anderes als diese hypothetische Zuwendung zur Norm geht es auch bei der Schuldhaftigkeit fahrlässigen Verhaltens: Die Formen sind identisch. Aus der neueren Diskussion: *Arth. Kaufmann*, Das Schuldprinzip, Heidelberg 1961, S. 156 ff., 223 ff.; *Horn*, Verbotsirrtum und Vorwerfbarkeit, Berlin 1969, S. 150 f. (beide Schuld ohne zumindest sachgedankliches Unrechtsbewußtsein verneinend); *Stratenwerth*, ZStW 85 (1973), S. 482 ff., *Jakobs*, Studien zum fahrlässigen Erfolgsdelikt, Berlin etc. 1972, S. 127 ff. m. Nachw.

[5] Zur Aktualität des Unrechtsbewußtseins hat sie durch die Ergebnisse neuerer Untersuchungen zu den Bewußtseinsformen an Schärfe verloren: vgl. zum sachgedanklichen Bewußtsein: *Schmidhäuser*, Beiträge zur ges. Strafrechtswissenschaft (H. Mayer-Festschrift), Berlin 1966, S. 317 ff., 326; *ders.*, Strafrecht, Allgemeiner Teil, Tübingen 1970, 10/72; zum gestalthaften Bewußtsein: *Schewe*, Bewußtsein und Vorsatz, Neuwied etc. 1967, S. 94 ff.; zum Mitbewußtsein, Bewußtsein am Rande: *Platzgummer*, Die Bewußtseinsform des Vorsatzes, Wien 1964, S. 63 ff., 71 ff., 82 ff.

gunsten der Schuldtheorie abgeschnitten wird (§ 17 in der Fassung des 2. Strafrechtsreformgesetzes; auch § 20 AE, § 21 E 1962)[6].

Die Entscheidung für die „elastischere" und — wegen der nur beschränkten Strafbarkeit fahrlässigen Verhaltens — lückenlose Regelung wird von der Erkenntnis getragen, daß der Stufung vom (aktuellen oder sachgedanklichen) Unrechtsbewußtsein zum Fehlen des Unrechtsbewußtseins eine Stufung von höherer Schuld zu geringerer Schuld nicht notwendig entspricht, soweit Schuld als konkrete Rechtsuntreue verstanden wird; denn gerade das Desinteresse an einer Norm kann ihre Aktualisierung im Bewußtsein hindern. Diese Blickrichtung von der vorverstandenen Schuld (genauer: vom vorverstandenen Strafzweck) kann nicht nur die Rechts-„Fahrlässigkeit" treffen. Auch die Kenntnis des Verbotsgegenstandes kann sich gerade mangels Interesse an der Norm nicht aktualisieren oder sachgedanklich einstellen. Beispielhaft: Dem Täter, der zur Flucht im Auto auf den die Straße sperrenden Polizisten mit voller Geschwindigkeit zufährt, mag die sich aufdrängende Folge (Tod) bewußt geworden sein (dann vorsätzliche — versuchte — Tötung) oder infolge Gleichgültigkeit nicht (dann fahrlässige Tötung, aber nur bei Erfolgseintritt); die nach positivem Recht eintretende Entlastungswirkung der Tatsachenblindheit[7] kann nicht aus sich heraus, sondern nur mit der Notwendigkeit gerechtfertigt werden, der Rechtssicherheit wegen eine generelle Grenze zu ziehen. Zumindest ist die „Elastizität" hier positivrechtlich ausgeschlossen[8].

[6] Ausgeklammert bleibt hier auch die Behandlung der irrigen Annahme der Voraussetzungen eines rechtlich anerkannten Rechtfertigungsgrundes; § 19 Abs. 1 AE wertet diese Annahme als vorsatzausschließend, § 20 E 1962 gleichfalls, jedoch mit einer Ausnahmeregelung für den rechtfertigenden Notstand in § 39 Abs. 2 E 1962; § 17 i. d. F. des 2. Strafrechtsreformgesetzes läßt die Entscheidung offen. Daß eine für alle Fälle befriedigende Lösung nur um den Preis des elastischen, d. h. die Strafrahmen ausdehnenden, d. h. rechtsunsicheren Ergebnisses der strengen Schuldtheorie (jedenfalls kein Vorsatzausschluß) gefunden werden kann, liegt an dem — in der Literatur selten artikulierten — Unbehagen an der Vorsatz-Fahrlässigkeitsgrenze überhaupt; hierzu sogleich im Text.

[7] Hierzu *Mezger*, Moderne Wege der Strafrechtsdogmatik, Berlin etc. 1950, S. 46; *ders.*, Probleme der Strafrechtserneuerung (Kohlrausch-Festschrift), Berlin 1944, S. 184; *Hall*, Mezger-Festschrift, München etc. 1954, S. 245 f.; kritisch: *Lang-Hinrichsen*, ZStW 73 (1961), S. 233.

[8] Im Unterlassungsbereich soll nach Armin *Kaufmann* (Die Dogmatik der Unterlassungsdelikte, Göttingen 1959, S. 116, 120; *ders.*, v. Weber-Festschrift, Bonn 1963, S. 226 f., 229) und *Welzel* (Das Deutsche Strafrecht,

Ob allerdings die Bindung des Vorsatzes wenigstens an das psychische Faktum des Bewußtseins auch auf psychische Grenzsituationen, insbesondere Affekttaten und Kurzschlußhandlungen, übertragbar ist, ob also die Zweiteilung in Vorsatz und Fahrlässigkeit überhaupt ausschließlich ist, steht dahin; neuestens wird vorgeschlagen, das Bewußtsein aus dem Vorsatz zu eliminieren und ihn nach der „äußeren Finalität" zu bestimmen[9]. Diese Problematik betrifft die Fahrlässigkeit auf dem Umweg über den Handlungsbegriff im Rahmen der Automatismen; nur insoweit wird darauf eingegangen werden.

II. Bewußte Fahrlässigkeit

In dem der Fahrlässigkeit verbleibenden Bereich scheinen Schuld- und Handlungsbegriff noch am ehesten für die bewußte Fahrlässigkeit zu passen, also für die Fälle der Voraussicht des tatbestandlichen Erfolgseintritts bei Nicht-in-Kauf-Nahme, Nicht-Billigung, Für-leicht-Nahme des Erfolges oder bei Vertrauen auf sein Ausbleiben. Diese oder ähnliche Umschreibungen bewußter Fahrlässigkeit[10]) stellen auf die Einstellung zur erkannten Möglichkeit des Erfolgseintritts ab und — wenn sie nicht die „emotionale" oder „voluntative" Komponente aus der intellektuellen begriffsjuristisch konstruieren[11] — lassen die Frage unbeantwortet, wieso ein Vorgang, der die Erkenntnis nicht modifiziert und zur Normbefolgung nichts beiträgt, entlasten soll. Der Ansatz zur Lösung kann nicht ohne Leitpunkt gefunden werden. Wird jedoch zum Leitpunkt genommen, daß es dem Recht darauf ankommt, daß bestimmte Gutsbeeinträchtigungen unterbleiben, und wird hinzugenommen, daß der Vorsatz als der umfangreicher und mit weit überwiegend höherer Strafe bedrohte Verhaltensmodus den

11. Auflage, Berlin 1969, S. 205) das Bewußtsein der Macht zur Erfolgsabwendung nicht Voraussetzung des (Quasi-) Vorsatzes sein; die Tatsachenblindheit bezüglich des Genannten soll also nicht entlasten; hiergegen insbesondere *Grünwald*, Beiträge zur ges. Strafrechtswissenschaft (H. Mayer-Festschrift), Berlin 1966, S. 291 ff., mit ausdrücklichem Verweis auf die Parallele zur Tatsachenblindheit, S. 296.

[9] *Schewe*, Reflexbewegung, Handlung, Vorsatz, Lübeck 1972, S. 27 ff. und passim, zusammenfassend S. 140 ff.; zu *Schewe* — dem Ansatz durchaus zustimmend: *Stratenwerth*, ZStW 85 (1973), S. 469 ff.

[10] Zusammenfassende Darstellung des Meinungsstandes bei *Roxin*, Jus 64, S. 53 ff.

[11] Hiergegen treffend *Schmidhäuser*, Vorsatzbegriff und Begriffsjurisprudenz, Tübingen 1968, S. 20 f.

Täter näher an die Vermeidung der Gutsbeeinträchtigung heranzieht, als es bei Fahrlässigkeit der Fall ist, so hilft es nicht mehr, nach „emotionalen" Komponenten zu suchen, auch die Suche nach dem „Wollen" wird überflüssig[12]. Die Vermeidbarkeitsnähe hängt einzig vom Wissen des Täters um die — nicht unwahrscheinliche — Verknüpfung seines Verhaltens mit der Gutsverletzung ab, so daß es gilt, dieses Wissen zu konkretisieren. Es reicht nicht aus, an das Nicht-Unwahrscheinliche zu denken, sondern es muß als solches *beurteilt* werden. Das Urteil über die Verknüpfung von Verhalten und Erfolg ist ein Urteil über die Tatmacht. Wer so urteilt, und zwar für sich gültig urteilt, *muß* den Erfolgseintritt ernstnehmen[13] und bringt, so er handelt, die Kälte auf, „daß er ernstlich den Gedanken an das Erfolgsrisiko besteht"[14], nur ist das Urteil primär; Ernst des Erfolges und Kälte der Haltung sind durch es bedingt[15].

Bei der bewußten Fahrlässigkeit ist das Bewußtsein also eine problematische Sache: Es ist eine Vorstellung ohne erlebten Realitätsbezug, insbesondere ohne für den Täter gültige Verknüpfung mit seinem Verhalten. Diese „intellektuelle" Komponente ist etwas anderes als die Wissensseite des Vorsatzes, die Tatmachtkenntnis[16]. Das Nicht-Vorhandensein des Tatmachtwissens ist ein Kennzeichen aller Fahrlässigkeit, sei sie bewußt oder unbewußt. Damit ist der Weg zur Fahrlässigkeit vom Vorsatz über die bewußte Fahrlässigkeit nicht gangbar[17].

[12] *Schmidhäuser*, a. a. O. (Anm. 11); *ders.*, Strafrecht, a. a. O. (Anm. 5), 10/26 ff.; *Grünwald*, a. a. O. (Anm. 8), 285 ff.; *Jakobs*, a. a. O. (Anm. 4), S. 36 ff., 114.

[13] So die Abgrenzungsformel von *Stratenwerth*, ZStW 71 (1969), S. 56 ff.; sehr verwandt: *Roxin*, a. a. O. (Anm. 10), S. 61.

[14] So die Abgrenzungsformel von *Gallas*, Niederschriften über die Sitzungen der Großen Strafrechtskommission, Bd. XII, Bonn 1959, S. 121.

[15] Wie hier, freilich vorsatztheoretisch: *Schmidhäuser*, GA 57, S. 305 ff., *ders.*, Strafrecht, a. a. O. (Anm. 5), 10/94; *Schröder*, Sauer-Festschrift, Berlin 1949, S. 224 ff.; der Sache — nicht der Terminologie — nach auch BGHSt. 7, S. 363 ff., 369.

[16] S. u. Abschnitt III. C.

[17] Auch nicht zum Nachweis von „Willensschuld" zumindest bei bewußter Fahrlässigkeit; so aber *Arth. Kaufmann*, Schuldprinzip, a. a. O. (Anm. 4), S. 155, aufgrund der inhaltlichen Gleichsetzung des Bewußtseins bei Eventualvorsatz und bewußter Fahrlässigkeit, S. 167.

III. Zurechnung bei Fahrlässigkeit

A. Grundlagen

Was zur Fahrlässigkeit kontrovers ist, betrifft vornehmlich nicht ihren Inhalt, sondern ihre Zuordnung zu Unrecht oder Schuld oder aufgeteilt zu Unrecht und Schuld. Diese Verteilungsschwierigkeiten, die teils aus dem Streit um den Handlungsbegriff und seine Verknüpfung mit der Tatbestands- und Unrechtslehre resultieren, teils aus Bestrebungen zur Wahrung der „Einheit der Rechtsordnung", insbesondere bezüglich des Rechtswidrigkeitsurteils, zumindest des Rechtswidrigkeitsurteils im Strafrecht (Notwehrprobe!), brauchen hier nicht zu interessieren, soweit die Konstruktionen für die anstehende Frage äquivalente Ergebnisse zeitigen: für die Zurechnung.

Zunächst das Gerüst für das Erfolgsdelikt: Der Fahrlässigkeitstäter[18] führt einen Erfolg herbei oder hindert ihn pflichtwidrig nicht. Der Erfolgseintritt ist nach positivem Recht Deliktsvoraussetzung; fahrlässigen Versuch kennt es nur in der Form fahrlässiger konkreter oder konkret-abstrakter[19] Gefährdung. —

[18] Das kann i. d. R. jedermann sein. Generelle Strafschärfung bei Fahrlässigkeit, wenn der Täter „vermöge seines Amtes, Berufes oder Gewerbes" zur „Aufmerksamkeit" „verpflichtet" ist (so §§ 222 Abs. 2, 230 Abs. 2 StGB a. F. — bis 1940 —) kennt das StGB nicht mehr, wobei bei Streichung der Qualifizierung der allgemeine Strafrahmen (§ 222 StGB a. F.: bis 3 Jahre, § 230 StGB a. F.: bis 2 Jahre Freiheitsstrafe) bis zur Obergrenze der bislang qualifizierten Fahrlässigkeit (§ 222 StGB: bis 5 Jahre, § 230 StGB: bis 3 Jahre Freiheitsstrafe) erhöht, d. h. die Problematik in die Strafzumessung verschoben wurde. Freilich gibt es im StGB und in strafrechtlichen Nebengesetzen eine Vielzahl von Vorschriften, die nur das fahrlässige Verhalten von Personen in bestimmter Situation oder mit einer bestimmten Funktion mit Strafe bedrohen, etwa: fahrlässiger Falscheid (§ 160 StGB); fahrlässige unzulässige Vollstreckung von Strafen oder Maßregeln durch Beamte (§ 345 Abs. 2 StGB); fahrlässiges pflichtwidriges Führen von Fahrzeugen im Straßenverkehr (§ 315 c Abs. 3 Nr. 2 StGB); fahrlässiger Verstoß gegen die Sonderpflichten eines Geschlechtskranken (§ 6 Abs. 3 GeschlKrG); fahrlässige Hehlerei durch Metallhändler (§§ 5 UnedelMG, 18 EdelMG); Fahrlässigkeit bei Abgabe von Trink- oder Brauchwasser mangelnder Eignung für Unternehmer oder Inhaber von Wasserversorgungsanlagen (§ 64 Abs. 4 i. V. m. Abs. 1 BSeuchG). — Hierzu *Schröder*, v. Weber-Festschrift, Bonn 1963, S. 233 ff.

[19] Hierzu *Schröder*, JZ 67, S. 522 ff., 524 f.; *ders.*, ZStW 81 (1969), S. 22 f. — Ferner steckt in der rein abstrakten Gefährdung bei subjektiv möglicher Schadensprognose ein fahrlässiger Versuch.

Der Täter urteilt nicht, daß der Erfolgseintritt nicht unwahrscheinlich ist, könnte aber so urteilen, wenn ihm daran gelegen wäre. Das heißt nicht, er sei zum Urteilen verpflichtet (urteilte er, so handelte er vorsätzlich!); verpflichtet ist er vielmehr zur Vermeidung erkennbar schadenbringenden Verhaltens. — Freilich muß er, um in Befolgung der Norm vermeiden zu können, sein Verhalten nicht nur als schlicht verursachend, sondern auch als rechtsverletzend erkennen können. Beispielhaft: Der Spaziergänger mag erkennen können, daß er einen bestimmten Käfer zertritt; erst wenn er zudem erkennen kann, daß dies — etwa aus Gründen des Naturschutzes — verboten ist, hat er einen rechtlich beachtenswerten Grund, es zu unterlassen.

B. Erlaubtes (maßvolles) Risiko[20]

Daß ein erkennbar schadenbringendes Verhalten nicht notwendig ein als schuldhaft zurechenbares Verhalten ist, hat der moderne Umgang mit riskanter Technik gelehrt, doch ist das Sachproblem alt; selbst wenn noch 1861 ein Eisenbahnbetrieb als ein an sich rechtswidriges Unternehmen beurteilt wurde[21], so doch allein bezogen auf die zivilrechtlichen Haftungsvoraussetzungen. Aber schon lange vor dem „technischen Zeitalter" waren nicht nur Bau, Steinbruch, Bergwerk, Seefahrt etc. „gefährliche Betriebe", son-

[20] Begriff und dogmatische Stellung sind kontrovers, der Ausschluß der Zurechnung ist im Grundsatz jedoch anerkannt. Zum (1) Begriffsumfang, zur (2) Dogmengeschichte und (3) dogmatischen Behandlung, insbesondere zu (4) den Versuchen einer Aufgliederung des mit der Sozialadäquanz verbundenen erlaubten Risikos kann hier nichts gesagt werden, weil für die Entwicklung einer Tatbestandslehre kein Raum ist. Nur zur Kennzeichnung des weiten Spektrums der in der Rechtslehre vertretenen Ansichten sei verwiesen auf: (1 u. 3) *Welzel*, ZStW 58 (1939), S. 514—518; *ders.*, Fahrlässigkeit und Verkehrsdelikte, Karlsruhe 1961, S. 8 ff., *ders.*, Strafrecht, a. a. O. (Anm. 8), S. 56 f., 132 f.; *Zipf*, ZStW 82 (1970), S. 647 ff. (Tatbestandsproblem); *Engisch*, Untersuchungen über Vorsatz und Fahrlässigkeit, Berlin 1930, S. 285 f. („Spezialfälle der Unrechtsausschließung"; hierzu weitere Nachweise bei *Roeder*, Die Einhaltung des sozialadäquaten Risikos, Berlin 1969, S. 66 Anm. 5); *Maurach*, Deutsches Strafrecht, Allgemeiner Teil, 4. Auflage, Karlsruhe 1971, § 44 II B 1; *Rehberg*, Zur Lehre vom ‚Erlaubten Risiko', Zürich 1962, S. 186, (Tatverantwortungsproblem); *Roeder*, a. a. O., S. 92 ff., 107; *Kienapfel*, Das erlaubte Risiko im Strafrecht, Frankfurt/M. 1966, S. 21, 27 f., (Schuldproblem); (2) *Roeder*, a. a. O., S. 13 ff.; *Rehberg*, a. a. O., S. 18 ff.; (4) *Hirsch*, ZStW 74 (1962), S. 78 ff.; *Jescheck*, a. a. O. (Anm. 3), S. 298 ff.; — jeweils mit Nachweisen.

[21] OAppG München, Seuff. Arch. 14, S. 354 ff., 358.

dern gingen Pferde durch, fielen Kinder in Brunnen, stifteten Herdfeuer Schaden, kurz, auch Einrichtungen zum alltäglichen Umgang waren gefährlich. Um zur Formulierung eines erlaubten Risikos zu kommen, bedurfte es neben einer quantitativen Zunahme neuer, ungewohnter Gefahren, die insbesondere im Eisenbahn- und Straßenverkehr evident wurde, der Erfahrung, inwieweit in den neu aufkommenden gefährlichen Unternehmungen der gefährliche Bereich durch Sorgfalt beherrschbar ist und inwieweit nur um den Preis der Preisgabe des „Fortschritts“. Insoweit entspricht das erlaubte Risiko dem Notstand, wobei das höherwertige Gut selbst das Bedürfnis nach circenses (etwa: Hochgeschwindigkeitsrennen) sein kann[22]. Bei der weiteren Erkenntnis eines nicht nur bei neuen und ungewöhnlichen Unternehmungen, sondern schon stets vorhandenen Risikos drängt sich auf, daß es „in Wirklichkeit“ nur „Rechtsgüter“ gibt, „wenn und soweit sie in ‚Funktion‘ sind, d. h. soweit sie im sozialen Leben wirkend und Wirkungen empfangend darin stehen“[23]. Insoweit entspricht das erlaubte Risiko der Sozialadäquanz[24]. Beide Wurzeln führen zum Verlangen nach Plausibilität der Nützlichkeit gefährlicher Unternehmungen und zu Anforderungen an ihre Ausgestaltung (Kraftfahrzeuge müssen zwei unabhängige Bremssysteme haben), an die Fähigkeiten des sie Betreibenden (vom Kraftfahrer bis zum Chirurgen) und an das Verhalten beim Betrieb (Geschwindigkeitsbegrenzungen für Kraftfahrer, hygienische Vorschriften für Lebensmittelhersteller). Hierdurch soll nicht nur das Gesamtrisiko reduziert, sondern die nur bei Verstoß gegen die Anforderungen auftretenden Risiken sollen dem Typ nach eliminiert werden; nur das Risiko eines höchstens mit 50 Stundenkilometern fahrenden Fahrzeuges ist innerhalb einer geschlossenen Ortschaft (allenfalls) erlaubt, nur das Risiko eines Fahrzeugs mit Bremsen bestimmter Mindestverzögerung etc. . .

Im für die Fahrlässigkeit quantitativ bedeutsamsten Bereich, dem Straßenverkehr, wird das erlaubte Risiko vorwiegend durch abstrakte Gefährdungen untersagende Normen (§§ 2 ff. StVO) ausgeschlossen. Das nicht Ausgeschlossene ist nicht notwendig und nicht einmal „normalerweise“ erlaubt, aber das Ausgeschlossene

[22] Zur Pflichtenabwägung insbesondere BGH VGS in BGHSt. 7, S. 118 ff., wo die Vor- und Nachteile des Vertrauensgrundsatzes und des Mißtrauensgrundsatzes subtil abgewogen werden.

[23] *Welzel*, ZStW 58 (1939), S. 515.

[24] Dem kommt die Begründung von BGHZ 24, S. 21 ff., 26 f. nahe.

— von Ausnahmesituationen abgesehen — unerlaubt. Das heißt nicht, der Verstoß gegen das Verbot abstrakter Gefährdung sei die Fahrlässigkeit[25], heißt aber doch, daß die strafrechtliche Haftung für fahrlässige Erfolgsherbeiführung durch einen erkennbar schadenbringenden Verstoß gegen eine abstrakte Gefährdung untersagende Norm im Normalfall nicht durch Berufung auf eine rechtlich wegen ihrer generellen Nützlichkeit gewährte Verhaltenserlaubnis aufgehoben werden kann. Nicht irgendein, sondern ein bestimmtes riskantes Verhalten wird erlaubt, dies aber nur, und das kompliziert das erlaubte Risiko, unter dem Vorbehalt optimaler Begleitbedingungen (also nicht abstrakt bestimmter Risikolage), d. h., nur wenn zu erwarten ist, daß „kein Anderer geschädigt, gefährdet oder mehr, als nach den Umständen unvermeidbar, behindert oder belästigt wird" (§ 1 Abs. 2 StVO). Bei dieser Einschränkung wird freilich vorausgesetzt, daß der nach Beschränkung durch die abstrakten Gefährdungsverbote verbleibende Handlungsspielraum nicht überhaupt verloren geht, daß also Gefahren, die auch bei optimalen Begleitbedingungen nur durch Einstellung des Betriebes oder bestimmter Betriebsformen ausgeschaltet werden können, unberücksichtigt bleiben.

Neben dieses erlaubte Grundrisiko, das selbst bei Idealbedingungen nicht auszuschließen ist, tritt die Erlaubnis zu erhöhten Risiken (Fahren bei Nebel, bei Glatteis, im Berufsverkehr, bei Regen auf einer Straße mit Kopfsteinpflaster und Straßenbahnschienen), sofern der Betrieb unter den risikoerhöhenden Bedingungen als nützlicher angesehen wird als ein völliges Verbot[25a].

Deshalb ist es unmöglich, das erlaubte Risiko in einem Prozentsatz anzugeben, auch abgesehen davon, daß die Erlaubnis zur Gefährdung bis zu irgendeiner Promillion keine taugliche Verhal-

[25] Hierzu s. u. Abschnitt III. C.

[25a] Vgl. etwa die Rechtsprechung zur Verringerung des Regelabstandes, wenn die „Flüssigkeit des Verkehrs" das erfordert; Nachweise bei *Cramer*, Straßenverkehrsrecht, Frankfurt/M. 1971, StVO § 4 Rdn. 21. — Die Nützlichkeit ist im üblichen Straßenverkehr nur generalisiert bestimmbar; dem Spazierenfahrenden ist nicht weniger erlaubt als dem beruflich Fahrenden. Fehlt freilich der praktische Zwang zur Generalisierung, so ist individualisiert abzuwägen: Der Soldat, der — wie nach Zeitungsberichten geschehen — mit dem Panzer durch die Stadt spazierenfährt, kann sich im Schadensfall nicht auf das mit einer Panzerfahrt nun einmal verbundene Risiko berufen, auch wenn er das bei einer „nützlichen" Fahrt kann.

tensmaxime abgäbe. Jedenfalls gibt es keine Erlaubnis, stets ein Risiko der Höhe heraufzubeschwören, wie es im Interesse etwa der Flüssigkeit des Verkehrs in bestimmten Situationen erlaubt ist. Wer am frühen Sonntagmorgen auf breiter Straße innerhalb einer geschlossen Ortschaft mit 80 Studenkilometern fährt, kann sich bei einem wegen der Geschwindigkeit unvermeidbaren Unfall nicht darauf berufen, seine Fahrweise sei nicht gefährlicher gewesen als erlaubtes Fahren auf derselben Straße bei Regen im Berufsverkehr. Freilich wird das *Mindest*maß des alltäglichen Risikos zur Erweiterung der Handlungsfreiheit: Wer mit abgefahrenen Reifen nur 10 Stundenkilometer schnell fährt oder wer die vor dem Haupteingang einer Universität bestehende Limitierung der Geschwindigkeit auf 30 Stundenkilometer nachts um 2 Uhr mißachtet, handelt zwar unerlaubt, überschreitet aber nicht die jedem Verkehrsteilnehmer mindestens gewährte Risikoerlaubnis[26].

Zusammenfassung: Es gibt für bestimmte Regelungsbereiche ein allemal erlaubtes Grundrisiko von der Höhe, die auch der ordnungsgemäße Betrieb unter günstigen Bedingungen erreicht und die nur zu verhindern wäre, wenn der Gesamtbetrieb eingestellt oder solcherart beschränkt würde, daß er seinen Sinn verliert (generelle Geschwindigkeitsbegrenzung im Straßenverkehr auf 20 Stundenkilometer). Daneben besteht für bestimmte, sozial erwünschte Verhaltensweisen eine an den Verhaltensvollzug gebundene Erlaubnis zur Überschreitung des Grundrisikos bei je nach

[26] Die Rechtsprechung hat bereits mehrfach die Frage des Rechtswidrigkeitszusammenhanges (hierzu u. Abschnitt III. D.) mit Hilfe einer Hypothese über dasjenige Verhalten und seine Folgen gelöst, das bei einer durch Sicherheitsmaßnahmen kompensierten Sorgfaltswidrigkeit eingetreten wäre (BGH VRS 32, S. 37 f., — zum zulässigen Tempo bei abgefahrenen Reifen; VRS 37, S. 276 ff. — dito; BGHSt. 24, S. 32 ff., — zum zulässigen Tempo bei 1,9‰ Blutalkoholgehalt), verdeutlicht jedoch nicht, daß nicht nur Risiken bestimmten Maßes verboten sind, sondern auch solche bestimmter Art. Konkret: Wer auf freier Bundesstraße einen Blick in die Karte wirft, um die Route zu prüfen, haftet im Schadensfall nicht nur dann nicht, wenn er so außerordentlich langsam fuhr, daß er trotz der Ablenkung kein höheres Risiko setzte als das Grundrisiko (Risikohöhe erlaubt), sondern auch, wenn er so schnell fuhr, wie nur bei äußerster Aufmerksamkeit zulässig, aber auch bei Aufmerksamkeit die Schädigung unvermeidbar gewesen wäre (Risikoart erlaubt). Andererseits haftet er, wenn er bei hoher Geschwindigkeit infolge der Ablenkung schädigt, aber noch schneller hätte fahren dürfen, und bei der höheren Geschwindigkeit der Unfall unvermeidbar gewesen wäre (Risikoart verboten, kein Recht auf Höchstrisiko).

Verhaltenstyp verschiedener Höhe (Schwerlastwagen im Stadtverkehr, Fahren bei schlechten Witterungsverhältnissen). Eine Erlaubnis zur Auslösung von Risiken solcher Höhe durch ein Verhalten beliebiger Art besteht nicht.

Daß bei dieser Unsicherheit über das materiell Verbotene keine den Adressaten einleuchtenden Normen gebildet werden können, wird nicht zuletzt durch die Maßlosigkeit des Quantums der Verstöße demonstriert. Zur Erkennbarkeit des Schadenseintritts wird hierauf zurückzukommen sein[27].

Das erlaubte Risiko kann nicht auf technisierte Unternehmungen, von der Luftfahrt bis zum Haushalt, beschränkt werden; ohne es entstehen auch in den anderen Lebensbereichen unmenschliche, weil keine Handlungsfreiheit lassende, Normen. Diese Risikoerlaubnis ist nicht nur notwendig, soweit es um die Gefährdung von Leib, Leben und Sachgütern geht, sondern betrifft alle Rechtsgüter, gilt also etwa auch bei der „gutgläubigen" Verbreitung ehrenrühriger Tatsachen oder bei eidlichen Aussagen, und zwar nicht beschränkt auf fahrlässige Begehungsweise. Wie am Beispiel des Straßenverkehrs gezeigt wurde, so richtet sich auch generell die Höhe nach dem Verhaltenstyp: Irgendwann einmal müssen Eltern ihre Kinder zum ersten Mal allein zur Schule gehen, mit dem Fahrrad fahren lassen etc.; ein Risiko dieser Höhe darf aber nicht, weil es in diesen bestimmten Situationen erlaubt ist, generell herbeigeführt werden. Und auch außerhalb des Straßenverkehrs oder sonstiger technisierter Unternehmungen gibt es dem Typ nach verbotene Risiken, wie etwa an den aus Gründen der Sicherheit des Beweises im Strafprozeß ausgeschlossenen Beweismitteln und -verfahren zu sehen ist, ohne daß sich jedoch auch nur überwiegend solcherart exakte gesetzliche Fixierungen finden ließen. Das noch tragbare Risiko ist durchweg von Rechtsprechung und Rechtslehre zu entwickeln, und zwar, wie sich aus den Wurzeln des erlaubten Risikos ergibt, „aus dem Handlungs- und Lebensbereich heraus, um den es jeweils geht"[27a].

Die in praxi wohl bedeutsamste Risikoerlaubnis wird im Blick auf kausal oder final verknüpfte Verhaltensweisen mehrerer Menschen erteilt (Vertrauensgrundsatz). Das Verhalten anderer Menschen ist — wie das eigene — nicht stets planmäßig sorgfältig. Bei

[27] S. u. Abschnitt III. C.

[27a] Armin *Kaufmann*, ZRV 64, S. 51.

dauernder Skepsis wäre nicht nur eine effektive Arbeitsteilung unmöglich (angefangen bei Operationen, Luftverkehrsunternehmen, über die Verwendung fremder Recherchen in einer Zeitungsredaktion bis hin zur Hilfe bei der Ausfahrt von einer unübersichtlichen Stelle auf eine belebte Schnellstraße), sondern jede durch fremdes Verhalten beeinflußbare Tätigkeit müßte unterbleiben; beispielhaft: An jeder Straßenecke droht eine Vorfahrtsverletzung.

Inwieweit es erlaubt ist, trotz erfahrungsgemäß nicht unwahrscheinlicher Sorgfaltswidrigkeit anderer auf deren Sorgfalt zu vertrauen, ist i. E. durchaus ungeklärt. Unsicherheit bringt insbesondere die für den Straßenverkehr in § 1 StVO nicht final, aber latent angelegte Rückkoppelung: Der sich unsorgfältig Verhaltende vertraut auf das Mißtrauen der anderen (der in eine stark frequentierte Schnellstraße Einfahrende vertraut darauf, daß die Heranfahrenden schon bremsen werden). Es entspricht gefestigter Rechtsprechung, daß dieses Vertrauen nicht sein soll, also unerlaubt ist[28], wobei freilich für die Fahrlässigkeit die Prognostizierbarkeit eines Schadens damit nicht feststeht[29]. Noch bedeutsamer ist, inwieweit die in § 1 StVO konstatierte Pflicht zur Rücksicht auch Pflicht zur Rücksicht gegenüber dem Rücksichtslosen ist. Wird das Mißtrauen zur rechtlichen Pflicht, so provoziert es den frechen Regelverstoß[30]; die Handlungsfreiheit steht dann unter dem Vorbehalt, daß sie kein anderer mit relevanter Wahrscheinlichkeit beschneidet. Beispielhaft: Wer auf einigermaßen belebter Autobahn mit einem kleinen Volkswagen eine dicht aufgeschlossen fahrende Reihe von Lastwagen überholt, kann allemal damit rechnen, daß dies zu Gefahr und Schaden führt, weil ihn nachfolgende schnellere Fahrzeuge durch Unterschreiten des Sicherheitsabstandes bedrängen werden. Bleibt aber das Mißtrauen eine Angelegenheit privater Übervorsicht, so erreicht in Einzelsitua-

[28] Nachweise bei *Cramer*, a. a. O. (Anm. 25 a), StVO § 1 Rdn. 77.

[29] Die psychologische Seite fällt in BGHSt. 4, S. 360 ff. (kein Vertrauen darauf, daß die Polizei eine Sicherungsmaßnahme, die sie zur Beseitigung einer vom Täter zu verantwortenden Gefahr ergriffen hat, beläßt) zugunsten der — zudem problematischen — normativen Seite unter den Tisch. Nicht-vertrauen-Dürfen und Voraussehen-Können sind zweierlei. — Soweit der BGH auf die Verantwortlichkeit vor dem Eingreifen der Polizei abstellt (S. 363), fehlt es am Rechtswidrigkeitszusammenhang.

[30] BGH VGS in BGHSt. 7, S. 118 ff., 125; *Cramer*, a. a. O. (Anm. 25 a), StVO § 1 Rdn. 12 m. w. Nachw.

tionen die erlaubte Risikohöhe ein unerträgliches Maß. Beispielhaft: Wer mit einem Trecker in eine gut ausgebaute Straße einfährt, wird beim Vertrauen, die Heranfahrenden führen höchstens die zulässige Geschwindigkeit, bald lernen, Norm und Faktum zu trennen.

Den Provokationseffekt des Mißtrauensgrundsatzes wird man in Kauf nehmen können, da — in der Umkehrung — kaum ein für den Rücksichtslosen erzieherischer Effekt zu erwarten ist, wenn unter der Parole des Vertrauensgrundsatzes der Kampf ums Recht anhebt. Bedeutsamer ist die Beschneidung der Handlungsfreiheit und die Notwendigkeit zur Konzentration auf eine beschränkte Zahl von Gefahrenquellen, die nicht ohne Nachteil für die Fähigkeit zu ihrer optimalen Beherrschung uferlos vergrößert werden kann[31].

Deshalb darf jeder das Verhalten des anderen, soweit er ihn nicht kraft besonderer Pflichten zu überwachen hat, auch wenn es ambivalent ist[32], als sorgfältig ansehen. Erst wenn der Regelverstoß des anderen äußerlich erkennbar wird[33], wenn beim anderen erkennbar Regelkenntnis fehlt[34] oder wenn der andere in sozialadäquater Weise von der üblichen Vorsicht dispensiert ist (Schaulustige an einem Kirmesplatz, Teilnehmer einer Karnevalsveranstaltung), entfällt die Basis des Vertrauens.

Schwieriger wird die Entscheidung, wenn der Regelverstoß des anderen, ohne sich schon wahrnehmbar zu objektivieren, nur statistisch überdurchschnittlich wahrscheinlich ist[35]. Trotz zuneh-

[31] Zu letzterem grundlegend: *Stratenwerth*, Schmidt-Festschrift, Göttingen 1961, S. 388 f., 400, für die Arbeitsteilung im ärztlichen Bereich. Für den Straßenverkehr soll nach *Stratenwerth* dieser Grundsatz zurücktreten (S. 389), jedoch ist auch dort überfordert, wer alles *und alle* zu überwachen hat. Nur durch Beschränkung läßt sich Sorgfalt optimieren.

[32] Und das ist die Mehrzahl der in Frage kommenden Verhalten; der hinter einem haltenden Omnibus Hervortretende könnte ohne Prüfung der Verkehrslage die Straße überqueren. Nach BGHSt. 13, S. 169 ff., 175 f., darf ein Autofahrer darauf vertrauen, daß das unterbleibt.

[33] *Schmidhäuser*, Strafrecht, a. a. O. (Anm. 5, 9/23); BGH VRS 7, S. 118 ff., 124, 126.

[34] Kinder, alte Personen, Betrunkene; BGHSt. 3, S. 49 ff., 51; — anders, wenn sie von einer Aufsichtsperson geführt werden: BGHSt. 9, S. 92 ff., 94.

[35] Wobei im Straßenverkehr nicht nur an bestimmte Situationen, sondern auch an bestimmte „Fahrertypen" zu denken ist. Die Schadensversicherer ermitteln für „versportlichte" Automodelle eine zum Grund-

mendem Vertrauensgrundsatz „freundlicher" Entscheidungen[36] schließt die Rechtsprechung den Vertrauensgrundsatz bei „Verkehrswidrigkeiten, die so häufig begangen werden, daß ein gewissenhafter Fahrer verständigerweise mit ihnen rechnen muß"[37], aus[38], während insbesondere *Stratenwerth* Vorhersehbarkeit und Verantwortungsteilung radikaler trennt[39]: Die „anderen Personen sind selbst verantwortliche Wesen. Richten sie durch sorgfaltswidriges Handeln Unheil an, so fällt das in erster Linie ihnen allein zur Last"[40]. Was ein anderer beherrschen soll, ist freilich höchstens so lange taugliche Basis eines Vertrauens, wie er es beherrschen kann. Auf die Fähigkeit zum sorgfältigen Verhalten darf auch bei überdurchschnittlicher Wahrscheinlichkeit ihres Nichtgebrauchs vertraut werden. Beispielhaft: Der Entgegenkommende kann abblenden[41], der überschnell Fahrende kann ohne Gefahr sein Tempo vermindern, der zu dicht Auffahrende ebenso. Fehlt aber diese Fähigkeit bei Ausübung des Vertrauens und ist ein Regelverstoß überdurchschnittlich wahrscheinlich, so ist es für eine Verantwortungsteilung mit Beachtungschance zu spät. Beispielhaft: Darauf, daß der überschnell Fahrende normal bremsen

modell unverhältnismäßig hohe Schadensfrequenz: Am Automodell wird der (Un-) Sorgfaltstyp des Fahrers erkennbar.

[36] Nachweise bei *Dreher*, Strafgesetzbuch, 33. Auflage, München 1972, § 222 Anm. 4 A b bb.

[37] BGHSt. 13, S. 169 ff., 173.

[38] Ebenso *Schönke-Schröder*, Strafgesetzbuch, 16. Auflage, München 1972, § 59 Rdn. 200 m. w. Nachw.

[39] Der Handlungsspielraum trotz Vorhersehbarkeit eines Schadens, den die Risikoerlaubnis gibt, läßt sich nicht auf die Gefahr *unvorsätzlich* regelwidrigen Verhaltens anderer beschränken. Auch bei „Vorsatzgefahr" gibt es Verantwortungsteilung (vgl. die Beispiele bei *Stratenwerth*, Strafrecht, Allgemeiner Teil I, Berlin etc. 1971, Rdn. 1240; *Roxin*, Täterschaft und Tatherrschaft, Hamburg 1963, S. 652; *ders.*, Gallas-Festschrift, Berlin etc. 1973, S. 241 ff.). Die Problematik ist vom Regreßverbot (*Lampe*, ZStW 71 [1969], S. 611 ff., 615; *Naucke*, ZStW 76 [1964], S. 409 ff., 424 ff.), vom Fahrlässigkeitsdelikt als Pflichtdelikt (*Roxin*, Täterschaft und Tatherrschaft, S. 527 ff., 541 f.) und vom Vertrauensgrundsatz beim für die Fahrlässigkeit extensiven Täterbegriff her (*Stratenwerth*, Strafrecht, Rdn. 1228, 1237 ff., 1077) formuliert, aber noch nicht gelöst worden (so auch *Stratenwerth*, Strafrecht, Rdn. 1241) und muß, wie die Lösung auch ausfällt, Rückwirkungen auf das *vorsätzliche* Eingehen einer „Vorsatzgefahr" haben (*Stratenwerth*, Strafrecht, Rdn. 1240).

[40] Strafrecht, a. a. O. (Anm. 39), Rdn. 1230; auch Schmidt-Festschrift, a. a. O. (Anm. 31), S. 392.

[41] Und vorzeitiges Aufblenden unterlassen, BGHSt. 12, S. 81 ff., 83 f.

kann, geht das Vertrauen, nicht aber auf das Gelingen einer Notbremsung.

C. Vermeidbarkeit und Voraussehbarkeit

Der Verstoß gegen tatbestandliche Beschreibungen sorgfältigen Verhaltens, insbesondere in den abstrakten Gefährdungsdelikten, ist keine Fahrlässigkeit; denn diese Beschreibungen sind zwar Zusammenfassungen von umfangreichen Erfahrungen[42] über gefahrträchtiges Verhalten (etwa: § 4 StVO, Sicherheitsabstand) oder über die Unerträglichkeit eines Zustandes der Regellosigkeit[43] (etwa: § 2 StVO, Linksfahrverbot; § 8 StVO, Vorfahrt), können aber als Generalisierungen im Einzelfall zum Rechtsgüterschutz überflüssig sein, haben also für die Fahrlässigkeit allenfalls indizielle Bedeutung[44].

Die Gretchenfrage lautet: Wie steht es um die Voraussehbarkeit eines vom erlaubten Risiko nach Art oder Höhe nicht gedeckten Schadensverlaufs? Hier soll dahinstehen, in welcher Stufung das Voraussehen-Können zu ermitteln ist; denn es herrscht — von den sogleich zu behandelnden Objektivierungstendenzen abgesehen — Einigkeit darüber, daß es letztlich auf den Täter nach seinen individuellen Fähigkeiten ankommt[45].

[42] BGH NJW 57, S. 1526 f., 1527 (insoweit in BGHSt. 10, S. 369 ff. nicht abgedruckt): Die Verkehrsvorschriften sind „der gesetzgeberische Niederschlag der Erfahrung, daß ein der Vorschrift widersprechendes Verhalten regelmäßig zu schädlichen Folgen führt".

[43] Wobei der Regelungsinhalt weitgehend beliebig ist, nur muß die Regelung klar sein.

[44] *Jescheck*, Strafrecht, a. a. O (Anm. 3), S. 439 f.; *Maurach*, Strafrecht, a. a. O. (Anm. 20), § 44 II B 2; *Schönke-Schröder*, Strafgesetzbuch, a. a. O. (Anm. 38), § 59 Rdn. 191 f. m. Nachw. der Rechtspr.; *Welzel*, Strafrecht, a. a. O. (Anm. 8), S. 134; *Wessels*, Strafrecht, Allgemeiner Teil, 3. Auflage, Karlsruhe 1973, S. 109; — a. A. *Lenckner*, Engisch-Festschrift, Frankfurt/M. 1969, S. 494; — einschränkend *Mezger-Blei*, Strafrecht, Allgemeiner Teil, 13. Auflage, München 1968, S. 217, und BGHSt. 15, S. 386 ff., 389: Generell sei bei Kenntnis einer vorhandenen Sicherheitseinrichtung auf die Erkennbarkeit ihrer Notwendigkeit zur Schadensvermeidung zu schließen; dem ist insoweit zuzustimmen, als zumindest erkennbar ist, daß der die Sicherung Einrichtende oder Vorschreibende über überlegenes Wissen verfügt.

[45] *Jescheck*, Strafrecht, a. a. O. (Anm. 3), S. 428; *ders.*, Aufbau und Behandlung der Fahrlässigkeit im modernen Strafrecht, Freiburg 1965, S. 11 f., rechtfertigt den „praktischen" Wert der gesonderten Erfassung des objektiven Moments der Sorgfalt: 1. Mit der Notwendigkeit, ein Gegengewicht gegen die Unrechtsbestimmung durch den Erfolg zu schaf-

Die Ermittlung der individuellen Fähigkeiten kann in praxi nur durch eine schwierige Ausdeutung von Indizien erfolgen, wobei die Schwierigkeit um so größer wird, je mehr das zu vermeidende Verhalten nicht durch seinen äußeren Vollzug in einer klar konturierten Situation, sondern als Verhalten in einer differenziert konturierten Situation oder durch seine Konsequenzen bestimmt ist. Beispielhaft: Beim Wenden auf der Autobahn wird für diesen Akt kaum je am Vorsatz zu zweifeln sein, beim Nicht-Einhalten der rechten Fahrbahnseite an unübersichtlichen Stellen selten an (zumindest) der Fahrlässigkeit; ob aber eine aus diesem falschen Verhalten resultierende Gefahr zumindest fahrlässig verursacht wird (§ 315 Abs. 3 i. V. m. Abs. 1 Nr. 2 Buchst. e, f StGB),

fen. — Das richtet sich gegen ein Kausierungsunrecht, nicht aber gegen eine Unrechtsbestimmung durch subjektive Vermeidbarkeit (wie sie *Stratenwerth*, Strafrecht, a. a. O. [Anm. 39], Rdn. 1167, vornimmt, ferner *Jakobs*, a. a. O. [Anm. 4], S. 48 ff., 64 ff., 68 f.), 2. Mit der Notwendigkeit, bei objektiver Sorgfaltswidrigkeit sichernde Maßregeln anordnen zu können. — Hier geht es nicht um Zurechnung, sondern um Gefährlichkeit; eine Einheitlichkeit der Delikts- und Gefährlichkeitsstufen kann wegen der Verschiedenheit der Ziele nur zufällig sein, 3. Soll für § 330 a die objektive Sorgfaltswidrigkeit ausreichen, auch wenn sie der Täter „mit Rücksicht auf die Trunkenheit nicht erfüllen konnte" (a. a. O.). — Freilich wäre die Nichtberücksichtigung einer rauschbedingten Unfähigkeit nur in diesem Merkmal objektiv, nicht aber generell. Zudem indiziert nur bei bestehender subjektiver Vermeidefähigkeit die Tat im Rausch die Entbindung von der Norm als Handlungsmaxime (eingehend: *Maurach*, Schuld und Verantwortung, Wolfenbüttel etc. 1948, S. 119 ff., 126), 4. Erfordere die Garantiefunktion, daß die Rechtsprechung allgemeine Regeln formuliere. — Was den Umfang der Vermeidepflicht angeht, also die Bestimmung des erlaubten Risikos, ist dem zuzustimmen; die Vermeidbarkeit selbst läßt sich so wenig objektiv fassen wie der Vorsatz (für den das erlaubte Risiko, also das objektiv Bestimmte, ja auch gilt); Fahrlässigkeitstatbestände sind nicht „offener" als Vorsatztatbestände; 5. Soll die objektive Sorgfalt die obere Haftungsgrenze festlegen. — Der besonders Befähigte kann mehr vermeiden, wenn er sich gleich „anstrengt" wie der Normalbefähigte (*Stratenwerth*, Strafrecht, a. a. O. [Anm. 39], Rdn. 1166; *Schönke-Schröder*, Strafgesetzbuch, a. a. O. [Anm. 38], § 59 Rdn. 175 ff.). Zudem fallen zumindest in Grenzfällen (etwa im Bereich naturwissenschaftlicher Forschung) Sorgfaltstyp und Einzelner zusammen. Will man in den anderen Fällen Sonderfähigkeiten nicht berücksichtigen (d. h. für den besonders Befähigten das Maß der „Anstrengung" herabsetzen — der begnadete Chirurg darf dann auch „normal" operieren oder — ernsthafter — der ortskundige Taxifahrer muß die ihm als höchst gefährlich bekannte Kreuzung nicht anders befahren als der Ortsfremde), so schafft man insoweit ein erlaubtes Risiko, eine Handlungsfreiheit trotz qualifizierter Vermeidbarkeit; weiterer Objektivierung der Sorgfalt bedarf es nicht.

läßt sich nicht gleichermaßen „vermuten", da es von differenzierter Situationskenntnis und einem je nach Situation nicht mehr allgemein vorauszusetzenden Urteilsvermögen abhängt.

Angesichts dessen nimmt es nicht wunder, daß bei der hohen und steigenden Zahl prozessual zu bewältigender Fahrlässigkeitstaten insbesondere von Seiten der Praxis Vorschläge zu einer Objektivierung der Fahrlässigkeit (und der Schuld bei fahrlässigem Verhalten) gemacht werden. Soweit ins Auge gefaßt wird, zwar nicht bei Straftaten, aber bei Ordnungswidrigkeiten, sich mit der Feststellung des objektiven Verstoßes zu begnügen und unter „Rückbildung traditioneller Rechte", sprich: ohne Möglichkeit richterlicher individualisierender Nachprüfung, eine „schematisierte Buße" zu verhängen[46], fehlt schon die empirische Basis zur Beurteilung der Nützlichkeit einer solchen Roßkur: Es wäre zunächst auszuschließen, ob eine Demontage der Zurechnung nicht zu einer fatalistischen, statt verantwortlichen, Haltung führt, wobei die Differenz Ordnungswidrigkeit—Straftat kaum den Ausschlag geben dürfte. Das gilt in vermindertem Maße auch für den Vorschlag, individuelle Faktoren, die sich „weder ausräumen noch verifizieren" lassen, bei der Zurechnung nicht zu berücksichtigen[47]. Das non-liquet liegt immer *zwischen* Verifikation und Gegenbeweis, und nur für seinen Bereich wird die Maxime „in dubio pro reo" überhaupt relevant.

Damit ist jedoch nichts gegen die Versuche gesagt, die zur Überzeugungsbildung für den Nachweis von Fahrlässigkeit relevanten Faktoren von den irrelevanten zu scheiden, also ohne Abstriche von den Beweiserfordernissen für die typisierbaren Fälle fahrlässigen Verhaltens das Immer-wieder-Fahrlässigkeitskonstitutive von dem Immer-wieder-Unerheblichen zu scheiden[48]. Das

[46] *Booß*, NJW 60, S. 373.

[47] *Wimmer*, NJW 59, S. 1757 zu c., freilich insoweit eingeschränkt, als es sich um „theoretisch" mögliche Faktoren handeln soll.

[48] So verstehe ich die Ausführungen bei *Jescheck*, Strafrecht, a. a. O. (Anm. 3), S. 450, m. w. Nachw.; *Bockelmann*, Verkehrsstrafrechtliche Aufsätze und Vorträge, Hamburg 1967, S. 24; und so lassen sich auch die Ausführungen von *Wimmer*, NJW 59, S. 1756, zu a. und b. noch verstehen, wenngleich das Verlangen, ein „tatsächlicher Umstand", der einen „ausnahmsweisen Ausschluß der Fahrlässigkeit nach sich ziehen könnte", müsse „*feststehen*", dieser Deutung widerspricht. — Klar wie hier: *Baumann*, NJW 59, S. 2293; *ders.*, Strafrecht, Allgemeiner Teil, 5. Auflage, Bielefeld 1968, S. 446; *ders.*, Folgenlose Verkehrsgefährdung als Massen-

Ergebnis dieser — nicht abgeschlossenen — Bemühungen[49] kann bei einigermaßen konkreter Formulierung wegen der Vielgestaltigkeit der Fallgruppen keine handfeste Formel sein.

Was muß erkennbar sein? In der Formulierung *Engischs*[49a]: „Dem fahrlässigen Täter muß *ebenso viel* erkennbar sein, wie ihm im Falle wirklicher Kenntnis zum Vorsatz gereichen kann, denn die Motivation, die wir beim vorsätzlichen Täter aufgrund seiner Vorstellungen erwarten, muß, damit dem Täter Fahrlässigkeit zur Last gelegt werden kann, *erreichbar* gewesen sein". Diese Formel bietet im Bereich von erkennbaren Gefahren[50] ungewöhnlicher Art oder ungewöhnlicher Höhe (Überfahren einer rot zeigenden Ampel bei allseits lebhaftem Verkehr) keine Schwierigkeiten, noch weniger, wenn Art und Höhe ungewöhnlich sind (der Spaziergänger findet eine Granate aus dem letzten Krieg und hebt sie auf), sehr wohl aber bei erkennbaren Gefahren, die dem alltäglich hinzunehmenden Risiko nach Art oder Höhe nahe bleiben. Die Strenge des von *Engisch* formulierten Erfordernisses ist in Rechtsprechung und Lehre kaum erkannt, noch weniger in ihren Konsequenzen

erscheinung, Boppard 1961, S. 168; *Maurach*, Strafrecht, a. a. O. (Anm. 20), § 44 II B 3, m. w. Nachw., dort auch zum „Bußgeldkatalog".

49 Zuletzt: *Volk*, GA 73, S. 161 ff.

49a Untersuchungen, a. a. O. (Anm. 20), S. 373, Sperrungen original.

50 Muß auch der Weg zum Erfolg voraussehbar sein? Die Rechtsprechung stellt im Schwerpunkt allein auf die Voraussehbarkeit des Erfolges ab (RGSt. 24, S. 417 ff., 418; 73, S. 370 ff., 372; BGHSt. 12, S. 75 ff., 77; ebenso *Mühlhaus*, Die Fahrlässigkeit in Rechtsprechung und Rechtslehre, Berlin 1967, S. 45 f.), während die Literatur die Voraussehbarkeit des Verlaufs zum Erfolg „in seinen wesentlichen Zügen" verlangt (*Welzel*, Strafrecht, a. a. O. [Anm. 8], S. 176; *Baumann*, Strafrecht, a. a. O. [Anm. 48], S. 381, 440; *Bockelmann*, Aufsätze, a. a. O. [Anm. 48], S. 98 f.; *Maurach*, Strafrecht, a. a. O. [Anm. 20], § 44 II B 1; *Schönke-Schröder*, a. a. O. [Anm. 38], § 59 Rdn. 182; *Wessels*, Strafrecht, a. a. O. [Anm. 44], S. 113) — wobei konsequent die „wesentlichen Züge" ihrerseits nur durch die für sie wesentlichen gesteuert werden können etc., die Notwendigkeit der Voraussehbarkeit jeden Details läßt sich nicht umgehen. Zudem wird Zurechnung bei bekannter Wirkung, aber unbekannter Wirkungs*weise* unmöglich; das betrifft nicht nur Medikamente und Chemikalien, sondern auch komplizierte technische Geräte. Wer kann denn schon die „wesentlichen Züge" zum klar erkannten Erfolg eines Tritts auf das Gaspedal bei Einspritzmotor und Getriebeautomatik voraussehen? Die mit der Voraussehbarkeit des Verlaufs anvisierte objektive oder subjektive Adäquanz ist ein Vehikel zur Limitierung der Zurechnung auf das durch Sorgfalt Beherrschbare, dessen es bei Anerkennung der Normzwecklehre (s. u. Abschnitt III. D.) nicht mehr bedarf. Eingehend: *Jakobs*, a. a. O. (Anm. 4), S. 89 ff.

geklärt worden. Ohne Risikoerlaubnis müßten alltägliche Verhaltensweisen unterbleiben, also wird ein Risiko zugestanden; die (beim Erfolgsdelikt) Erkennbarkeit einer Verletzung unter Risikoüberschreitung ist dann — so scheint es — Fahrlässigkeit. Aber wäre die Kenntnis denn *jedenfalls* Vorsatz? Oder, formuliert für die Lehren, die zum Vorsatz eine emotionale oder voluntative Komponente fordern, sind bei *jeder* Kenntnis eines unerlaubten Risikos „Ernstnehmen", „Rechnen mit dem Erfolgseintritt", „In-Kauf-Nehmen" etc. möglich? Alle Abgrenzungen von Vorsatz und Fahrlässigkeit, die nicht auf Gesinnungsmomente, sondern auf die Steuerung abstellen, konvergieren darin, daß sie die psychische Lage zu beschreiben versuchen, in denen die Erfolgsprognose dem Subjekt hinreichend eindringlich ist, um, Rechtskenntnis und Rechtstreue unterstellt, unmittelbar, d. h. ohne Notwendigkeit von Reflexion oder weiterer Aufmerksamkeit, zum rechtskonformen Verhalten zu führen. Diese Lage wurde oben als „gültiges Urteil" beschrieben. Was aber gültiges Urteil sein soll (oder was ernst genommen, in Kauf genommen werden soll, womit gerechnet werden kann), muß entscheidungserhebliche Stärke haben können, und das heißt beim Erfolgsdelikt, daß die Erheblichkeit aus dem Verbot der (zumindest) erkennbaren Erfolgsherbeiführung resultieren muß; Erkennbarkeit oder Kenntnis eines Verstoßes gegen abstrakte Gefährdungsdelikte sind nicht Verletzungsfahrlässigkeit und Verletzungsvorsatz[51]. Die Grenze des erlaubten Risikos gehört zum normativen Bereich, die Entscheidungserheblichkeit einer Erfolgsprognose zum psychischen Bereich; ob schon das erlaubte Risiko den Bereich entscheidungsrelevanter Gefahrvorstellungen trifft oder zumindest an seiner Grenze die entscheidungsrelevante Gefahrvorstellung beginnt, ist nicht ausgemacht.

Die tägliche Gewöhnung an Risiken und selbst — etwa im Straßenverkehr — an nicht nur vereinzelt das Erlaubte nach Art oder Höhe erheblich übersteigenden Risiken führt unabhängig von der Erlaubnis des Risikos zum „Angstverlust". Konkret: Nicht wenige Autofahrer registrieren es nicht mehr, wenn bei 100 Stundenkilometern der Nachfolgende auf 20 Meter auffährt; dieses Risiko ist trotz aller Gefahr der Selbstverletzung vielen Autofahrern subjektiv unerheblich geworden, weil sie es tausendfach als folgenlos erlebt haben; daraus folgt, daß dann, wenn sie selbst die dicht Nachfolgenden sind, es zumindest nicht selbstverständlich ist,

[51] S. o. in diesem Abschnitt.

daß sie das Verbot, sich der drohenden Verletzung wegen so zu verhalten, überhaupt noch verstehen können. Zudem beruht die Signifikanz der Gefährlichkeit einer Vielzahl von verbotenen Verhaltensweisen auf der Häufung, in der sie vorgenommen werden. Sich selbst als Faktor in dieser statistischen Häufung sehen und sich selbst als beachtlich gefährlich Handelnden sehen ist aber zweierlei.

Die Entscheidungsrelevanz auch unerlaubter Risiken läßt sich nicht rein normativ herstellen[52]. Wird das nicht berücksichtigt, und es wird um so weniger berücksichtigt, als die Sorgfalt objektiviert wird und die Prüfung der subjektiven Vermeidbarkeit sich auf Ermittlung normaler Fähigkeiten und Kenntnisse beschränkt[53], so wandelt sich im Bereich der zwar fehlerhaften, aber gewöhnlichen Verhaltensweisen das Fahrlässigkeitsdelikt in ein durch den Erfolgseintritt bedingtes, subjektiv abstraktes Gefährdungsdelikt, genauer, in ein reines Risikodelikt, das auch bei Risikokenntnis nicht zum vorsätzlichen Verletzungsdelikt wird: Die Voraussehbarkeit bleibt zwar, ist aber als entscheidungsirrelevante Voraussehbarkeit steuerungsirrelevant, d. h. verhaltensirrelevant. Man wende nicht ein, es sei ja gerade das Kennzeichen der Fahrlässigkeit, daß die Erfolgsprognose leicht genommen oder leichthin nicht erst angestellt werde; denn sie muß auch dem Subjekt als des Erfolges wegen ernst zu nehmende Prognose möglich sein. Natürlich bestimmt die Norm das Gewicht des Rechtsguts und den Ernst seiner Verletzung, aber ihre Befolgbarkeit ist davon abhängig, daß sie sich auf einen möglichen, d. h. bei Normtreue auch eintretenden, psychischen Sachverhalt bezieht. Beispielhaft: Wer auf schmaler Straße vor einer Bergkuppe überholt, dem mag die Gefahrvorstellung aus Gleichgültigkeit nicht erst auftauchen oder er mag sie verdrängen. Urteilte er aber, so müßte er zu dem Ergebnis kommen, daß ein Unfall nicht auszuschließen ist. Solche Situationen werden ja auch nicht selten als „brenzlig" erlebt. Wer aber in der Stadt auf gut ausgebauter, wenig frequen-

[52] Es handelt sich um die neuestens von *Wolff*, Gallas-Festschrift, Berlin etc. 1973, zum Eventualvorsatz aufgezeigte Bedeutung einer in den generellen „Einpassungsentschluß" (S. 220) hineingenommenen Gefahr und einer „nicht-übergehbaren Gefahr" (S. 222). — Zur Diskussion um Fahrlässigkeit und Gefährdungsvorsatz im Strafrecht vgl. *Kaiser*, Verkehrsdelinquenz und Generalprävention, Tübingen 1970, S. 51 ff., m. Nachw.

[53] Ebenso kritisch: *Baumann*, Kriminalbiologische Gegenwartsfragen, Heft 4, Stuttgart 1960, S. 105 f.

tierter Straße mit 70 Stundenkilometern fährt, wird das Erlebnis einer gleichermaßen gefährlichen Situation, die bei erlaubtem Tempo ausgeblieben wäre, höchst selten haben. Für ihn bleibt die Gefahr „statistisch". Die erstaunlich hartnäckige Affinität der Dogmatik zum erlaubten Risiko zur Fahrlässigkeitsdogmatik[54] dürfte damit zusammenhängen, daß man den Vorsatz in den Fällen geringer Erfolgswahrscheinlichkeit nicht zu konstruieren wagt[55]; bei der Fahrlässigkeit verdeckt die Virtualisierung das Problem. Überspitzt formuliert: Wer es sich abgewöhnt hat, bei jedem Fehlverhalten, das ihm im Straßenverkehr widerfährt (Schneiden, Blenden, Auffahren etc.) ernsthaft an seinen Tod zu denken, kann, wenn es ihm selbst zu unterlaufen droht, den der anderen nicht ernsthaft prognostizieren. — Deshalb ist von dogmatisch korrekt angewandten fahrlässigen Erfolgsdelikten (wobei der Erfolg auch „Gefährdung" heißen kann) im Straßenverkehr und in sonstigen gefährlichen Unternehmungen das Heil nicht zu erwarten.

D. Vermeidbarkeit und Normzweck

So wenig beachtet das Verhältnis von Fahrlässigkeit und Erfolgsprognose noch ist, so intensiv behandelt ist dasjenige von Fahrlässigkeit und Erfolg. Wenn auch in Einzelheiten keine Übereinstimmung besteht, so doch weit überwiegend darin: Erfolgsverursachung plus Fahrlässigkeit ist nicht jedenfalls auch fahrlässige Erfolgsverursachung[56]. Hierbei sind zwei Problemkreise auseinanderzuhalten: Zum einen ist dem sich fahrlässig Verhaltenden durchaus zutreffend erkennbar, daß er mit seinem fahrlässigen Verhalten Bedingungen für einen Erfolg setzt, der sich aus den Bedingungen verwirklicht; jedoch bei sorgfältigem Verhalten hätte er sich anderweitig verwirklicht. Beispielhaft: Ein Autofahrer überholt mit zu engem Seitenabstand einen Radfahrer und berührt ihn, so daß er gegen das Fahrzeug geschleudert und verletzt wird; bei ordnungsgemäßem Abstand wäre der Radfahrer, da er betrunken ist, in seiner Verunsicherung gegen das Fahrzeug ge-

[54] Hierzu *Schmidhäuser*, Strafrecht, a. a. O. (Anm. 5), 9/20.

[55] Beispiele für Vorsatz bei *Welzel*, Strafrecht, a. a. O. (Anm. 8), S. 56; *Schmidhäuser*, Strafrecht, a. a. O. (Anm. 5), 9/20; vgl. auch die Untersuchungen von *Hirsch* zur Tatherrschaft bei minimalem Risiko, ZStW 74 (1962), S. 98.

[56] Auch das ist kein spezifisches Fahrlässigkeitsproblem, sondern läßt sich auch auf den Vorsatz übertragen; *Baumann*, Strafrecht, a. a. O. (Anm. 48), S. 258 ff.; *Jescheck*, Strafrecht, a. a. O. (Anm. 3), S. 442.

torkelt[57]. Hier geht es um die Berücksichtigung hypothetischer Erfolgsursachen. Der Streit in der Literatur, ob der hypothetische Bedingungszusammenhang überhaupt entlastend zu berücksichtigen ist[58], und wenn ja, ob die Ungewißheit darüber dem sich unsorgfältig Verhaltenden zur Last fällt, der das Schadensrisiko gesteigert hat[59], oder ob schon die Ungewißheit des hypothetischen Verlaufs Erfolgszurechnung ausschließt[60], hat hier seine Berechtigung. Zum anderen aber kann der sich fahrlässig Verhaltende die Erfolgsprognose nur aufgrund vermeintlich hinreichender Bedingungen treffen, in Wirklichkeit ist das ihm Zugängliche überhaupt oder ohne weitere, ihrerseits unerkennbare Bedingungen ungefährlich oder jedenfalls nicht gefährlicher als ein erlaubt riskantes Verhalten. Beispielhaft[61]: Ein Zahnarzt gibt einer stark fettleibigen Patientin eine Chloraethyl-Vollnarkose. Nur ein Internist kann, das wird unterstellt, feststellen, ob dies nicht zum Tode führt, wird aber nicht konsultiert. Im Fall dieser Patientin hätte der Internist jedoch die Narkose wahrscheinlich für vertretbar gehalten. Die Patientin stirbt. Hier ist das dem Arzt als risikomindernd Erkennbare (Konsultierung des Internisten) wahrscheinlich erfolgsirrelevant. Das bei Sorgfalt zur Erfolgsvermeidung Einzu-

[57] Anders die Sachlage in dem berühmten Fall BGHSt. 11, S. 1 ff.: Dort war es real und hypothetisch jedenfalls die Verunsicherung, die zum Torkeln führte. Der zu geringe Abstand war nur vermeintlich erfolgsspezifisch; Verunsicherung und Schaden waren durch den Abstand nicht zu beherrschen. Vgl. u. die 2. Fallgruppe.

[58] Verneinend: *Spendel*, Schmidt-Festschrift, Göttingen 1961, S. 196 f., 198; *ders.*, JuS 64, S. 19 f.; *Binavince*, Die vier Momente der Fahrlässigkeitsdelikte, Bielefeld 1969, S. 220 f.

[59] So: *Jescheck*, Strafrecht, a. a. O. (Anm. 3), S. 443 m. w. Nachw.; *Lackner-Maassen*, Strafgesetzbuch, 7. Auflage, München 1972, § 59 Anm. IV 2 a bb; *Roxin*, Honig-Festschrift, Göttingen 1970, S. 138 ff. mit Nachw. früherer Ausführungen; *ders.*, Strafrechtliche Klausurenlehre (mit *Schünemann* und *Haffke*), Köln etc. 1973, S. 136 f.; *Stratenwerth*, Strafrecht, a. a. O. (Anm. 39), Rdn. 1182; *ders.*, Gallas-Festschrift, Berlin etc. 1973, S. 227 ff.

[60] So aus der Rspr. grundlegend: BGHSt. 11, 1 ff.; Zusammenstellung der Rechtspr. bei *Kahrs*, Das Vermeidbarkeitsprinzip, Hamburg 1968, S. 135 ff.; *Baumann*, Strafrecht, a. a. O. (Anm. 48), S. 262; *Samson*, Hypothetische Kausalverläufe im Strafrecht, Frankfurt/M. 1972, S. 151 ff., 156 f.; *Welzel*, Strafrecht, a. a. O. (Anm. 8), S. 136; *Wessels*, Strafrecht, a. a. O. (Anm. 44), S. 112; *Ulsenheimer*, Das Verhältnis zwischen Pflichtwidrigkeit und Erfolg bei den Fahrlässigkeitsdelikten, Bonn 1965, S. 146 f., 148 f.; *ders.*, JZ 69, S. 364 f., alle mit w. Nachw.; — differenzierend: *Otto*, Maurach-Festschrift, Karlsruhe 1972, S. 103.

[61] Nach BGHSt. 21, S. 59 ff.

setzende bewirkt wahrscheinlich nichts. Hier geht es nicht erst um den Verlauf eines hypothetischen Bedingungszusammenhanges, sondern bereits um die Beherrschbarkeit des realen *durch Sorgfalt*. Die erkennbaren (realen) Erfolgsbedingungen sind durch Sorgfalt wahrscheinlich nur vermeintlich zu beherrschen. Auch hier stellt sich die Frage nach der Sicherheit oder Wahrscheinlichkeit des Beherrschungsvermögens, aber in ganz anderer Weise als bei hypothetischer Kausalität. Es geht um die Frage, ob die allenfalls zufällig, aber nicht planmäßig wirksame Sorgfalt normzweckwidrige Sorgfalt ist, *und das kann auch zu verneinen sein, wenn bei sorgfältigem Verhalten der Erfolg eindeutig ausbleibt*[62] (etwa: Ein Internist ist nicht zur Stelle, die Narkose müßte also unterbleiben[63]). Nicht wird ein bestehendes Risiko durch ein anderes ersetzt, sondern ein vermeintlich durch Sorgfalt planvoll beherrschbares Risiko ist (wahrscheinlich) durch Sorgfalt nicht planvoll beherrschbar[64].

In beiden Fallgruppen geht es um Normzwecküberlegungen, einmal um die Funktion der Kausalität, das andere Mal um die Funktion der Sorgfalt. Jedenfalls stellt sich — bei freilich differentem Ansatz — die Frage, wer das Aufklärungsrisiko trägt. Nicht zufällig spielt eine große Zahl der von der Rechtsprechung entschiedenen Fälle im Bereich des Straßenverkehrs, der Medizin und verwandter Disziplinen, also in Bereichen, in denen auch bei Sorgfalt ein erhebliches Grundrisiko bleibt und höchst individuelle und deshalb schwer aufklärbare Faktoren evident häufig wirksam werden[65].

Das praktische Bedürfnis, bei zweifelhafter Beweislage zumindest dann den Erfolg zuzurechnen, wenn das fahrlässige Verhalten das Schadensrisiko gesteigert hat, ist ebenso offenbar wie

[62] *Hanau*, Die Kausalität der Pflichtwidrigkeit, Göttingen 1971, S. 67; *Samson*, Hypothetische Kausalverläufe, a. a. O. (Anm. 60), S. 152 Anm. 2.

[63] Der BGH hat a. a. O. auch zutreffend nicht darauf abgestellt, daß die Zuziehung eines Internisten den Erfolg zumindest hinausgeschoben hätte. Die Irrelevanz der Zeitpunktverschiebung ergibt sich aus der Irrelevanz des hypothetischen Verlaufs; *Wessels*, Strafrecht, a. a. O. (Anm 44), S. 112.

[64] Eingehender hierzu *Jakobs*, a. a. O. (Anm. 4), S. 89 ff., 100 ff. m. Nachw.

[65] Aus der Rechtsprechung des RG und des BGH: RGSt. 15, S. 151 ff. (Apotheker); 63, S. 211 ff. (Ziegenhaardesinfektion); RG HRR 26, Nr. 2302 (Kokain); BGHSt. 11, 1 ff. (Radfahrer); 21, S. 59 ff. (Zahnarzt); 24, 32 ff. (Trunkenheitsfahrt).

bei Versagung dieser Möglichkeit die Gefahr, daß in Fällen krasser Risikosteigerung[66] die Gerichte die Beweislage in Orientierung am Ergebnis auswerten. Wenn jedoch der Beweis der *Gewißheit* des hypothetischen Verlaufs zum Schaden oder der *Gewißheit* der Irrelevanz der Sorgfalt die Erfolgsverursachung ausschließen soll, so kann das nur heißen, daß die Norm ihre Funktion verliert, wenn ihre Beachtung nicht hilft. Das hat systematische Konsequenzen: Im Fall der Ungewißheit bleibt offen, ob die Norm im konkreten Fall planvoll und nicht nur zufällig funktionieren kann. Freilich hat die Norm auch die Funktion, Risikosteigerungen zu verhüten, aber strafbewehrt ist sie nur bei Vollendung, d. h., sofern der Normzweck überhaupt berücksichtigt werden soll, wenn der *Erfolg* durch Beachtung der Norm planvoll vermeidbar ist. Die Strafe bei bloßer Risikosteigerung ist Strafe für fahrlässigen, konkret gefährdenden Versuch plus Erfolgsverursachung[67], wobei der Rechtswidrigkeitszusammenhang zwischen Fahrlässigkeit und Erfolg allenfalls wahrscheinlich ist[68].

Sollte die Spannung zwischen den dogmatischen und den kriminalpolitischen Erfordernissen, die beim gegenwärtigen Diskussionsstand besteht, sich als unaufhebbar erweisen, so wäre zu erwägen, de lege ferenda zumindest in den Bereichen, in denen das sorgfältige Verhalten aufgrund bestehender Regeln oder einer lex artis einigermaßen gleichförmig ist, den grob fahrlässigen Versuch zu strafen[69]. Bereits bestehende Regelungen (insbesondere

[66] Vgl. die Fälle bei *Roxin* — *Schünemann* — *Haffke*, Klausurenprobleme, a. a. O. (Anm. 59), S. 136 f.; *ders.*, Honig-Festschrift, a. a. O. (Anm. 59), S. 140; *Stratenwerth*, Gallas-Festschrift, a. a. O. (Anm. 59), S. 239.

[67] *Baumann*, Strafrecht, a. a. O. (Anm. 48), S. 263; *Samson*, Hypothetische Kausalverläufe, a. a. O. (Anm. 60), S. 156; *Ulsenheimer*, JZ 69, S. 367.

[68] Hiergegen wenden freilich *Rudolphi*, JuS 69, S. 554, und *Stratenwerth*, Strafrecht, a. a. O. (Anm. 39), Rdn. 1182; *ders.*, Gallas-Festschrift, a. a. O. (Anm. 59), S. 236 ff., ein, „das vom Täter zu verantwortende Quantum an Gefahr" gehe „unabgrenzbar ein in das gesamte Gefährdungspotential, aus dem der Erfolg erwächst" (*Stratenwerth*, Gallas-Festschrift, S. 238). Ein Erfolg erwächst aus Bedingungen; sind einige von ihnen nicht notwendig oder als gefährlich nicht erkennbar, so mögen sie gefahrsteigernd sein, aber durch sie läßt sich der Erfolg nicht planvoll beherrschen. Deshalb gibt es bei der *Erfolgs*zurechnung in diesen Fällen kein „gesamtes Gefährdungspotential".

[69] Beim vorsätzlichen Unterlassungsdelikt entschärft die Möglichkeit der Versuchsbestrafung in den Parallelfällen des Nicht-Tätigwerdens zur im Erfolg ungewissen Rettung (hierzu *Stratenwerth*, Strafrecht, a. a. O. [Anm. 39], Rdn. 1094) das Problem. — Nach dem Entwurf eines Einfüh-

§ 315, §§ 315 a—c StGB) kommen dem nahe; auf die Abgrenzung wird noch einzugehen sein[70].

E. Leichte und grobe Fahrlässigkeit (Leichtfertigkeit)

Das geltende Recht differenziert überwiegend nicht nach Fahrlässigkeitsgraden; vorwiegend in neueren Vorschriften findet sich jedoch — insbesondere für die Herbeiführung tatbestandlicher Folgen eines gleichfalls tatbestandlich beschriebenen Verhaltens — zunehmend eine Haftungsbeschränkung auf Leichtfertigkeit, teils beschränkt auf einen Teil des Tatbestandes, während für andere Teile jede Fahrlässigkeit ausreichen soll[71]. Die Leichtfertigkeit wird allgemein als grobe Fahrlässigkeit verstanden[72]. Nach § 16 AE soll wegen „geringfügig fahrlässigen Verhaltens" nicht gestraft werden, wobei sich diese Geringfügigkeit jedoch nicht mit der Leichtigkeit der Fahrlässigkeit decken soll, vielmehr wird darauf abgestellt, „daß auch dem Sorgfältigsten . . . Fehler" „unterlaufen" und daß in solchen Fällen „*kriminelle* Schuld nicht nachweisbar ist"[73]. Auch in der Rechtslehre wird zunehmend häufig vorgeschlagen, leichte Fahrlässigkeit, bloße Unachtsamkeit, bloße Fehlreaktion nicht mit Strafe zu belegen[74].

rungsgesetzes zum Strafgesetzbuch (Bundestagsdrucksache VI/3250), Art. 17, Nr. 89, Buchst. a, soll auch der Versuch gefährlicher Körperverletzung bestraft werden.

[70] S. u. Abschnitt V.

[71] Beschränkung auf „Leichtfertigkeit" im StGB etwa in den §§ 97 Abs. 2 — kombiniert mit Fahrlässigkeit jeden Grades, ebenso in § 21 WStrG; 109 Abs. 4 — neben Wissentlichkeit und Vorsätzlichkeit; 138 Abs. 3; 239 a Abs. 2, 239 b Abs. 2 i. V. m. 239 a Abs. 2; 311 Abs. 3; 316 c Abs. 2 (hierzu *Maurach*, Heinitz-Festschrift, Berlin etc. 1972, S. 414 ff.).

[72] *Baumann*, Strafrecht, a. a. O. (Anm. 48), S. 445; *Dreher*, Strafgesetzbuch, a. a. O. (Anm. 36), § 59 Anm. III c; *Jescheck*, Strafrecht, a. a. O. (Anm. 3), S. 431; *Lackner-Maassen*, Strafgesetzbuch, a. a. O. (Anm. 59), § 59 Anm. IV 3 (grobe Fahrlässigkeit wie im bürgerlichen Recht, aber voll individualisiert); *Maurach*, Strafrecht, a. a. O. (Anm. 20), § 42 II B 2; *Schmidhäuser*, Strafrecht, a. a. O. (Anm. 5), 10/114; *Schönke-Schröder*, Strafgesetzbuch, a. a. O. (Anm. 38), § 59 Rdn. 150; BGHSt. 14, S. 240 ff.; 20, S. 315 ff., 327; kritisch *Bockelmann*, Aufsätze, a. a. O. [Anm. 48], S. 216 f.), so wie der E 1962 a. a. O. (Anm. 2), der den Begriff der Leichtfertigkeit in erhöhtem Maße verwendet (Vgl. Begr. S. 132 r. Sp.), in § 18 Abs. 3 vorsah: „Leichtfertig handelt, wer grob fahrlässig handelt" (Diese Definition hat der AE (Anm. 2) als „überflüssige Umschreibung" nicht aufgenommen; Begr. S. 55).

[73] Begr. S. 53.

[74] *Bockelmann*, Aufsätze, a. a. O. (Anm. 48), S. 216 ff.; *Roxin*, JuS 73, S. 201; *Stratenwerth*, Strafrecht, a. a. O. (Anm. 39), Rdn. 1211 ff.; dies ist von der Meinung zu unterscheiden, unbewußt fahrlässiges Verhalten könne

Den subtilen Distinktionen kann hier nicht i. E. nachgegangen werden. Deshalb soll, beschränkt auf die Differenz leichte Fahrlässigkeit — grobe Fahrlässigkeit, Leichtfertigkeit, angedeutet werden, welche Gegenstände mit „leicht" und „grob" („leichtfertig") auf den Begriff gebracht werden können. Es läßt sich nicht behaupten, daß das geklärt sei. Zunächst geht es darum, zwischen leichter *Fahrlässigkeit* als minimalisierter Steuerbarkeit eines schadenbringenden Verlaufs und leichter *Schuld* bei Fahrlässigkeit zu unterscheiden[75]. Zwischen einer leichten Flüchtigkeit, die zu sehr geringer Gefährdung mit dann freilich verhängnisvollem Verlauf führt, und einem sehr riskanten Verhalten, dessen Schadensneigung der Täter etwa aus — ihrerseits unvermeidbarer — Konzentrationserschwerung übersieht[76], mag allenfalls per Schuldsaldo kein Unterschied bestehen, ganz abgesehen von den Fällen grober Steuerungsdefekte bei nur schwer erkennbarem Verbot. Weniger schwierig ist die Bestimmung, welchen Einfluß die Gewichtigkeit der drohenden Verletzung auf die Leichtigkeit der Fahrlässigkeit oder der Schuld hat. Leichte Fahrlässigkeit in bezug auf eine Prellung und in bezug auf eine Tötung ist nach der Risikohöhe wie nach dem Zumutbaren an Konzentration durchaus verschieden zu beurteilen. Die Abstufung der Fahrlässigkeitsgrade verläuft zu diesem Aspekt innerhalb des schon unerlaubten Risikos parallel zur je nach drohendem Verletzungserfolg höheren oder niedrigeren Grenze des erlaubten Risikos[77].

nicht schuldhaftes Verhalten sein (grundlegend: *Arth. Kaufmann*, Schuldprinzip, a. a. O. (Anm. 4), S. 156 ff., 223 ff.; weitere Nachweise bei *Jakobs*, a. a. O. (Anm. 4), S. 134 Anm. 29: Die Unmöglichkeit von Schuld bei unbewußter Fahrlässigkeit, die Geringfügigkeit von Schuld bei leichter Fahrlässigkeit und die Nicht-Nachweisbarkeit von krimineller Schuld bei leichter Fahrlässigkeit sind dreierlei.

75 Hierzu *Bockelmann*, Aufsätze, a. a. O. (Anm. 48), S. 216 f.

76 Beispielhaft: Der Autofahrer übersieht eine rot zeigende Ampel, nachdem ihm sein Beifahrer überraschend den Tod eines nahen Freundes mitgeteilt hat; es kommt zum Unfall.

77 Schließlich geht es darum, ob die Ausgestaltung des fahrlässigen Delikts als Erfolgsdelikt übersprungen werden darf. Handelt auch grob fahrlässig, wer den Erfolg leicht fahrlässig (was grob und leicht auch immer bedeuten mag) herbeiführt, sich aber bezüglich anderer, durch glückliche Umstände schadlos gebliebener Rechtsgüter leichtfertig verhielt? Geht es also um die Leichtfertigkeit des Verhaltens oder der Erfolgsherbeiführung? Bei genereller Ausklammerung der leichten Fahrlässigkeit dürften Fälle dieser Art insbesondere bei vielseitig riskantem Verhalten (etwa im Straßenverkehr) bald die Rechtsprechung beschäftigen. Die z. Z. für die Strafzumessung bedeutsame Frage wird vom BGH — natür-

Soweit die bewußte Fahrlässigkeit[78] von der unbewußten abgeschichtet wird, herrscht Einigkeit: Diese Differenzierung soll nicht mit derjenigen von grob und leicht identisch sein[79]. Das muß auf den ersten Blick überraschen: Wenn es überhaupt eine Fahrlässigkeitsform mit einer dem Vorsatz auf der Vorstellungsseite gleichen psychischen Lage geben soll, so ist dem sich bei einer solchen Vorstellung fahrlässig Verhaltenden die Vermeidung des als schadenbringend erkannten Verlaufs doch besonders nahe. Soll ihm seine „innere Ablehnung" oder sein „Leichtsinn", also seine zur Vermeidung nutzlose oder gar hinderliche Einstellung, nicht zum Benefiz werden, so müßte gerade er der sich grob fahrlässig Verhaltende sein. Die gegenläufige Entscheidung zeigt, daß die Differenzierung in grobe und leichte Fahrlässigkeit nicht der Steuerungsdifferenz zwischen Vorsatz und Fahrlässigkeit analog verlaufen, sondern garantieren soll, daß das bei dieser Differenzierung nur unbefriedigend zu Erfassende, scil. die „Tatsachenblindheit"[80], jedenfalls dem schwereren Fahrlässigkeitstyp zugeschlagen wird; m. a. W., die grobe Fahrlässigkeit wird nicht nach der Vermeidbarkeitsnähe bestimmt, die sich (im Vorhersehen) psychisch aktualisiert, sondern nach der Vermeidbarkeitsnähe, die sich aus der (gekannten) Situation ergibt[81].

Ob eine praktisch handhabbare Grenze gefunden werden kann, ist noch offen. Im Zivilrecht und Arbeitsrecht sind Fahrläs-

lich ohne notwendige Differenzierung nach grob und leicht — dahin entschieden, daß — sofern *eine* Verletzung schuldhaft geschah — auch nicht realisierte Verletzungen beim Erfolgsdelikt straferschwerend berücksichtigt werden können; BGH VRS 12, S. 185 ff., 188; 13, S. 25 ff., 26; 13, S. 204 ff., 207; 14, S. 282 ff., 285; 22, S. 273 ff., 274; ebenso *Kohlrausch-Lange*, Strafgesetzbuch, 43. Auflage, Berlin 1961, vor § 13 Anm. IV 1 (S. 64 u.); *Koffka* in Leipziger Kommentar, 9. Auflage, 7. Lieferung, Berlin etc. 1971, § 13 Rdn. 43. — Damit wird der an sich straffreie fahrlässige Versuch zum Straferhöhungsgrund.

78 Hierzu o. Abschnitt II.

79 *Bruns*, Strafzumessungsrecht, Köln etc. 1967, S. 488; *Jescheck*, Strafrecht, a. a. O. (Anm. 3), S. 430 f.; *Lackner-Maassen*, Strafgesetzbuch, a. a. O. (Anm. 59), § 59 Anm. IV 2 b; *Maurach*, Strafrecht, a. a. O. (Anm. 20), § 42 II B 2; *Schmidhäuser*, Strafrecht, a. a. O. (Anm. 5), 10/114; *Welzel*, Strafrecht, a. a. O. (Anm. 8), S. 176.

80 Hierzu o. Abschnitt I.

81 Wobei das Sich-Aufdrängen der Folgen häufig zu bewußter Fahrlässigkeit führen wird; *Bockelmann*, Aufsätze, a. a. O. (Anm. 48), S. 217. — Ob diese Abgrenzung, sofern sie in größerem Umfang praktisch wird, nicht auf den Dolus eventualis zurückwirken muß, soll hier dahinstehen.

sigkeitsstufen zwar seit langem zu ermitteln, aber dort kann infolge der Objektivierung des Maßstabes für Fahrlässigkeit einfacher generalisiert werden als im Strafrecht, selbst wenn die Individualität des Haftenden „auch zu berücksichtigen" sein soll[82]. Daß es im Strafrecht zur groben Fahrlässigkeit allein auf die individuell grobe Fahrlässigkeit ankommt, entspricht gefestigter Rechtsprechung[83]. Die vollste Subjektivierung läge im Übergang von der groben Fahrlässigkeit zur groben Schuld bei Fahrlässigkeit. Fahrlässigkeit ohne leichte Erkennbarkeit des abstrakten Verbots dürfte im Kernstrafrecht zwar selten praktisch werden, häufiger aber im Nebenstrafrecht. Die aus der Schwierigkeit der Aktualisierung eines Verbots resultierende Schwierigkeit der Vermeidung bleibt jedoch ohne spezifischen Bezug auf die Fahrlässigkeit. Die Unsorgfältigkeit eines Verhaltens ist von der Erkennbarkeit des Verbots ebenso unabhängig wie die Vorsätzlichkeit. Weniger einfach ist die Bedeutung der subjektiven Erschwernisse der Vermeidung zu beurteilen, die unter der Sammelbezeichnung „Zumutbarkeit" bei der Fahrlässigkeit als „Entschuldigungsgründe" angesehen werden. Es handelt sich um Fälle, bei denen nicht zu bezweifeln ist, daß der Schadensverlauf bei Aufmerksamkeit erkennbar und deshalb vermeidbar ist, wohl aber, ob Aufmerksamkeit noch verlangt werden kann[84]. Die Fälle haben wenig praktische Bedeutung[85], betreffen aber, da bei Vorsatz die Aufmerksamkeitsleistung nicht erbracht werden muß, spezifisch der Fahrlässigkeit anhaftende Motivationserschwerungen, deren Berücksichtigung bei der Differenzierung von grober und leichter Fahrlässigkeit also angebracht ist. Einzelheiten sind noch zu erarbeiten. Da die quantitativ gewichtigen Fahrlässigkeitsdelikte nicht auf grobe Fahrlässigkeit beschränkt sind, hat sich bislang ein zumindest durch Beispielsgruppen zu verdeutlichender Maßstab für grobe Fahrlässigkeit nicht gebildet.

F. Automatismen

Was muß nun fahrlässig sein? Beim Erfolgsdelikt das erfolgsverursachende Verhalten, beim Tätigkeitsdelikt der Verhaltens-

[82] *Battes* in *Erman*, Handkommentar zum BGB, 5. Auflage, Münster 1972, § 276 Rdn. 61 m. Nachw.; BAG VRS 43, S. 69 ff., 70.

[83] Zuletzt: BGHSt. 24, S. 315 ff., 324, (dem Täter wird eine „gewisse Betriebsblindheit" zugute gehalten), S. 327, (der Täter wird durch „geringe praktische Erfahrung" entlastet), — zu § 21 WStrG.

[84] S. das o. in Anm. 76 gegebene Beispiel.

[85] Nachweise bei *Jakobs*, a. a. O. (Anm. 4), S. 141 ff.

vollzug[86]. Die Differenz ist für die Bestimmung der Fahrlässigkeit ohne Bedeutung. Fahrlässigkeit ist jedenfalls eine *verhaltens*bezogene psychische Lage (wie Vorsatz). Zahlreiche Verhalten aber, das hat nicht nur die Psychologie erkannt, sondern drängte sich auch der Rechtsprechung in Straßenverkehrssachen auf, verlaufen nicht stets bewußt, sondern häufig „automatisiert", ohne bewußten Ich-Bezug, obgleich sie noch „dem spontanen Zugriff des Bewußtseins offen stehen"[87], also keine unbeherrschbaren oder nur durch Gegenaktivität zu verhindernden Reflexe sind. Beispiele sind etwa das „automatische" Bremsen beim Aufleuchten der Bremslichter der Vorfahrenden oder Lenkkorrekturen bei Seitenwind oder welliger Fahrbahn. Sind diese Automatismen in der Kürze der zur Verfügung stehenden Zeit nicht aufhebbar, was insbesondere bei nicht nur erlernten, sondern elementaren Handlungsbereitschaften[88] und bei Motivationserschwerung infolge Schreckens der Fall ist, so sind sie unvermeidbar. Die Reaktion ist ein falsches, aber unvermeidbar falsches Verhalten und die Fahrlässigkeit kann nur auf früheres Verhalten vorverlagert werden: Es gilt, nach Vermögen Situationen zu vermeiden, in denen es zu unbeherrschbar falschen Reaktionen kommen kann[89]. Bleibt aber der Automatismus überformbar, d. h. kann er motivatorisch aufgehoben werden, so ist er ungeachtet seiner *positiven* Handlungsqualität als finales (wenn auch nicht erfolgsfinales) Verhalten (was er als bewußt finales nicht ist), als Willkürakt (was er bei gängigem Verständnis der Willkür auch nicht ist) oder als nur

86 Als fahrlässiges Tätigkeitsdelikt wird der fahrlässige Falscheid, § 163 StGB, genannt; *Maurach*, Strafrecht, a. a. O. (Anm. 20), § 43 I A 1; *Schönke-Schröder*, Strafgesetzbuch, a. a. O. (Anm. 38), § 59 Rdn. 154; freilich läßt sich der Eid als Kommunikationsakt auch als „Erfolgs"-Delikt verstehen — was nichts gegen die Abstraktheit der Gefahr sagt; daß man nicht weiß, daß man schwört, dürfte selten vorkommen. Auch die fahrlässige Trunkenheitsfahrt, § 316 Abs. 2 StGB, ist — je nach Verständnis der hier häufiger vorliegenden actio libera in causa — schwierig einzuordnen. Quantitativ bedeutsam ist eine Vielzahl der Ordnungswidrigkeiten nach § 24 StVG i. V. m. § 49 StVO — nicht als Straftaten, aber mit gleicher materialer Problematik.

87 *Spiegel*, DAR 68, S. 286.

88 Ausweichen vor einem auf die Fahrbahn laufenden Kleintier; so der viel diskutierte Fall OLG Frankfurt, VRS 28, S. 365 ff.

89 Nur mit dieser vorverlagerten Vermeidbarkeit kann überhaupt begründet werden, daß die Berufung auf eine psychisch unvermeidbare Schrecksekunde versagt wird; *Spiegel*, DAR 68, S. 291, 292; *Jakobs*, a. a. O. (Anm. 4), S. 77 Anm. 144 m. Nachw. der Rechtspr.

äußerlich finales (wenn auch nicht erfolgsfinales) Verhalten (was er meist sein wird, aber nicht sein muß) vermeidbar und damit — ohne Notwendigkeit einer Vorverlagerung auf äußerlich oder innerlich finales Verhalten oder auf einen Willkürakt — ebenso tauglicher Anknüpfungspunkt für strafrechtliche Bewertung, wie alles das Verhalten, was — je nach Handlungsbegriff — im „Normal"-Fall Anknüpfungspunkt ist[90].

IV. Erfolgsqualifizierte Delikte

Das StGB kennt eine Vielzahl von Vorschriften, bei denen eine durch ein vorsätzliches oder fahrlässiges Erfolgsdelikt (zumindest) fahrlässig herbeigeführte Folge die Tat qualifiziert[91] oder bei denen nur (zumindest) fahrlässige Herbeiführung einer Folge ein Erfolgsdelikt schafft, wobei die vorsätzliche oder fahrlässige Grundtat straffrei oder als abstrakte Gefährdung straf- oder bußbewehrt sein kann[92]. Die letztere Gruppe betrifft Fälle vertypter, generell gravierender Sorgfaltswidrigkeit[93]; das generell unsorgfältige Verhalten, also der Gegenstand der Fahrlässigkeit, wird tatbestandlich beschrieben. Schwieriger ist die Beurteilung der ersteren Gruppe. Hier wird als Grunddelikt nur eine Erfolgsherbeiführung tatbestandlich benannt und es muß bestimmt werden, auf welche Momente des erfolgsverursachenden Verhaltens die Fahrlässigkeit zu beziehen ist[94].

[90] Nachweise zur Literatur und Rechtsprechung bei *Spiegel*, DAR 68, S. 284 ff.; *Schewe*, Reflexbewegung, a. a. O. (Anm. 9), S. 34 ff.; *Jakobs*, a. a. O. (Anm. 4), S. 76 ff.; unter speziellem Bezug auf den Handlungsbegriff: *Hall*, Fahrlässigkeit im Vorsatz, Marburg 1959, S. 13 ff.; *Arth. Kaufmann*, JuS 67, S. 151 f.; *H. Mayer*, v. Weber-Festschrift, Bonn 1963, S. 160; *Welzel*, Strafrecht, a. a. O. (Anm. 8), S. 149 ff.; *ders.*, Fahrlässigkeit und Verkehrsdelikte, a. a. O. (Anm. 20), S. 32 ff.

[91] Für vorsätzliche Grundtat: §§ 224, 226 StGB; für fahrlässige Grundtat: § 309 2. Halbsatz; eingehendere Zusammenstellung bei *Jescheck*, Strafrecht, a. a. O. (Anm. 3), S. 432 f.; — zu den „erfolgsbegründeten" Delikten s. *Hirsch*, GA 72, S. 77.

[92] Für Vorsatz und Fahrlässigkeit: §§ 315, 315 a—c StGB (wobei „Erfolg" die konkrete Gefahr ist); sog. „eigentliche" Vorsatz-Fahrlässigkeits-Kombinationen, hierzu *Jescheck*, Strafrecht, a. a. O. (Anm. 3), S. 432; *Krey* und *Schneider*, NJW 70, S. 640 ff.

[93] Die sich im Einzelfall, was aber nicht notwendig ist, in einem vorsätzlichen Erfolgsdelikt realisieren kann: bei den §§ 315 Abs. 1 Nr. 1, 315 b Abs. 1 Nr. 1 StGB etwa nach den §§ 303 ff. StGB; bei § 315 c Abs. 1 Nr. 2 a, b StGB etwa nach § 240 StGB etc.

[94] Das ist nicht die einzige Frage, die zu diesem Deliktstyp zu stellen ist, aber die zur Fahrlässigkeit gehörende. Insbesondere die Ersetzbarkeit

Die Entscheidung wird durch die gegenwärtigen Schwächen der erfolgsqualifizierten Delikte erschwert. Die rigorose Straferhöhung läßt die Herkunft von der culpa dolo determinata und vom dolus indirectus erkennen; das Erfordernis des Erfolgseintritts bringt in die Verbindung von Tat und Strafe das den fahrlässigen Erfolgsdelikten eigentümliche Zufallsmoment, und die Entscheidung des Gesetzgebers auf Absorption bei Idealkonkurrenz läuft der Asperation zuwider. Die Notwendigkeit einer Reduzierung der Strafrahmen wird auch von Verteidigern dieser stark angefochtenen Deliktsgruppe anerkannt[95], so daß sich das noch Problematische auf die Frage reduziert, ob sich die erfolgsqualifizierten Delikte als ein nach Risiko und Erfolg benannter besonders schwerer Fall des Grunddelikts verstehen lassen. Zum Grunddelikt muß also etwas ihm nicht generell Eigentümliches hinzukommen, eben die Fahrlässigkeit[96]. Damit allein ist die Strafschärfung aber noch nicht zu rechtfertigen: Nicht jede zum Grunddelikt hinzutretende Fahrlässigkeit führt zu einem „besonders schweren Fall"; sonst wäre das Absorptionsprinzip, § 73 StGB, paralysiert. Es gilt vielmehr aufzuzeigen, welche Beziehung zwischen Grunddelikt und Fahrlässigkeit einen schweren Typ kennzeichnet. Diese Beziehung ist in Rechtsprechung und Lehre insbesondere zur Körperverletzung mit Todesfolge, § 226 StGB, intensiv untersucht worden. Hierbei wird die fahrlässig herbeigeführte Folge teils auf die Gefährlichkeit der Handlung[97], teils auf die unmittelbare Gefährlichkeit des vorsätzlich verwirklichten Erfolges[98] bezogen, teils wird jedoch auch die schlichte kausale Sequenz vom vorsätzlich herbeigeführten Erfolg zu seiner fahrlässig herbeigeführten Weiterung für hinreichend gehalten[99].

der erfolgsqualifizierten Delikte (etwa durch Idealkonkurrenz mit Asperation; *Jescheck*, Niederschriften über die Sitzungen der Großen Strafrechtskommission, Bd. 2, Bonn 1958, S. 246 ff., 248, oder durch vorsätzliche Gefährdungsdelikte, *Lange*, ebenda, S. 255 f.) bleibt außer Betracht.

95 *Hirsch*, GA 72, S. 75.

96 Oder qualifizierte Fahrlässigkeit; etwa bei § 239 a Abs. 2 StGB; zur Rechtfertigung der verschiedenen Fahrlässigkeitsgrade bei erfolgsqualifizierten Delikten s. *Hirsch*, GA 72, S. 74.

97 BGHSt. 14, S. 110 ff., 112; *Stree*, GA 60, S. 291, freilich zum Versuch des erfolgsqualifizierten Delikts.

98 BGH JR 71, S. 205 f.; *Hirsch* in Leipziger Kommentar, 9. Auflage, 12. Lieferung, Berlin etc. 1972, § 226 Rdn. 4 m. w. Nachw.

99 *Schröder*, JR 71, S. 206 ff.; *Schönke-Schröder*, Strafgesetzbuch, a. a. O. (Anm. 38), § 226 Rdn. 4.

Bei der ersten Lösung steht der Erfolg außerhalb des Zusammenhanges von Vorsatztat und Fahrlässigkeitstat, die Bindung der Qualifikation an ein Erfolgsdelikt bleibt ungeklärt[100]. Bei der dritten Lösung besteht der Zusammenhang mit dem Erfolg, aber er ist nicht funktional, d. h. es bleibt offen, weshalb gerade ein Erfolg der tatbestandlich beschriebenen Art Bedingung der Folge zu sein hat. Die engstmögliche und die Unmittelbarkeit ernst nehmende Lösung besteht darin, die erfolgsqualifizierten Delikte auf Fälle zu beschränken, in denen sich der Erfolg, der sich wie vorgesetzt — also ohne „adäquate Abweichung" — verwirklicht, in seiner spezifischen Gefahr erkennbar hinreichende Bedingung zur schweren Folge ist[101]. Bei dieser Beschränkung der Unmittelbarkeit läßt sich argumentieren, dem Täter sei ein Teilstück des Kausalverlaufs zur schweren Folge aktuell bekannt gewesen, so daß er zu dessen Vermeidung nur ein geringeres Maß an Aufmerksamkeit aufzuwenden hatte, als ein Täter aufwenden muß, der nur sein Verhalten kennt (und bei Automatismen: nicht einmal das).

Selbst die engste Lösung ist noch zu weit; denn auch nach ihr führt die geringste Fahrlässigkeit bezüglich der schweren Folge zu schwerer Strafe. Die aus subjektiven Gründen minimalisierte Strafwürdigkeit stellt sich bei den erfolgsqualifizierten Delikten schnell ein, weil sie im Fahrlässigkeitsteil konstitutionell gegen Minimalisierung anfällig sind und weil der Erfolg des Grunddelikts, der allenfalls häufig, nicht aber in jedem Einzelfall eine Gefahr der schweren Folge besonders deutlich signalisiert, diese Anfälligkeit nicht beseitigt. Danach ist de lege ferenda — sollen die erfolgsqualifizierten Delikte überhaupt beibehalten werden[102] — die Untergrenze der Strafe auszurichten[103], während die Ober-

[100] Wenn sich beim Schlag mit einer geladenen und entsicherten Pistole ein Schuß löst (BGHSt. 14, S. 110 ff.), ist es für die Gefahr irrelevant, ob der Schlag mit für Körperverletzung hinreichender Heftigkeit trifft. Der Körperverletzungserfolg ist Superfluum.

[101] Der Täter, der sein Opfer auf der Straße bewußtlos schlägt, das sodann von einem Auto tödlich überfahren wird, wäre nicht nach § 226 StGB strafbar; denn die Tödlichkeit des Überfahrenwerdens ist von vorgehenden Verletzungen unabhängig; abw. Entscheidung bei *Hirsch*, a. a. O. (Anm. 98) Rdn. 4.

[102] Hierfür eingehende Begründung bei *Hirsch*, GA 72, S. 66 ff., m. Nachweis des Meinungsstandes.

[103] 1971 lauteten von 49 Verurteilungen nach allgemeinem Strafrecht aufgrund von § 224 StGB (Mindeststrafe: 1 Jahr Freiheitsstrafe) 15 auf Geldstrafe und 22 auf Freiheitsstrafe bis zu einem Jahr; von 70 Verur-

grenze so zu gestalten ist, daß der Verdacht ausgeräumt wird, es liege mehr vor als eine wegen ihrer erkennbaren Gefährlichkeit qualifizierte Vorsatztat, nämlich dolus indirectus oder wie immer die Subjektivierung des versari in re illicita lauten mag. De lege lata kann das die Interpretation leitende Interesse nur auf Einschränkung des Anwendungsbereichs der erfolgsqualifizierten Delikte gehen.

V. Fahrlässigkeitsdelikte und Gefährdungsdelikte

Es kann nicht verwundern, daß die für die Praxis bedeutsamen Schwächen der Fahrlässigkeitsdelikte dazu führen, daß der Gesetzgeber sie nicht als Allheilmittel gegen Verhaltensmängel ansieht. Die im Prozeß schwierig zu ermittelnde Vermeidefähigkeit (zwar bei der Tat eine aktuelle — wenn auch nicht bewußte — psychische Lage, jedoch nur in ihrem virtuellen Bild zu benennen) drängt zum Verbot konkret beschriebener Verhaltenstypen (abstrakte Gefährdungsdelikte); das dem Erfordernis des Verletzungserfolgs anhaftende Zufallsmoment drängt zur Reduzierung des Erfolges auf einen „Gefährdungserfolg". „Wir bewegen uns.. in Richtung auf ein Gefährdungsstrafrecht"[104]. Doch damit noch nicht genug: Das Contergan-Verfahren[105] hat die Schwierigkeiten an das Tageslicht gebracht, die aus der Unkenntnis von Bedingungszusammenhängen in bestimmten Bereichen resultieren; Kenntnis ist aber Voraussetzung, um generell gefährliches Verhalten mehr als nebulos zu umschreiben oder um konkrete Gefährdungen oder fahrlässige Verletzungen im Prozeß zu ermitteln. Armin *Kaufmann* resumiert: „Ein Grundprinzip der geltenden Strafrechtsordnung hat die Grenzen seiner Leistungsfähigkeit erreicht und überschritten: das Haften an der Erfolgsverursachung

teilungen aufgrund von § 226 StGB (Mindeststrafe: 3 Jahre Freiheitsstrafe) lauteten 2 auf Geldstrafe und 27 auf Freiheitsstrafe bis zu 2 (!) Jahren. Was auch immer der Grund zur Unterschreitung der Mindeststrafe (nach § 228 StGB) gewesen sein mag — Versuchsmilderung kommt bei der Interpretation der erfolgsqualifizierten Delikte durch die Rechtsprechung kaum in Frage (1 Fall zu § 224 StGB) —, die Statistik ist ein Indiz für die praktische Unbrauchbarkeit der gegenwärtigen Mindeststrafen.

[104] *Welzel*, Niederschriften über die Sitzungen der Großen Strafrechtskommission, Bd. 8, Bonn 1959, S. 85, mit dem Zusatz: „leider"; auch *Lackner*, Das konkrete Gefährdungsdelikt im Verkehrsstrafrecht, Berlin 1967, S. 1.

[105] LG Aachen, JZ 71, S. 507 ff.

im Sinne der Rechtsgutsverletzung als Grundvoraussetzung der Bestrafung. Dieses Prinzip, im Bereich der Vorsatztaten mit der Versuchsbestrafung schon längst durchbrochen, . . . erweist nun auch in seiner bislang wenig bestrittenen Domäne, bei den Fahrlässigkeitsdelikten, seine gesetzgeberische Unzulänglichkeit"[106].

Zu dieser Problematik, die den Rahmen der Fahrlässigkeit weit übersteigt, kann hier nur angedeutet werden, inwieweit andere Deliktstypen als das fahrlässige Erfolgsdelikt eher geeignet sind, Unsorgfalt, und zwar auch folgenlose Unsorgfalt, zu verhüten. Die abstrakten Gefährdungsdelikte haben nur einen statistischen Bezug zum Rechtsgut, keinen notwendig aktuellen. Soweit sie nicht als Ordnungswidrigkeiten ausgestaltet sind[107], liegen sie überwiegend im unteren Bereich des mit krimineller Strafe Bedrohten. Bei den Vorschriften aber, die ohne statistischen Rechtsgutsbezug von allgemein plausibel gewordener Dichte[108] diesen Rahmen übersteigen und die sich nicht bei nahezu jeder Zuwiderhandlung als Rechtsgutsverletzungsversuch deuten lassen[109], ist die Interpretation durchweg kontrovers: Die Suche nach dem aktuellen Rechtsgutsbezug bricht nicht ab[110]. Darüber hinaus bringt

[106] JZ 71, S. 575.

[107] Dann in der Regel, insbesondere im Straßenverkehrsrecht, auch Strafbarkeit bei Fahrlässigkeit.

[108] Wie etwa Trunkenheit im Verkehr, § 316 StGB, bei freilich nicht unmäßiger Strafdrohung: Freiheitsstrafe bis zu 1 Jahr oder Geldstrafe bei Vorsatz und Fahrlässigkeit.

[109] Wie etwa die gewichtigeren Taten nach den §§ 153 ff. StGB als Versuche der Verletzung gedeutet werden können.

[110] Ebenso *Baumann*, Strafrecht, a. a. O. (Anm. 48), S. 121 m. Nachw.; *ders.*, Folgenlose Verkehrsgefährdung, a. a. O. (Anm. 48), S. 173. Beispiele: Wegen lebensgefährlicher Behandlung gefährliche Körperverletzung, § 223 a StGB: zur Frage der abstrakten (BGHSt. 2, S. 160 ff., 163) oder konkreten (LK-*Hirsch*, a. a. O. [Anm. 98], § 223 a Rdn. 21, m. Nachw.) Lebensgefahr; Raufhandel, § 227 StGB: zur Frage der „Verschuldung" bezüglich der Folge (hierzu LK-*Hirsch*, § 227 Rdn. 1); Vollrausch, § 330 a: zum Ob und Maß der Abstraktheit (Nachweise bei *Lay* in Leipziger Kommentar, 9. Auflage, 14./16. Lieferung, Berlin etc. 1973, § 330 a Rdn. 5—18; *Schönke-Schröder*, Strafgesetzbuch, a. a. O. [Anm. 38], § 330 a Rdn. 1 f); schwere Brandstiftung, § 306 StGB: zur Zulässigkeit des (Gegen-) Beweises der Ungefährlichkeit (hierzu *Schröder*, ZStW 81 [1969], S. 16; *Schönke-Schröder*, Strafgesetzbuch, a. a. O. [Anm. 38], Rdn. 3 a vor § 306 und dazu Rdn. 2); einfache Brandstiftung, § 308 2. Alternative StGB: zur Konkretisierung der „Beschaffenheit" und „Lage" und zur Berücksichtigung weiterer situativer Momente (hierzu Schröder, JZ 67, S. 522 ff., 524 f.).

die mit dem Verbot abstrakt gefährlichen Verhaltens institutionalisierte Gängelei normpsychologisch unerwünschte Konsequenzen: Das Erlebnis der im Einzelfall nutzlosen Pflichtübung relativiert die Geltungskraft aller Normen und verleitet dazu, das zum Rechtsgüterschutz Notwendige auf eigene Faust abzugrenzen. Der Schluß von der Notwendigkeit allgemeiner Disziplin auf die Notwendigkeit der eigenen fällt nicht nur Kindern schwer.

Diese Schwierigkeiten werden bei konkreten Gefährdungsdelikten vermieden. Aber das den Fahrlässigkeitsdelikten anhaftende Zufallsmoment wird nur reduziert und nicht ausgeschaltet; denn die konkrete Gefährdung erfordert nach gefestigter Auslegung nicht nur das konkrete Gefahrurteil (was auch Gefahr immer sei), sondern auch die Konkretisierung der gefährdeten Personen oder des gefährdeten Gutes, deren Eintritt in den Gefahrenkreis jedoch häufig ex ante unabsehbar ist. Weiterhin wird die Gefahr als Deliktserfolg, also als ein objektiv zu bestimmendes Moment verstanden; damit entsteht die Notwendigkeit, die Gefahr unabhängig vom potentiellen Urteil des Täters zu bestimmen, also durch einen „einsichtigen Beobachter" — eine Rechtsfigur, deren Unklarheit gleich hoch der Unklarheit ihrer Herkunft aus der Forderung nach einem realisierten Deliktserfolg ist. Dieser „irgendwo zwischen dem exquisit Dummen und dem *La Place*'schen Weltgeist"[111] anzusiedelnde einsichtig Urteilende *kann* nicht befriedigend loziert werden, weil zumindest durch den Erkenntnisgewinn, der aus dem konkreten Verlauf zu ziehen ist[112], verhindert wird, daß sich das als Leitbild, d. h. ex ante, als Gefahr Erkennbare mit dem zum Zeitpunkt der Verurteilung, d. h. ex post, Bekannten deckt[113]. So kann es nicht überraschen, daß das Spektrum der Gefahrbestimmung weit ist[114]; es reicht unter Verzicht auf „genaue wissenschaftliche Umschreibung" von dem, was „nach allgemeiner

[111] Armin *Kaufmann*, ZRV 64, S. 49.

[112] Wobei weniger an den Rückschluß vom Ausgang auf die Gefahr zu denken ist als an das erst im Verlauf sichtbar werdende Spezifische der Situation.

[113] Hierzu *Gallas*, Heinitz-Festschrift, Berlin 1972, S. 178.

[114] *Schröder*, ZStW 81 (1969), S. 26: „... die Maßstäbe für die Beurteilung der Gefährlichkeit" sind „exakt kaum zu bestimmen". Weitere Beispiele der Gefahrbestimmung zu den im Text genannten bei *Lackner*, Gefährdungsdelikt, a. a. O. (Anm. 104), S. 18 f.; *Lackner* spricht von einem „nicht unbedenkliche(n) Maß an Unbestimmtheit", S. 21.

Lebenserfahrung im Einzelfall" nicht unwahrscheinlich ist[115] über das nach Entscheidung des „bestmöglichen Beurteilers" nicht Unwahrscheinliche[116] bis zum „Sachverhalt", dessen „abstrakte" Eignung zur Verletzung feststeht, und bei dem das Ausbleiben des Erfolges — so er nicht eintritt — auf Dauer von „einschlägigen Fachkreisen" nicht „erklärt" werden kann[117]. Der Preis an Rechtsunsicherheit, der für die Scheu vor dem fahrlässigen Versuch[118] (der wie die konkreten Gefährdungsdelikte durch eine Verhaltensbeschreibung konkretisiert werden könnte) zu zahlen ist, ist also hoch.

Freilich zeichnen sich Ideen zu einem Wandel ab. Der AE[119] verzichtet in den Vorschriften gegen „Verursachung gemeiner Gefahr" und gegen „Herstellung und Vertrieb gesundheitsschädlicher Lebensmittel" (§§ 151, 157 AE) auf die Konkretisierung des potentiellen Schadensopfers und erfaßt auch die Fälle „offener Kausalität des Tatmittels für den Schadenseintritt"[120], und zwar auch bei Fahrlässigkeit (§§ 151 Abs. 3, 157 Abs. 3 AE)[121]. Weiterhin bindet der AE eine Reihe von abstrakten Gefährdungsdelikten, insbesondere solche „umweltschützender" Art (§§ 152 — 156 AE, Gewässer- und Luftverunreinigung, Gefährdung durch Lärm, Vertrieb ungeprüfter Arzneimittel, Vertrieb und Gebrauch ungeprüf-

[115] BGHSt. 18, S. 271 ff., 272, m. Nachw. vorgehender Rechtspr.

[116] *Schröder*, ZStW 81 (1969), S. 9.

[117] *Horn*, Konkrete Gefährdungsdelikte, Köln 1973, S. 192; zur Gefahr bei Erfolgseintritt s. S. 52—61.

[118] Dessen *besondere* Rechtsunsicherheit nie begründet worden ist und auch nicht begründbar ist, da auch bei Vollendung aus dem objektiven Verlauf für die subjektive Vermeidbarkeit nichts folgt; nur wird bei fahrlässigem Versuch diese Unabhängigkeit deutlicher. Dogmatisch und prozessual bringt der fahrlässige Versuch alle und nur die Schwächen mit, die auch der fahrlässigen Vollendung anhaften. Daß freilich die Bestrafung jeden fahrlässigen Versuchs nötig oder auch nur unschädlich wäre, wird hier nicht behauptet. Eher noch dürfte die dann jedermann evident werdende Ubiquität fahrlässigen Verhaltens mit der Strafe das Delikt und mit dem Delikt die Sorgfalt desavouieren.

[119] Alternativentwurf eines Strafgesetzbuches, Besonderer Teil, Straftaten gegen die Person, 2. Halbband, vorgelegt von *Arzt* u. a., Tübingen 1971.

[120] Begr. S. 57. — Die geltenden Bestimmungen des Lebensmittelgesetzes stellen u. a. auf die Eignung zur Schädigung ab (§ 3 i. V. m. § 11); damit können zwar die Fälle mangelnder Konkretisierung des Opfers erfaßt werden (*Schröder*, JZ 67, S. 525), nicht aber die Fälle offener Kausalität, entsprechend der Regelung in § 6 i. V. m. § 44 ArzneimG.

[121] Zur Interpretation: *Horn*, Gefährdungsdelikte, a. a. O. (Anm. 117), S. 213 ff.

ter Chemikalien), an ein von Prüfstellen zu setzendes Limit, was gegenüber einer rein gesetzlichen Verhaltensbestimmung ein Plus an Situationsangemessenheit, d. h. ein Plus an materialem Gehalt, bringen dürfte[122].

Wie das zukünftige Gesetz auch aussehen wird, das fahrlässige Erfolgsdelikt, zumal in der Form des fahrlässigen Verletzungsdelikts, wird nicht das Mittel sein, generelle Verhaltensrichtlinien zu geben und ihre Einhaltung zu garantieren.

Résumé

1. La négligence n'est pas définie dans le code pénal; on ne peut délimiter son domaine d'application que de façon complémentaire à celui de l'intention, qui, de son côté, n'est définie que de façon fragmentaire. La négligence, de même que l'intention n'est pas dolus malus, n'est pas une négligence de droit, mais une négligence de fait. Cela est réglé par la loi de lege ferenda. La façon dont se manifeste le délit est le délit matériel. On peut désigner le contenu de la négligence comme ce qui aurait pu être évité par prévoyance. Cependant les difficultés résident dans le détail.

2. Ce qui aurait pu être évité ne relève du droit pénal que dans le cas d'une conduite qui dépasse le risque permis. Dans un examen qui ne peut être généralisé mais qui se réfère à chaque cas particulier, on évolue le risque permis d'après le type de la conduite tenue et le degré du risque. Il est permis au moins de provoquer un risque lié avec la liberté générale d'action, au plus d'en provoquer un risque encore admissible dans l'intérêt d'actions particulièrement souhaitables. Le principe de la confiance revêt le risque permis d'un caractère spécialement important au point de vue pratique, en particulier, un facteur qui dégage la responsabilité est la prise en considération de la confiance dans une conduite attentive d'autres personnes dont les actes sont liés à ceux de l'accusé. Pour la recherche du risque permis les normes qui protègent de dangers abstraits donnent une ligne directive — qui n'est pas valable de manière générale — pour déterminer la limite de ce qui n'est plus permis.

3. Il n'y a caractère évitable que lorsque la possibilité est donnée d'influencer le résultat matériel. L'exclusion du caractère évitable (et donc de l'imputation du résultat) est reconnue dans

122 Zu weiteren Deliktstypen: Armin *Kaufmann*, JZ 71, S. 576.

son principe, aussi par la jurisprudence, dans le cas d'une conduite non-attentive succédant à des risques déjà existant ou des risques qui ne sont qu'apparemment évitables par précaution. Si les preuves ne mènent pas à une constatation non équivoque, la décision est cependant sujette à discussion.

4. La prévisibilité doit se rapporter à la réalisation du résultat matériel. Elle peut exister aussi pour des réactions qui se déroulent de manière inconsciente (automatismes) et motiver leur caractère évitable. On doit l'évoluer strictement d'après les aptitudes individuelles de l'auteur du délit; il est vrai que les jugements ne font pas l'unanimité sur la question de savoir si l'on doit considérer des facultés particulièrement exceptionnelles de l'auteur. Dans le cas de risques minimes, même s'ils ne sont pas permis, lier le caractère prévisible et le caractère évitable parait peu vraisemblable au point de vue psychologique. La procédure que l'on emploie en général aujourd'hui pour la recherche de la négligence (on part d'une personne idéale qui prend en considération même les risques minimes) rend difficile la vue du problème.

5. Dans la majorité des cas, le droit en vigueur traite indifféremment la négligence grave ou légère, pourtant une tendance à la différenciation se fait jour. Jusqu'à maintenant — parce que le besoin ne s'en faisait pas sentir — la jurisprudence et la doctrine ont peu concrétisé les critères de la négligence grave (légèreté).

6. Le droit en vigueur connait de nombreux délits matériels intentionnels qui sont qualifiés par la provocation supplémentaire et négligente d'un autre délit ou de conséquences plus graves. Les jugements sont extrêmement partagés sur le lien qui existe entre le résultat provoqué intentionnellement et la négligence. Les peines minima très élevées de lege lata de ces délits conduisent à une interprétation indulgente; la jurisprudence les modère souvent en acceptant des „circonstances atténuantes“.

7. De plus en plus ce n'est pas par des délits de négligence, mais par des délits de mise en danger que l'on assure le respect des normes de conduite qui protègent de dommages. Dans la discussion sur la réforme s'esquissent des types de délits qui essaient d'éviter les inconvénients des délits de mise en danger: d'une part, sur le plan abstrait, ce qui est bien connu du droit en vigueur: en particulier, une simple description de la conduite qui ne se réfère pas nécessairement, dans chaque cas, à l'intérêt protégé; d'autre

part, sur le plan concret, nécessité d'individualisation de la victime en puissance et d'une définition objective des dangers.

Resumen

1. La culpa no está definida en el Código Penal Alemán. Su ámbito ha de definirse complementariamente al ámbito del dolo, por su parte sólo definido fragmentariamente. Culpa no es, como tampoco el dolo es dolus malus, culpa jurídica, sino culpa de hecho. Esto es, de lege ferenda, legalmente definido. La forma de aparición delictiva es el delito de resultado. El contenido de la culpa se puede designar como evitabilidad a consecuencia de previsibilidad. Sin embargo, todas las dificultades se encuentran en el detalle.

2. La evitabilidad es sólo jurídico-penalmente relevante en el caso de una actuación (conducta) fuera de los límites del riesgo permitido. El riesgo permitido se determina, —en una ponderación no generalizable del todo—, según el tipo de la conducta efectuada y de la dimensión del riesgo. Como mínimo, está permitida la producción de un riesgo en cualquier caso anejo a la libertad general de acción; a lo sumo, se permite la producción de un riesgo aún soportable en interés de un comportamiento especialmente deseable. Una expresión en la práctica particularmente importante recibe el riesgo permitido a través del principio de la confianza, es decir, la consideración, que libera de responsabilidad, de la confianza en la cuidadosa manera de proceder de otra persona, con cuya conducta, la propia está ensamblada. Averiguando el riesgo permitido, las normas protectoras de abstractas puestas en peligro, dan unas directrices —no totalmente válidas— para la determinación de los límites de lo ya no permitido.

3. La evitabilidad viene dada sólo con la posibilidad de influencia en el resultado. La exclusión de la evitabilidad (y por tanto: la imputabilidad del resultado) en caso de sustitución de riesgos ya existentes por una conducta contraria al cuidado, y en caso de riesgos dominables sólo aparentemente por el cuidado, es, en principio también reconocido por la Jurisprudencia. Pero si las pruebas no conducen a la determinación de hechos inequívocos, la decisión en estos casos es discutible.

4. La previsibilidad ha de referirse a la producción del resultado. Puede venir dada en caso de reacciones realizadas inconscientemente (reacciones automáticas) y de las que por tanto puede

predicarse su evitabilidad. Ha de ajustarse estrictamente a las individuales capacidades del autor; no es, por supuesto, opinión unánime que hayan también de tomarse en cuenta capacidades del autor que sean sobresalientes. En caso de riesgos mínimos, aún cuando no permitidos, la relación entre previsibilidad y evitabilidad es psicológicamente poco plausible. El procedimiento utilizado en la hasta ahora usual investigación de la imprudencia (el punto de partida es una persona media ideal que tiene en cuenta incluso los más mínimos riesgos) complica la solución del problema.

5. En lo general imprudencia simple y temeraria son tratadas indistintamente, por el derecho vigente, aunque se puede percibir una clara tendencia a la diferenciación. Los criterios de la imprudencia temeraria (temeridad) han sido —por falta de necesidad— poco concretados hasta ahora por la Jurisprudencia y la doctrina.

6. El derecho vigente conoce numerosos delitos de resultado doloso que están cualificados por una provocación culposa que da lugar a un resultado posterior o más grave. La relación entre resultado provocado dolosamente e imprudencia se aprecia en extremo controvertida. Las, „de lege lata", altas penas mínimas de estos delitos conducen a una interpretación restrictiva. Frecuentemente son obviadas por la Jurisprudencia a través de la aceptación de „circunstancias atenuantes".

7. La observancia de normas de conducta que protegen de lesiones es asegurada, en gran medida, no a través de tipos de lesión culposos, sino de tipos de peligro. En la discusión de reforma se trazan tipos de delito que tratan de evitar las desventajas de los conocidos tipos de peligro abstracto (que describen únicamente una conducta, por ello no necesariamente relacionados actualmente con el bien jurídico en el caso particular) y concreto (que exigen una individualización de la víctima potencial y una objetiva y determinada situación de peligro) del derecho vigente.

Gesetzgebung zum Ersatz kurzer und mittelfristiger Freiheitsstrafen

Von Ministerialrat Hartmuth *Horstkotte*, Bonn

I.

1. Franz *v. Liszt* sprach davon, daß die „kurze Freiheitsstrafe . . . in ihrer heutigen Anwendungsweise weder bessert noch abschreckt noch unschädlich macht, dafür aber nur zu leicht den Neuling dauernd in die Bahn des Verbrechens weist“[1]. Der Kampf gegen die kurze Freiheitsstrafe gehörte von Anfang an zum Programm der Strafrechtsreform. Auch außerhalb der *Liszt*'schen Schule gab es schon im 19. Jahrhundert Gegner der kurzen Freiheitsstrafe[2]. Die von *Liszt* formulierte Kritik ist in der Sache bis heute unverändert geblieben: Für eine resozialisierende Einwirkung auf den Verurteilten gilt ein Freiheitsentzug von weniger als sechs Monaten, ja von weniger als einem Jahr, als zu kurz. Der Annahme, daß der Vollzug solcher Strafen den Verurteilten zu straffreier Lebensführung motivieren könne, wird entgegengehalten, daß die kurze Freiheitsstrafe dem Verurteilten die Scheu vor dem Strafvollzug nehme und damit die präventive Kraft des Strafrechts insgesamt herabsetze. Von der kurzen Freiheitsstrafe werden entsozialisierende Wirkungen befürchtet, besonders im Hinblick auf die Situation des Verurteilten in Familie, Beruf und Nachbarschaft. Die Gefahr einer kriminellen Infektion während des Strafvollzuges wird hervorgehoben. Die neuere Diskussion kennzeichnen im besonderen Maße Erwägungen, die mit der Kapazität und der Organisation des Strafvollzuges zusammenhängen. Es wird kritisiert, daß die Vollstreckung kurzer Freiheits-

[1] Lehrbuch des Deutschen Strafrechts, 23. Aufl., 1921, S. 13; im gleichen Sinn schon das Marburger Programm, ZStW 3 (1883), 41 und die älteren Auflagen des Lehrbuchs (z. B. 5. Aufl., 1892, S. 14). Vgl. ferner *Rosenfeld*, „Welche Strafmittel können an die Stelle der kurzzeitigen Freiheitsstrafe gesetzt werden?“, 1890, sowie die Nachweise bei *Baumann*, „Beschränkung des Lebensstandards anstatt kurzer Freiheitsstrafe“, 1968, S. 11 ff.

[2] *A. Merkel*, Lehrbuch des deutschen Strafrechts, 1889, S. 220; *Krohne*, Lehrbuch der Gefängniskunde, 1889, S. 233.

strafen Vollzugspersonal binde, das besser für eine erfolgversprechende, d. h. langfristige Behandlung eingesetzt werden solle. Es wird auf den Mangel an Haftraum und die Unruhe hingewiesen, die das Kommen und Gehen der kurzbestraften Gefangenen in den Anstalten hervorruft.

2. Die gerichtliche Praxis hat auf diese Kritik zunächst in der Weise reagiert, daß sie in zunehmendem Maße Geldstrafen verhängte: Waren 1882 im Deutschen Reich von hundert Verurteilten nur fünfundzwanzig zu Geldstrafe verurteilt worden, so betrug der Anteil der zu Geldstrafe Verurteilten 1905: 47 % und 1925: 64 %[3]. In der Bundesrepublik Deutschland betrug der Anteil der zu Geldstrafe Verurteilten an der Gesamtzahl der wegen Verbrechen und Vergehen Verurteilten im Jahre 1955: 71 %[4]. Bei der Zahl der zu kurzer Freiheitsstrafe Verurteilten trat der komplementäre Vorgang mit einer gewissen Verzögerung ein[5]. Der Anteil der zu Gefängnis bis unter drei Monaten Verurteilten an der Gesamtzahl der zu Gefängnis Verurteilten betrug 1894/1897: 76,5 % und 1912: 73 %; nachdem das Gesetz vom 21. Dezember 1921 die Gerichte ermächtigt hatte, Freiheitsstrafen unter drei Monaten durch Geldstrafen zu ersetzen, „wenn der Strafzweck durch eine Geldstrafe erreicht werden kann", ging der Anteil der Strafen unter drei Monaten an der Gesamtzahl der Gefängnisstrafen stärker zurück; er betrug 1923: 48 %[6].

In der Bundesrepublik Deutschland lag in den fünfziger Jahren der Anteil der zu Gefängnis unter sechs Monaten Verurteilten an der Gesamtzahl der nach allgemeinem Strafrecht Verurteilten bei 20 %. In den sechziger Jahren stieg der Anteil der kurzen Freiheitsstrafe an: Im Jahre 1962 wurden von hundert nach allgemeinem Strafrecht Verurteilten zwanzig zu Freiheitsstrafe bis zu drei Monaten verurteilt. Im Jahre 1967 war dieser Anteil auf

[3] Materialien zur Strafrechtsreform, Bd. 4 — Entwurf 1927 —, Bonn 1954, Anlage II, S. 37. Zahlen sind abgerundet.

[4] Wegen der Zahl der Verurteilten seit 1950 wird allgemein auf die jährlichen Veröffentlichungen des Statistischen Bundesamtes, Wiesbaden: „Bevölkerung und Kultur, Reihe 9, Rechtspflege" hingewiesen. Der letzte veröffentlichte Band dieser Reihe betrifft das Jahr 1971. Vgl. auch die Zusammenstellungen bei *Tröndle*, Leipz. Kommentar zum StGB, 9. Aufl., 1971, Vorbem. vor § 27, Randnr. 8—10 sowie bei *Jescheck*, Lehrbuch des Strafrechts, Allgemeiner Teil, 2. Aufl. 1972, S. 22.

[5] Vgl. *G. v. Mayer*, Statistik und Gesellschaftslehre III, 1917, S. 912 f.

[6] S. 43 der in Anmerkung 3 erwähnten Anlage II zum Entwurf 1927.

29 % angestiegen, wobei allerdings zu berücksichtigen ist, daß etwa ein Drittel der verhängten Kurzstrafen zur Bewährung ausgesetzt wurde. Gleichzeitig sank der Anteil der zu Geldstrafe Verurteilten an der Gesamtzahl der nach allgemeinem Strafrecht wegen Verbrechen und Vergehen Verurteilten von 69 % im Jahre 1962 auf 63 % im Jahre 1968. Die Zunahme der kurzen Freiheitsstrafen und die Abnahme der Geldstrafen hing vor allem damit zusammen, daß die mit der Zunahme des Kraftfahrzeugverkehrs häufiger werdenden Verkehrsstraftaten, zumal das Fahren unter Alkoholeinfluß, vorwiegend mit Freiheitsstrafe geahndet wurden[7]; einige Jahre lang wurde die Aussetzung solcher Freiheitsstrafen in der Mehrzahl der Gerichtsbezirke abgelehnt[8]: Während im Jahre 1964 noch 44 % aller Gefängnisstrafen bis zu drei Monaten zur Bewährung ausgesetzt wurden, war die Aussetzungsquote im Jahre 1966 auf 33 % gesunken.

Die häufige Verhängung und Vollstreckung kurzer Freiheitsstrafen spiegelte damals auch die überwiegende wissenschaftliche Meinung wider. Im Vordergrund stand nicht die Kritik der kurzen Freiheitsstrafe, sondern die Ansicht, daß eine kurzfristige Freiheitsentziehung für bestimmte Tätergruppen, zumal Verkehrsstraftäter, eine angemessene Reaktion sein könne, sofern die Gefahr der kriminellen Infektion durch Absonderung der Gefangenen ausgeschlossen sei[9]. Demgemäß sah der Entwurf eines Strafgesetzbuchs, den die Bundesregierung 1962 auf Grund langjähriger Vorarbeiten vorlegte[10], eine besondere Kurzstrafe von einer Woche bis zu sechs Wochen Dauer vor, die Strafhaft. Sie sollte bei Vorsatztaten mit geringer Schuld sowie bei Fahrlässigkeitstaten mit leichter oder mittelschwerer Schuld verhängt werden; gefährdete Täter sollten nicht zu Strafhaft verurteilt werden. Für die gewöhnliche Freiheitsstrafe war zwar ein Mindestmaß von einem Monat vorgesehen[11], doch hätte diese Einschränkung nur geringe praktische Bedeutung erlangt, weil Taten, die eine

[7] *Tröndle* a. a. O. (Anmerkung 4), Randnr. 12.

[8] Erst eine Entscheidung des Bundesgerichtshofs aus dem Jahre 1968 (BGHSt. 22, 192) bahnte einer großzügigeren Aussetzungspraxis den Weg.

[9] Vgl. die Niederschriften der Großen Strafrechtskommission, Band I, 1956, S. 105 ff.

[10] Bundestags-Drucks. IV/650; vgl. dort besonders die §§ 46—48.

[11] § 46 Abs. 1 des Entwurfs 1962 (Anm. 10).

Freiheitsstrafe von weniger als einem Monat verdienen, überwiegend mit Strafhaft geahndet werden sollten[12].

3. Den Ausschlag dafür, daß die Vorschläge des Entwurfs 1962 nicht Gesetz wurden, gaben die Mißstände im Strafvollzug, die durch die Zunahme der kurzen Freiheitsstrafe verursacht worden waren. Die Überfüllung der Anstalten führte 1967 dazu, daß in Nordrhein-Westfalen der Justizminister anordnete, vorübergehend Freiheitsstrafen unter drei Monaten nicht mehr zu vollstrecken; vorausgegangen war eine Entscheidung des Oberlandesgerichts Hamm, in der die Unterbringung von drei Strafgefangenen in einer Einmannzelle für verfassungswidrig erklärt wurde[13]. Gleichzeitig lebte die Kritik an der kurzen Freiheitsstrafe, die allerdings auch in der Zwischenzeit nicht verstummt war[14], wieder auf. Der Ende 1966 von vierzehn Strafrechtslehrern veröffentlichte Alternativ-Entwurf eines Strafgesetzbuchs[15] sah den völligen Wegfall der Freiheitsstrafe unter sechs Monaten (mit Ausnahme der Ersatzfreiheitsstrafe) vor. An ihre Stelle sollte eine neugestaltete Geldstrafe treten, die auf Antrag des Verurteilten durch gemeinnützige Arbeit abgegolten werden sollte; auch sollte die Möglichkeit bestehen, die Geldstrafe mit Auflagen, Weisungen und Bewährungshilfe zu verbinden (§ 56 des Alternativ-Entwurfs). Die vom Bundesjustizminister berufene Strafvollzugskommission schloß sich 1967 diesem Vorschlag an[16]. Hilfsweise unterbreitete sie für die Freiheitsstrafen zwischen drei und sechs Monaten folgenden Lösungsvorschlag: Die Strafe sollte immer ausgesetzt werden, falls sie nicht im Anschluß an eine andere Freiheitsstrafe zu vollstrecken ist; nach Widerruf der Aussetzung sollte die Freiheitsstrafe erst vollstreckt werden, wenn mehrere Freiheitsstrafen von insgesamt mehr als sechs Monaten zu vollstrecken sind. Für die Ersatzfreiheitsstrafe sollte nach dem Vorschlag der Strafvoll-

[12] Vgl. auch S. 103 der Begründung zum Entwurf 1962 (Anm. 10).

[13] NJW 1967, 2024.

[14] Vgl. die Stellungnahmen von *Sieverts* und *Würtenberger* vor dem Sonderausschuß „Strafrecht" des Bundestages, Niederschriften, 4. Wahlperiode, S. 52 f., 58 f. (1963).

[15] *Baumann* u. a., Alternativ-Entwurf eines Strafgesetzbuches, Allgemeiner Teil, 1966; 2. Aufl., 1969. Vgl. auch die Zusammenstellung der damals vorliegenden Reformvorschläge bei *Bartels*, Hamburg. Justizverwaltungsblatt 1967, S. 23 ff.

[16] Tagungsberichte der Strafvollzugskommission, 1. Arbeitstagung, S. 146 f.

zugskommission das gleiche gelten, falls sie nicht überhaupt abgeschafft würde[17].

Diese Vorschläge fanden in der wissenschaftlichen Diskussion zum Teil Beifall[18], zum Teil Kritik[19]. Die Kritiker vermißten die Berücksichtigung der Generalprävention und bezweifelten, daß die Vorschläge des Alternativ-Entwurfs zur Aktivierung der Geldstrafe realisierbar seien. Die Diskussion um den Alternativ-Entwurf traf mit dem entscheidenden Stadium der parlamentarischen Arbeiten am Strafgesetzbuch zusammen. Im Sonderausschuß des Bundestages für die Strafrechtsreform hatte sich der Vertreter der SPD *(Müller-Emmert)* schon 1963 für einen völligen Wegfall der kurzen Freiheitsstrafe unter sechs Monaten ausgesprochen[20]. Beim Abschluß der parlamentarischen Beratungen wurde diese Forderung nur von der FDP erhoben[21], während die Mehrheit des Parlaments sich auf folgenden Kompromiß einigte[22]:

a) Eine besondere Strafart im Sinne der kurzen Freiheitsstrafe (Strafhaft) wird nicht vorgesehen.

b) Freiheitsstrafen unter sechs Monaten werden im Regelfall nicht verhängt; eine Ausnahme gilt nur, wenn besondere Umstände die „Verhängung einer Freiheitsstrafe zur Einwirkung auf den Täter oder zur Verteidigung der Rechtsordnung unerläßlich machen" (§ 14 StGB).

c) Soweit Freiheitsstrafen unter sechs Monaten ausnahmsweise verhängt werden, müssen sie zur Bewährung ausgesetzt werden, wenn zu erwarten ist, daß der Verurteilte keine weiteren Straftaten begehen wird; aus Gründen der Generalprävention oder wegen der Schwere der Schuld darf die Aussetzung einer Freiheitsstrafe unter sechs Monaten nicht abgelehnt werden (§ 23 Abs. 1 StGB).

[17] A. a. O.

[18] Eberhard *Schmidt*, NJW 1967, 1929; *Quensel* in: *Baumann* (Hrsg.), Mißlingt die Strafrechtsreform?, 1969, S. 108 ff.

[19] *Lackner*, JZ 1967, 1507 f.; *Jescheck*, ZStW 80 (1968), 64 ff.

[20] Niederschriften des Sonderausschusses „Strafrecht", 4. Wahlperiode, S. 139 f., 197, 200 f.

[21] Sitzungsberichte des Deutschen Bundestages, 5. Wahlperiode, S. 12759 ff.

[22] Erstes Gesetz zur Reform des Strafrechts vom 25. 6. 1969 (BGBl. I, S. 645). Zum Gang der parlamentarischen Beratungen hierzu vgl. *Horstkotte*, NJW 1969, 1601 ff.; *ders.*, JZ 1970, 125 ff.

d) Freiheitsstrafen zwischen sechs Monaten und einem Jahr müssen ebenfalls zur Bewährung ausgesetzt werden, wenn von dem Täter keine weiteren Straftaten zu erwarten sind; doch können diese Strafen vollstreckt werden, wenn die Verteidigung der Rechtsordnung dies gebietet (§ 23 Abs. 3 StGB).

e) Freiheitsstrafen von mehr als einem Jahr bis zu zwei Jahren konnten früher, ebenso wie Freiheitsstrafen zwischen neun Monaten und einem Jahr, überhaupt nicht ausgesetzt werden; sie können nunmehr zur Bewährung ausgesetzt werden, wenn besondere Gründe in der Tat *und* in der Persönlichkeit des Verurteilten vorliegen (§ 23 Abs. 2 StGB). Freiheitsstrafen über zwei Jahre darf der Richter auch weiterhin nicht zur Bewährung aussetzen.

f) Während die vorstehend genannten Rechtsänderungen seit dem 1. September 1969 (b, c, d) bzw. dem 1. April 1970 (e) in Kraft sind, soll mit Wirkung vom 1. Januar 1975[23] die Verhängung von Freiheitsstrafen unter einem Monat gänzlich ausgeschlossen werden; das gesetzliche Mindestmaß der Freiheitsstrafe, bisher ein Tag, soll dann ein Monat sein[24].

g) Die neuen Vorschriften über die Verhängung und Vollstreckung kurzer und mittelfristiger Freiheitsstrafen gelten grundsätzlich für alle Straftaten. Die Einschränkung der Verhängung und Vollstreckung von Freiheitsstrafen unter sechs Monaten (b, c) sind freilich gegenstandslos, soweit das Gesetz für einen Straftatbestand eine Mindeststrafe von mindestens sechs Monaten vorsieht. Hierzu gehören u. a. Mord, Totschlag, Raub, bewaffneter Diebstahl, Vergewaltigung und Meineid[25]. Bei Straftaten, die mit einer Mindeststrafe von einem Jahr bedroht sind (u. a. schwerer Raub, Brandstiftung) ist die Strafaussetzung nur in den oben zu e) bezeichneten Sonderfällen zulässig. Ist eine Mindeststrafe von mindestens zwei Jahren angedroht (Mord, gewöhnliche Fälle des Totschlags und der Vergewaltigung, Raub mit schweren körper-

[23] Gesetz über das Inkrafttreten des Zweiten Gesetzes zur Reform des Strafrechts vom 30. Juli 1973 (BGBl. I, S. 909).

[24] § 38 Abs. 2 StGB i. d. F. des Zweiten Gesetzes zur Reform des Strafrechts vom 4. Juli 1969 (BGBl. I, S. 717).

[25] Abweichend vom bisher geltenden Recht sieht das Ende 1973 verabschiedete neue Sexualstrafrecht (Viertes Gesetz zur Reform des Strafrechts vom 23. 11. 1973, BGBl. I, S. 1725) bei dem sexuellen Mißbrauch von Schutzbefohlenen (§ 174 StGB) keine erhöhte Mindeststrafe vor; dasselbe soll künftig für den sexuellen Mißbrauch von Kindern (§ 176 StGB) in minder schweren Fällen gelten.

lichen Verletzungen, Brandstiftung), so ist die Strafaussetzung ausgeschlossen. Bei den Straftaten indessen, die die Gerichte am häufigsten beschäftigen (Verkehrsvergehen, Diebstahl einschließlich Einbruchsdiebstahl, Betrug, einfache sowie gefährliche Körperverletzung, Verletzung der Unterhaltspflicht), gibt es entweder überhaupt keine erhöhten Mindeststrafen oder solche von weniger als sechs Monaten. Der Umstand, daß der Verurteilte vorbestraft ist, schließt die Anwendung der vorstehend zu b) bis e) bezeichneten Regeln nicht generell aus[26]. Doch kann dieser Umstand im Einzelfall eine schlechte Prognose begründen und deswegen die Verhängung einer Freiheitsstrafe, gegebenenfalls auch ihre Vollstreckung, erforderlich machen. Wer die im Gesetz bestimmte Voraussetzung des Rückfalls erfüllt (zwei frühere Verurteilungen, vorangegangener Strafvollzug von mindestens 3 Monaten Freiheitsstrafe, schulderhöhende Gleichgültigkeit gegenüber dem Recht), ist nach § 17 StGB keinesfalls mit Geldstrafe, sondern mit Freiheitsstrafe von mindestens sechs Monaten zu bestrafen; die Aussetzung dieser Freiheitsstrafe ist nicht ausgeschlossen.

II.

1. Nach dem allgemeinen Strafrecht wird die Freiheitsstrafe, soweit sie nicht mehr verhängt werden kann, durch die Geldstrafe ersetzt. Mit Wirkung vom 1. Januar 1975 soll die Geldstrafe in Anlehnung an skandinavische Vorbilder in Tagessätzen verhängt werden[27]. Die Zahl der Tagessätze soll zwischen fünf und dreihundertsechzig, die Höhe eines Tagessatzes zwischen 2,— DM und 10 000,— DM liegen[28]. Die Höhe des Tagessatzes soll der Richter unter Berücksichtigung der persönlichen und wirtschaftlichen Verhältnisse des Täters bestimmen; hierbei soll er in der Regel von dem Nettoeinkommen ausgehen, das der Verurteilte im Durchschnitt an einem Tag erzielt oder erzielen könnte[29]. Ist dem Ver-

[26] Anders das früher geltende Recht bezüglich der Strafaussetzung.

[27] § 40 StGB i. d. F. des Zweiten Gesetzes zur Reform des Strafrechts vom 4. Juli 1969 (BGBl. I, S. 717).

[28] Die Höchstgrenze des Tagessatzes war im Zweiten Gesetz zur Reform des Strafrechts (Anmerkung 27) zunächst auf 1 000,— DM beschränkt worden; im Rahmen des Einführungsgesetzes zu diesem Gesetz (vom 2. 3. 1974, BGBl. I, S. 469) wird sie auf 10 000,— DM angehoben werden.

[29] Das Zweite Gesetz zur Reform des Strafrechts (Anmerkung 27) war zunächst davon ausgegangen, daß die Höhe eines Tagessatzes dem an einem Tag *entbehrlichen* Einkommen entsprechen solle. Im Rahmen des Einführungsgesetzes zum Strafgesetzbuch ist, hiervon abweichend, die

urteilten nach seinen wirtschaftlichen und persönlichen Verhältnissen nicht zuzumuten, die Geldstrafe sofort zu zahlen, so hat ihm das Gericht Zahlungsaufschub zu bewilligen oder die Zahlung in Raten zu gestatten; dies kann auch noch nach dem Urteil geschehen. Wird die Geldstrafe nicht bezahlt und kann sie auch nicht beigetrieben werden, so ordnet die Vollstreckungsbehörde an, daß die Ersatzfreiheitsstrafe vollstreckt wird. Vollstreckungsbehörde ist nicht notwendig das Gericht; in Zukunft soll allein die Staatsanwaltschaft zuständig sein. Gegen die Vollstreckung der Ersatzfreiheitsstrafe kann der Verurteilte beim Gericht Einwendungen erheben; das Gericht ordnet an, daß die Vollstreckung der Ersatzfreiheitsstrafe unterbleibt, wenn sie für den Verurteilten eine unbillige Härte wäre[30]. Die Dauer der Ersatzfreiheitsstrafe ergibt sich daraus, daß ein Tag Ersatzfreiheitsstrafe einem Tagessatz entsprechen soll; maximal wird sie dreihundertsechzig Tage, in Fällen der Realkonkurrenz siebenhundertzwanzig Tage, betragen. Der Verurteilte kann die Vollstreckung der Ersatzfreiheitsstrafe jederzeit durch Zahlung der Geldstrafe abwenden[31]. Es ist eingewandt worden, daß die Ersatzfreiheitsstrafe wegen der Unver-

Orientierung am täglichen Nettoeinkommen vorgeschrieben worden. Mit dieser Verschärfung soll verhindert werden, daß die Geldstrafe im rechnerischen Ergebnis zu niedrig ausfällt. Da nach dem neuen Tagessatzsystem bei Uneinbringlichkeit der Geldstrafe je Tagessatz ein Tag Ersatzfreiheitsstrafe zu vollstrecken ist, war die Befürchtung entstanden, daß die Richter, um übermäßige Ersatzfreiheitsstrafen zu vermeiden, eine entsprechend niedrige Zahl von Tagessätzen verhängen würden. Eine andere Form der Abhilfe hätte darin bestanden, daß nach schwedischem Vorbild die Gleichsetzung eines Tagessatzes mit einem Tag Ersatzfreiheitsstrafe aufgehoben worden wäre (hierfür *Tröndle*, Leipz. Kommentar, 9. Aufl., 1971, Randnr. 92 ff. vor § 27 StGB).

[30] § 459 f der Strafprozeßordnung i. d. F. des Einführungsgesetzes zum Strafgesetzbuch; nach dem bis zum 1. Januar 1975 geltenden Recht ist diese Anordnung gemäß § 29 Abs. 4 StGB in das pflichtmäßige Ermessen des Gerichts gestellt. Bei der Vorbereitung der neuen Regelung war zunächst erwogen worden, die Anordnung, daß die Ersatzfreiheitsstrafe vollstreckt wird, von vornherein dem Gericht und nicht der Vollstrekkungsbehörde zuzuweisen; hiergegen wurde eingewandt, daß ein solches Verfahren nicht zügig genug sei und deswegen den Verurteilten nicht genügend zur Zahlung der Geldstrafe motivieren würde. Daß nach der neuen Regelung die Entscheidung über den an die Stelle der Geldstrafe tretenden Freiheitsentzug primär von der Staatsanwaltschaft zu treffen ist, muß bei der Unvergleichbarkeit von Geldstrafe und Freiheitsentzug Bedenken erregen.

[31] § 459 e Abs. 4 StPO i. d. F. des Einführungsgesetzes; für das bis zum 1. Januar 1975 geltende Recht vgl. § 29 Abs. 3 StGB.

gleichbarkeit von Geld und Freiheit illegitim sei und deswegen beseitigt werden müsse[32]. Dem Gesetzgeber erschien jedoch die Ersatzfreiheitsstrafe unentbehrlich, um der Geldstrafe Nachdruck zu verschaffen. Unter bestimmten Voraussetzungen kann der Verurteilte eine uneinbringliche Geldstrafe durch „freie Arbeit", etwa in einer städtischen Parkanlage oder dergl., tilgen[33].

2. Neben der Verhängung einer Freiheits- oder Geldstrafe kann das Gericht dem Verurteilten für die Dauer von einem Monat bis zu drei Monaten verbieten, ein Kraftfahrzeug zu führen („Fahrverbot", § 37 StGB)[34]. Von dieser Nebenstrafe wird die Sicherungsmaßregel der Entziehung der Fahrerlaubnis (§ 42 m StGB) unterschieden: Sie wird vom Gericht für die Dauer von sechs Monaten bis zu fünf Jahren angeordnet, wenn die Tat gezeigt hat, daß der Täter zum Führen eines Kraftfahrzeuges nicht geeignet ist[35]. Bei bestimmten Verkehrsdelikten, u. a. bei Trunkenheit im Verkehr, ist die Entziehung der Fahrerlaubnis in der Regel anzuordnen; geschieht dies ausnahmsweise nicht, so wird regelmäßig das Fahrverbot verhängt[36].

3. Wird eine Freiheitsstrafe zur Bewährung ausgesetzt, so kann das Gericht Auflagen und Weisungen erteilen. Als Auflagen können nur die Wiedergutmachung des Schadens, die Zahlung eines Geldbetrages an eine gemeinnützige Einrichtung oder die Staatskasse sowie gemeinnützige Arbeiten angeordnet werden. Bei der Auswahl der Weisungen ist das Gericht freier gestellt. Weisungen können sich u. a. auf den Aufenthalt, die Ausbildung, die Arbeit, die Freizeit und die regelmäßige Meldung bei Gericht oder einer anderen Stelle beziehen. Als Weisung gilt es auch, wenn das Gericht den Verurteilten einem Bewährungshelfer unterstellt. Das Gericht unterstellt den Verurteilten regelmäßig einem Bewährungshelfer, wenn der Verurteilte noch nicht siebenundzwanzig Jahre alt ist und die ausgesetzte Freiheitsstrafe mehr als neun Monate beträgt (§§ 24 a, 24 b, 24 c StGB). Ebensowenig wie die Aussetzung der Freiheitsstrafe ist die Erteilung von Auf-

[32] Eberhard *Schmidt*, NJW 1967, 1929 ff.

[33] Artikel 293 des Einführungsgesetzes zum Strafgesetzbuch; für das geltende Recht § 28 b StGB.

[34] Der Alternativ-Entwurf (Anmerkung 15) hatte das Fahrverbot als selbständige Sanktion vorgeschlagen.

[35] Vom 1. Januar 1975 an wird es auch möglich sein, die Fahrerlaubnis auf Lebenszeit zu entziehen.

[36] §§ 42 m, 37 Abs. 1 Satz 2 StGB.

lagen und Weisungen von der Einwilligung des Angeklagten abhängig. Eine Ausnahme gilt nur für die Weisung, sich einer Heilbehandlung oder einer Entziehungskur zu unterziehen oder in einem Heim oder einer Anstalt Aufenthalt zu nehmen (§ 24 b Abs. 3 StGB). Das Gericht soll von Auflagen vorläufig absehen, wenn sich der Verurteilte zu angemessenen Leistungen erbietet, die der Genugtuung für das begangene Unrecht dienen. Ebenso soll es von Weisungen absehen, wenn der Verurteilte entsprechende Zusagen für seine Lebensführung macht. Die freiwillig angebotene Leistung hat hier den Vorrang vor Sanktionen; dies gilt allerdings nur, wenn die Einhaltung der Zusagen zu erwarten ist (§ 24 a Abs. 3, § 24 b Abs. 3 StGB). Das Gericht widerruft die Strafaussetzung, wenn der Verurteilte in der Bewährungszeit eine Straftat begeht, gegen Auflagen oder Weisungen gröblich oder beharrlich verstößt oder sich der Aufsicht des Bewährungshelfers beharrlich entzieht (vgl. im einzelnen § 25 StGB). Abweichend von dem früheren Recht (bis 1970) hat das Gericht in solchen Fällen einen Ermessensspielraum: Es kann von dem Widerruf absehen, wenn es nach seiner Ansicht ausreicht, die Bewährungszeit zu verlängern oder weitere Auflagen oder Weisungen zu erteilen.

4. Die geschilderten Auflagen und Weisungen können nur bei der Aussetzung einer Freiheitsstrafe angeordnet werden. Der Gesetzgeber hat sich im Jahre 1969 nicht entschließen können, die Aussetzung der Geldstrafe und, damit verbunden, Auflagen und Weisungen zuzulassen[37]. Er befürchtete, daß eine ausgesetzte Geldstrafe von dem Verurteilten nicht ernst genommen werden würde und daß die mit der Aussetzung verbundene Überwachung bei der großen Zahl der Geldstrafen die Kapazität der Vollstreckungsbehörde überfordern würde[38]. In Fällen, in denen keine Freiheitsstrafe verhängt wird, können demnach nach geltendem Recht keine Auflagen und Weisungen erteilt werden. Das Bedürfnis nach einer derartigen ambulanten Einwirkung wird in solchen Fällen zum Teil durch die Handhabung des Prozeßrechts befriedigt: Ab-

[37] Erster Schriftlicher Bericht des Sonderausschusses für die Strafrechtsreform, Bundestags-Drucksache V/4074, S. 10.

[38] Den Plan, wenigstens die Ersatzfreiheitsstrafe zur Bewährung auszusetzen (vgl. den vom Sonderausschuß zunächst befürworteten Vorschlag in: Niederschriften des Sonderausschusses für die Strafrechtsreform, 5. Wahlperiode, S. 2180, 2191), hat der Gesetzgeber nicht aufgegriffen.

weichend von dem grundsätzlich geltenden Legalitätsprinzip kann der Staatsanwalt von der Verfolgung eines Vergehens absehen, wenn die Schuld gering ist und kein öffentliches Interesse an der Verfolgung besteht (§ 153 Abs. 2 StPO). Sie bedarf hierzu der Zustimmung des Gerichts; künftig soll bei kleinen Vermögensdelikten auf die Zustimmung des Gerichts verzichtet werden (§ 153 Abs. 1 Satz 2 StPO i. d. F. des Einführungsgesetzes zum StGB). In der Praxis wird die Einstellung des Verfahrens zum Teil von einer Geldzahlung an gemeinnützige Einrichtungen und anderen Leistungen abhängig gemacht. Diese — bisher sehr umstrittene — Übung soll nach dem Einführungsgesetz zum Strafgesetzbuch legalisiert werden: Nach der dort vorgesehenen Vorschrift des § 153 a StPO kann dem Beschuldigten mit seiner Einwilligung auferlegt werden, den Schaden wiedergutzumachen, einen Geldbetrag zugunsten einer gemeinnützigen Einrichtung oder der Staatskasse zu zahlen, gemeinnützige Arbeiten zu erbringen oder Unterhaltspflichten zu erfüllen. Die Frist für die Erfüllung dieser Auflagen soll in der Regel nicht mehr als sechs Monate dauern. Erfüllt der Beschuldigte die Auflagen und Weisungen, so kann die Tat nicht mehr als Vergehen verfolgt werden[39].

5. Eine zusätzliche Möglichkeit, Auflagen ohne Verhängung einer Freiheitsstrafe zu erteilen, wird mit Wirkung vom 1. Januar 1975 geschaffen werden: Die Auflage, den Schaden wiedergutzumachen oder im Interesse der Allgemeinheit finanzielle oder andere Leistungen zu erbringen, wird das Gericht dann mit der „Verwarnung mit Strafvorbehalt" verbinden können (§§ 59 bis 59 c StGB i. d. F. des Zweiten Gesetzes zur Reform des Strafrechts). Die Verwarnung mit Strafvorbehalt, neben der Freiheitsstrafe und der Geldstrafe künftig die dritte selbständige Sanktion, soll unter „besonderen Umständen, die in der Tat und der Persönlichkeit des Täters liegen", an die Stelle der Geldstrafe treten. Das Gericht verwarnt dann den Angeklagten, ohne ihn zu bestrafen. Es kündigt gleichzeitig eine bestimmte Geldstrafe an; diese wird jedoch erst verhängt, wenn der Verurteilte während der Bewährungszeit eine Straftat begeht oder einer Auflage zuwiderhandelt[40].

[39] Zur Kritik der neuen Regelung vgl. *Hanack*, Festschrift für Gallas, 1973, S. 339 ff.; *Dencker*, JZ 1973, 144 ff.; *Schmidhäuser*, JZ 1973, 529 ff.

[40] Zur Kritik vgl. *Dreher*, Festschrift für Maurach, 1972, S. 275; *Rezbach*, Die Verwarnung mit Strafvorbehalt, 1970.

6. Für Jugendliche bis zu achtzehn Jahren sowie für Personen, die zwischen achtzehn und einundzwanzig Jahren alt sind und nach ihrer Persönlichkeitsentwicklung einem Jugendlichen gleichzuachten sind, gelten die besonderen Regelungen des Jugendgerichtsgesetzes vom 4. August 1953 (JGG). Hiernach kommt nicht nur die Aussetzung der Vollstreckung einer Jugendstrafe (§ 21 JGG) in Betracht; der Richter kann auch die Schuld des Jugendlichen feststellen und die Entscheidung über die Verhängung der Jugendstrafe für eine Bewährungszeit von ein bis zwei Jahren aussetzen (§ 27 JGG). In beiden Fällen soll der Richter dem Jugendlichen Weisungen erteilen oder besondere Pflichten — Wiedergutmachung des Schadens, Entschuldigung bei dem Verletzten, Zahlung eines Geldbetrages zugunsten einer gemeinnützigen Einrichtung — auferlegen. Bewährungshilfe wird stets angeordnet.

Die Auferlegung besonderer Pflichten ist im Jugendgerichtsgesetz (§ 15) auch als selbständige Sanktion vorgesehen. An die Stelle der Geldstrafe tritt im Jugendstrafrecht die vom Richter auferlegte Pflicht, einen Geldbetrag zugunsten einer gemeinnützigen Einrichtung zu zahlen. Der Richter kann, ohne eine andere Sanktion zu verhängen, auch Weisungen für die Lebensführung des Jugendlichen erteilen (§ 10 JGG); hierzu gehören auch „Arbeitsauflagen".

Der Jugendarrest (§ 16 JGG)[41] ist von der Reform des Jahres 1969 nicht berührt worden. Er wird als Freizeitarrest, als Kurzarrest für die Dauer bis zu sechs Tagen oder als Dauerarrest für mindestens eine Woche und höchstens vier Wochen angeordnet; da das Mindestmaß der Jugendstrafe sechs Monate beträgt, gibt es im Jugendstrafrecht keine freiheitsentziehende Sanktion für die Dauer von mehr als vier Wochen bis zu sechs Monaten. Es gibt Bestrebungen, den Jugendarrest zu beseitigen[42]. Sie hängen mit Überlegungen zusammen, nach denen das bisherige Jugendstrafrecht, von Fällen besonders schwerer Delinquenz abgesehen, aus dem System des Strafrechts ausgeschieden und durch Maßnahmen des Jugendhilferechts (Erziehungskurse, Heime, Wohngemein-

[41] Vgl. u. a. Council of Europe (Hrsg.), Short-term methods of treatment for young offenders, 1967, S. 25 ff., 49; *Kaiser*, Monatsschrift für Kriminologie und Strafrechtsreform 1969, 16 ff.; *Eisenhardt*, Recht der Jugend 19 (1971), S. 98 ff.; *Schaffstein*, ZStW 82 (1971), S. 853 ff.

[42] Diskussionsentwurf eines Jugendhilfegesetzes, hrsg. vom Bundesminister für Jugend, Familie und Gesundheit, 1973, § 50 (S. 30, 132 ff.).

schaften, sozialtherapeutische Zentren) ersetzt werden soll[43]. Diese Konzeption bedarf noch detaillierter Ausarbeitung; zur Zeit kann sie nicht als ausgereift gelten[44] [45].

III.

1. a) Die Anwendung kurzer Freiheitsstrafen nach allgemeinem Strafrecht ist infolge der Rechtsänderung des Jahres 1969 stark zurückgegangen. Gleichzeitig hat die Verhängung von Geldstrafen stark zugenommen. Dies ergibt sich aus der nachstehenden Tabelle[46].

Nach allgemeinen Strafrecht
wegen eines Verbrechens oder Vergehens zu kurzen Freiheitsstrafen und zu Geldstrafen Verurteilte

	1968	1969	1970	1971
1. Gesamtzahl der Verurteilten	572 629	530 947	553 692	571 423
2. a) Verurteilte zu Freiheitsstrafe unter sechs Monaten ohne Strafaussetzung	113 273	64 073	23 664	22 207
b) Anteil an der Gesamtzahl der Verurteilten	20%	12%	4%	4%
3. a) Verurteilte zu Freiheitsstrafe unter sechs Monaten mit Strafaussetzung	70 230	68 088	32 180	32 875
b) Anteil an der Gesamtzahl der Verurteilten	12%	13%	6%	6%
4. a) Verurteilte zu Geldstrafe	361 074	371 918	464 818	476 785
b) Anteil an der Gesamtzahl der Verurteilten	63%	70%	84%	83%
5. Anteil der zur Bewährung ausgesetzten Strafen an den Freiheitsstrafen unter sechs Monaten	38%	51,5%	58%	60%

[43] A. a. O. §§ 11, 55—57 (S. 77 ff., 140—146).
[44] Besonders die strafrechtliche Begründung des Kommissionsentwurfs, z. B. zu § 50, ist unzulänglich.
[45] Im Hinblick auf die kurze Freiheitsstrafe und die Geldstrafe sieht das Wehrstrafgesetz (Fassung vom 1. September 1969, BGBl. I, S. 1502) Besonderheiten vor; sie werden in diesem Bericht nicht berücksichtigt.
[46] Zur Statistik der kurzen Freiheitsstrafen vgl. die Antwort der Bundesregierung vom 9. Oktober 1973 auf eine Kleine Anfrage (Bundestags-Drucksache 7/1089).

Von besonderer Bedeutung ist der Rückgang der nicht ausgesetzten Freiheitsstrafen unter sechs Monaten von 20% (1968) auf 4% (1970, 1971) aller Verurteilungen. Mit der Zunahme der Geldstrafen hängt es zusammen, daß der Anteil der zu einer ausgesetzten kurzen Freiheitsstrafe Verurteilten an der Gesamtzahl der Verurteilten zurückgegangen ist. Die Aussetzungsquote ist gleichzeitig gestiegen: Von den zu Freiheitsstrafen unter sechs Monaten Verurteilten haben im Jahre 1971 60% Strafaussetzung erhalten; 1968 waren es nur 38%.

b) Besonders deutlich ist der Rückgang der kurzen Freiheitsstrafen im Verkehrsrecht in Erscheinung getreten. Von den wegen eines Vergehens im Straßenverkehr Verurteilten (jährlich etwa 300 000) wurden im Jahre 1968 22% zu einer Freiheitsstrafe unter sechs Monaten ohne Strafaussetzung verurteilt; 1971 waren es nur noch 3%. Der Anteil der Geldstrafen an der Gesamtzahl der Verurteilten erhöhte sich gleichzeitig von 65% auf 91%. Bei den unter Alkoholeinfluß begangenen Vergehen im Straßenverkehr war diese Entwicklung noch ausgeprägter. Hier sank der Anteil der nicht zur Bewährung ausgesetzten Freiheitsstrafen unter sechs Monaten an der Gesamtzahl der Verurteilten von 59% (1968) auf 5,7% (1971); der Anteil der Geldstrafen an der Gesamtzahl der Verurteilten stieg gleichzeitig von 10% (1968) auf 83% (1971). Die Renaissance der kurzen Freiheitsstrafen, von der oben (zu I) die Rede war, ist also vorüber. Die Geldstrafe ist, vor allem im Verkehrsstrafrecht, zur absolut beherrschenden Sanktion geworden. Hierbei muß auch berücksichtigt werden, daß seit dem 1. Oktober 1968 die Mehrzahl der kleinen Verkehrsdelikte (Überschreitung der Höchstgeschwindigkeit, Parkverstöße, Verstöße gegen Vorschriften über die Beschaffenheit der Kraftfahrzeuge usw.) nicht mehr in der Kriminalstatistik mitgezählt wird, weil sie zu Ordnungswidrigkeiten geworden sind und deshalb nicht mehr mit Strafe, sondern mit einer administrativen Geldbuße geahndet werden. Würde man diese Ordnungswidrigkeiten mitzählen, so würde sich für die Zeit seit 1969 ein noch weit stärkerer Anteil pekuniärer Sanktionen ergeben.

c) Bei anderen Straftatbeständen sind die kurzen Freiheitsstrafen ebenfalls zurückgegangen, allerdings nicht in gleichem Maße. So ist der Anteil der ohne Strafaussetzung zu Freiheitsstrafen unter sechs Monaten Verurteilten an der Gesamtzahl der Verurteilten bei Diebstahl und Unterschlagung von 17% (1968) auf

4% (1971), beim Betrug von 23% (1968) auf 6% (1971) und bei der gefährlichen Körperverletzung von 19,2% (1968) auf 4,7% (1971) zurückgegangen. Gleichzeitig erhöhte sich der Anteil der zu Geldstrafe Verurteilten an der Gesamtzahl der Verurteilten. Er stieg bei Diebstahl und Unterschlagung von 53% auf 73%, bei Betrug von 52% auf 72% und bei der gefährlichen Körperverletzung von 55,5% auf 76%. Daß die Geldstrafe inzwischen auch im Bereich der mittleren Kriminalität eingesetzt wird, ist schon nach diesen Zahlen wahrscheinlich. Im übrigen haben von den wegen Einbruchsdiebstahls (§ 243 Nr. 1 StGB) Verurteilten im Jahre 1971 20% eine Geldstrafe erhalten. Der entsprechende Anteil der Geldstrafe betrug bei der aktiven Bestechung 93 % und bei den Vergehen nach der Abgabenordnung sogar 98 %.

d) Infolge der veränderten Strafzumessungspraxis ist die Zahl der im Strafvollzug befindlichen Gefangenen mit kurzen Freiheitsstrafen zurückgegangen. Während am 31. 3. 1967 insgesamt 15 221 Personen Haft oder Gefängnis bis zu sechs Monaten verbüßten, liegt die Zahl der Gefangenen mit Freiheitsstrafen bis zu sechs Monaten[47] seit 1970 bei 7 000 (31. 3. 1970 : 7 791; 31. 3. 1971 : 7 181; 31. 3. 1972 : 7 003; 31. 3. 1973 : 7 251; 30. 6. 1973 : 6 569). Sie hat sich also infolge der Rechtsänderung halbiert und seither konstant gehalten. Das Vordringen der Geldstrafen, das ein wesentlicher Grund für den Rückgang der Gefangenenzahlen war[48], legte die Befürchtung nahe, daß die Zahl der Ersatzfreiheitsstrafen erheblich zunehmen würde. Die bisherigen Beobachtungen haben diese Sorge nicht bestätigt. Die Zahl der Gefangenen mit Ersatzfreiheitsstrafe liegt seit 1971[49] zwischen 950 und 1 150 (31. 3. 1971 : 872; 31. 3. 1972 : 981; 31. 3. 1973 : 1 153; 30. 6. 1973 : 1065). Rechnet man diese Zahlen mit der erwähnten Zahl der Gefangenen mit Freiheitsstrafen unter sechs Monaten zusammen, so ergibt sich eine Gesamtzahl von jeweils etwa 8 000 bis 9 000 Gefangenen, also ein Wert, der wesentlich niedriger ist als die vor der Rechtsänderung registrierte Zahl der Gefangenen mit kurzen

[47] Angaben für die Zeit ab 1971 betreffende Gefangene mit Freiheitsstrafen *unter* sechs Monaten.

[48] Welchen Einfluß die vermehrte Strafaussetzung auf die genannten Zahlen hat, läßt sich nicht exakt berechnen, weil auch jene Gefangenen mitgezählt werden, die eine kurze Freiheitsstrafe nach Widerruf der Strafaussetzung verbüßen.

[49] Ältere Zahlen liegen nicht vor.

Freiheitsstrafen. Deren Rückgang ist mithin nicht durch eine Zunahme der Ersatzfreiheitsstrafen ausgeglichen worden[50].

2. Bei den mittelfristigen Freiheitsstrafen ergibt sich zum Teil ein abweichendes Bild: Die Zahl der nach allgemeinem Strafrecht zu Freiheitsstrafen von sechs Monaten bis zu einem Jahr Verurteilten ist von 15 404 (1967) auf 28 743 (1971) gestiegen. Möglicherweise erhalten Verurteilte, die vor der Rechtsänderung zu Freiheitsstrafen unter sechs Monaten verurteilt worden waren, nunmehr zum Teil höhere Freiheitsstrafen. Doch werden die Freiheitsstrafen von sechs Monaten bis zu einem Jahr heute viel häufiger ausgesetzt als früher. Während bei diesen Strafen der Anteil der ausgesetzten Strafen 1967 nur 29% betragen hatte, betrug er 1971 61%. Die absolute Zahl der nicht zur Bewährung ausgesetzten Freiheitsstrafen von sechs Monaten bis zu einem Jahr ist infolgedessen von 1967 bis 1971 nicht wesentlich gestiegen[51]. Freiheitsstrafen mit einer Dauer von mehr als einem Jahr bis einschließlich zwei Jahren konnten bis 1970 nicht zur Bewährung ausgesetzt werden; 1971 betrug der Anteil der ausgesetzten Strafen an diesen Strafen 13%[52].

3. Die Höhe der Geldstrafen hat in den letzten Jahren zugenommen. Unter denjenigen Verurteilten, die wegen eines Vergehens im Straßenverkehr mit Geldstrafe bestraft wurden, erhielten 1971 13% eine Strafe von mehr als 1 000,— DM und 29% eine Strafe von mehr als 500,— DM bis zu 1 000,— DM; im Jahre 1968 hatten die entsprechenden Anteile 0,6% und 3,7% betragen. Nach einer verbreiteten Zumessungspraxis wird bei Trunkenheitsfahrten unter Alkoholeinfluß (§ 315 c Abs. 1 Nr. 1, § 316 StGB) gegen Ersttäter eine Geldstrafe in Höhe des monatlichen Nettoeinkommens verhängt[53]. Bei den Geldstrafen, die wegen

[50] Neuerdings scheint die Vollstreckung der Ersatzfreiheitsstrafe in einzelnen Bezirken, zumal in Nordrhein-Westfalen, zuzunehmen; Gründe für diese Entwicklung können noch nicht genannt werden.

[51] 1967: 10 937; 1971: 11 120.

[52] Diese vergleichsweise geringe Aussetzungsquote erklärt sich damit, daß der Bundesgerichtshof in bedenklich restriktiver Gesetzesauslegung die Aussetzung von Freiheitsstrafen zwischen einem Jahr und zwei Jahren auf ungewöhnliche Ausnahmefälle, zumal Konfliktsituationen, beschränkt (vgl. BGHSt. 24, 3 sowie *Wahl*, Bewährungshilfe 1972, 219 ff.; kritisch *Lackner-Maassen*, StGB, 7. Aufl., 1972, Anm. 6 zu § 23 u. *Römer*, JR 1973, 448).

[53] Vgl. die Entschließung des Deutschen Verkehrsgerichtstages 1970, 3. Arbeitskreis, abgedruckt in k + v 1970, 39.

sonstiger Straftaten verhängt wurden, betrug im Jahre 1971 der Anteil der Strafen über 1 000,— DM 5%; der Anteil der Geldstrafen über 500,— DM bis zu 1 000,— DM lag bei 11%.

4. Die Zumessungspraxis auf dem Gebiet des Jugendstrafrechts hat sich in geringerem Maße gewandelt als die Handhabung des allgemeinen Strafrechts. Allerdings ist der Anteil des Jugendarrestes an der Gesamtzahl der jugendstrafrechtlichen Sanktionen von 35% im Jahre 1968 auf 25% im Jahre 1971 zurückgegangen. Immerhin war noch 1971 die Zahl der Fälle, in denen Dauerarrest oder Kurzarrest angeordnet wurde (11 986), mehr als halb so groß wie die Zahl aller nach allgemeinem Strafrecht verhängten und nicht ausgesetzten Freiheitsstrafen unter sechs Monaten (22 217). Zur häufigsten Rechtsfolge des Jugendstrafrechts hat sich die Auflage, ein Geldbetrag an eine gemeinnützige Einrichtung zu zahlen, entwickelt (1971: 41% aller Sanktionen nach Jugendstrafrecht); in 37% aller Entscheidungen nach Jugendstrafrecht wurde eine Verwarnung erteilt.

IV.

Für die Arbeitsbedingungen der Gerichte, die Gestaltung des Strafvollzugs und die Bewährungshilfe hat die Rechtsänderung der Jahre 1969/70 spürbare Folgen gehabt.

1. Die Gerichte müssen jetzt bei bestimmten Entscheidungen (Verhängung einer Freiheitsstrafe unter sechs Monaten; Aussetzung einer Freiheitsstrafe zwischen sechs Monaten und einem Jahr) prüfen, ob „die Verteidigung der Rechtsordnung" die Verhängung oder Vollstreckung der Freiheitsstrafe unerläßlich macht. Dies ist nach einer sich allmählich verfestigenden Rechtsprechung nur dann der Fall, wenn ohne die Verhängung der Vollstreckung einer Freiheitsstrafe das Vertrauen der Bevölkerung in die Unverbrüchlichkeit des Rechts und damit zugleich ihre Rechtstreue erschüttert werden würde (BGHSt. 24, 40; 64). Es handelt sich also um einen begrenzten Aspekt der Generalprävention. Seine Umsetzung in die Alltagspraxis stellt die Gerichte vor schwierige Aufgaben. Sie müssen die Bedeutung der Tat sowie der Sanktion mit dem Bewußtsein der Allgemeinheit in Beziehung setzen. Dabei sehen sich die Gerichte zum Teil zu der Prüfung veranlaßt, ob in ihrem Gerichtsbezirk Delikte der in Rede stehenden Art zugenommen haben und weiter zuzunehmen drohen[54]. Tatrichterliche

[54] OLG Frankfurt, NJW 1972, 298.

Urteile begnügen sich häufig mit der Formel, daß angesichts der besonderen Schwere der Tat die Verteidigung der Rechtsordnung eine Geldstrafe oder Strafaussetzung ausschließe. Sie stellen damit entgegen der Absicht des Gesetzgebers maßgeblich auf die Schwere der Schuld ab. Daß eine solche umfassende Berücksichtigung aller Strafzwecke bei der Anwendung des Merkmals „Verteidigung der Rechtsordnung" erwünscht sei, ist die Meinung mancher Kritiker der neuen Vorschriften[55]. Andere Kritiker der Neufassung halten dagegen die Berücksichtigung generalpräventiver Gesichtspunkte in diesem Zusammenhang für unangebracht; nach ihnen sollte sich der Richter bei der Entscheidung über die Verhängung einer kurzen Freiheitsstrafe ausschließlich an einer Sozialprognose orientieren[56].

2. Im Strafvollzug hat die Neuregelung dazu geführt, daß der früher an Verkehrsstraftätern durchgeführte Wochenendvollzug entfallen ist. Soweit kurze Freiheitsstrafen noch vollzogen werden, fallen sie unter die allgemeinen Regeln der unterschiedlichen Vollstreckungspläne in den Ländern. Danach werden kurze Freiheitsstrafen (meist bis zu drei Monaten) in bestimmten, vielfach offenen Anstalten vollzogen[57]. Besondere Anstalten für Fahrlässigkeitstäter gibt es zur Zeit in zwei Ländern der Bundesrepublik; in zwei weiteren Ländern gibt es besondere Abteilungen für Fahrlässigkeitstäter. Hier sind die Gefangenen durchweg Verkehrstäter. Freiheitsstrafen von weniger als einem Monat werden in diesen Anstalten allerdings nicht verbüßt; andererseits werden in die genannten Sonderanstalten auch Fahrlässigkeitstäter und vorsätzliche Verkehrsstraftäter mit mittelfristigen Freiheitsstrafen aufgenommen. Erheblich vorbestrafte Täter sind von dem Vollzug in diesen Anstalten ausgeschlossen. Vor der Ein-

[55] Vgl. insbesondere *Lange*, Strafrechtsreform — Reform im Dilemma, 1972, S. 64 ff.; ferner etwa *Winter*, k + v 1971, 42; *Behnke*, Blutalkohol 1969, 336.

[56] Vgl. u. a. *Baumann*, DRiZ 1970, 5 f.; *Naucke* u. a., „Verteidigung der Rechtsordnung", 1971. Vgl. zum Streitstand ferner *Lenckner*, Jur. Analysen 1970, 319 ff.; *Eickhoff*, NJW 1971, 272 ff.; *Koffka*, Leipz. Kommentar zum StGB, 9. Aufl., 1971, Rn. 13 zu § 14; *Jescheck*, Lehrbuch des Strafrechts, Allgemeiner Teil, 2. Aufl., 1972, S. 627 ff.

[57] Für Baden-Württemberg vgl. *Schieler* in: Der Strafvollzug an Verkehrsdelinquenten, hrsg. vom Automobil-Club der Schweiz, Bern 1971, S. 9 ff.; für die Zeit vor der Rechtsänderung s. *Schulz*, k + v 1968, 359 ff. sowie *Rive*, k + v 1970, 60 ff. Zum ganzen vgl. auch *Wahl*, Bewährungshilfe 1970, 241 ff.

schränkung der kurzen Freiheitsstrafen gab es eine größere Zahl von Sonderanstalten und Sonderabteilungen für Fahrlässigkeitstäter. Soweit heute in den Anstalten die Verkehrsstraftäter überwiegen, steht ein intensiver Verkehrsunterricht im Vordergrund der Behandlung. Daneben tritt die ärztliche Behandlung von Personen, die durch Alkoholmißbrauch zu ihrer Straftat gekommen sind.

3. Soweit Freiheitsstrafen zur Bewährung ausgesetzt werden, nutzt die Praxis sehr häufig, vermutlich in der Mehrzahl der Fälle, die Möglichkeit, dem Verurteilten die Zahlung eines Geldbetrages an eine gemeinnützige Einrichtung aufzuerlegen[58]. Nach regionalen Erhebungen kann angenommen werden, daß der durchschnittliche Betrag, der auf Grund solcher Auflagen zu zahlen ist, bei 400,—DM liegt.

4. Die Zahl der Fälle, in denen die Strafaussetzung mit Bewährungshilfe verbunden wird, hat seit 1969 zugenommen. Am 31. 12. 1972 befanden sich etwa 15 000 Probanden mit ausgesetzten Jugendstrafen und über 6 000 nach allgemeinem Strafrecht unter Strafaussetzung verurteilte Probanden unter der Aufsicht eines Bewährungshelfers. Im Rahmen der Bewährungshilfe werden neuerdings Methoden der Gruppenarbeit erprobt[59]; die Teilnahme der Probanden ist freiwillig. Es gibt Versuche, die Arbeit mit den Probanden an örtliche Zentren der Bewährungshilfe zu binden. Es wird angestrebt, die zur Zeit noch geringe Zahl von Wohnheimen (Hostels) für Probanden zu vergrößern. Neben die Wohnheime sind in den letzten Jahren zahlreiche Wohngemeinschaften für Probanden getreten, die zum Teil von Bewährungshelfern, zum Teil auch von privater Seite, u. a. von Studenten und kirchlichen Gruppen, gegründet worden sind. Meist leben vier bis zehn Probanden in einer solchen Wohngemeinschaft. Der Bewährungshelfer wohnt in der Mehrzahl der Fälle nicht in der Wohngemeinschaft. Vielfach wird Wert darauf gelegt, daß in der Wohngemeinschaft auch unbestrafte Mitglieder leben; die Wohngemeinschaft kann dann als eine Form des „community treatment" verstanden werden. Ein Teil der Wohngemeinschaften versteht sich als therapeutische Gemeinschaft i. e. S.; das gilt zumal für Wohn-

[58] S. oben zu II 3.
[59] *Lippenmeier*, Gruppenarbeit in der Bewährungshilfe, 1971.

gemeinschaften mit ehemaligen Drogenabhängigen[60]. Die Möglichkeit einer kurzfristigen kustodialen Behandlung im Rahmen der Bewährungshilfe besteht in der Bundesrepublik Deutschland nicht[61].

5. Bei Geldstrafen ist die Bewiligung von Ratenzahlungen häufig. Die Tilgung uneinbringlicher Geldstrafen durch freie Arbeit[62] spielt in der Praxis keine nennenswerte Rolle. Versuche, diese Einrichtungen zu aktivieren, haben daran in der Gegenwart[63] ebensowenig wie in der Vergangenheit[64] etwas ändern können.

V.

Wissenschaftliche Untersuchungen, die endgültige Feststellungen über die Folgen der Rechtsänderung von 1969/70 erlauben, liegen noch nicht vor. Die Frage, wie sich der Übergang von kustodialen zu nichtkustodialen Sanktionen für die Generalprävention ausgewirkt hat, ist im Hinblick auf die Trunkenheit am Steuer diskutiert worden, nachdem die alkoholbedingten Unfälle mit Personenschaden in den Jahren 1969 und 1970 sowie zeitweise 1972 gestiegen waren. Es wurde die Ansicht vertreten, daß die Zurückdrängung der kurzen Freiheitsstrafen ein ursächlicher Faktor für die Zunahme der Trunkenheitsfahrten gewesen sei[65]; andere Untersuchungen bezweifeln dies[66]. Jedenfalls können andere Ursachen für die zeitweilige Zunahme der genannten Unfälle (die übrigens 1973 nicht beobachtet worden ist) nicht ausgeschlossen werden.

[60] Axel *Peters*, Nachrichtendienst des Deutschen Vereins für öffentliche und private Fürsorge 52 (1972), 200 ff.

[61] Vgl. dazu die Vorschläge von *Quensel* in: Festschrift für H. v. Hentig, 1967, S. 287 ff.

[62] S. oben II. 1.

[63] Hamburgische Verordnung über die Tilgung uneinbringlicher Geldstrafen durch freie Arbeit vom 3. 12. 1968 (GVBl. I, S. 267), zuletzt geändert durch VO vom 13. 4. 1971 (GVBl. I, S. 78). Zur Praxis der Geldstrafenvollstreckung vgl. *Köppen*, k + v 1970, 46 ff.

[64] Vgl. *Kohlhaas*, DRZ 1948, 484; *v. Schlotheim*, Monatsschrift für Kriminologie, 1955, 32 ff., 127 ff.

[65] *Lange*, Strafrechtsreform — Reform im Dilemma, 1972, S. 66; *Schoene* NJW 1970, 2241.

[66] *Kaiser* in: Kriminologische Gegenwartsfragen, 11, 1972, S. 92 ff.; *Kaiser*, Kriminologie, 2. Aufl., 1973, S. 203 ff.; *Tröndle*, MDR 1972, 461 ff.; *Janiszewski*, Blutalkohol 8 (1971), 179 ff.; *Schöch*, Strafzumessungspraxis u. Verkehrsdelinquenz, 1973, S. 202 ff.

Behandlungsorientierte Forschungen über die Wirkung der Geldstrafe fehlen. Für die Zeit vor der Rechtsänderung ist die Rückfälligkeit von Personen, die früher mit kurzen Freiheitsstrafen bestraft worden sind, und von Personen, bei denen die erste Sanktion nicht mit Freiheitsentzug verbunden war, verglichen worden[67]. Diese Untersuchungen führten zu dem schon von *v. Liszt* vermuteten Ergebnis, daß der Vollzug einer kurzen Freiheitsstrafe ein prognostisch ungünstiges Merkmal ist. Doch sind solche Untersuchungen den bekannten methodischen Einwänden hinsichtlich der Auswahl der untersuchten Personengruppen ausgesetzt[68]. Forschungsansätze im Sinne der teilnehmenden Beobachtung gibt es im Hinblick auf die erwähnten Wohngemeinschaften[69].

VI.

Eine vorläufige Würdigung dürfte folgende Feststellungen zulassen:

1. Der Gesetzgebung des Jahres 1969 ist es gelungen, die kurzen Freiheitsstrafen wesentlich zurückzudrängen. Ihr Rückgang hat sich in der Verurteilungsstatistik stärker abgezeichnet als in der Vollzugsstatistik. Ein Grund dafür dürfte sein, daß die kurzen Freiheitsstrafen, soweit sie weiterhin vollstreckt werden, heute im Durchschnitt länger dauern als vor 1967[70]. Die Vollstrekkung mittelfristiger Freiheitsstrafen von sechs bis zwölf Monaten hat nicht abgenommen; die Verhängung solcher Strafen hat sogar zugenommen (s. oben III. 2.). Unter diesen Umständen läßt das Gesamtbild zu wünschen übrig; denn die gegen die kurze Freiheitsstrafe gerichteten Einwände treffen weitgehend auch auf die mittelfristige Freiheitsstrafe zu[71].

[67] *Stenner*, Die kurzfristige Freiheitsstrafe und die Möglichkeiten zu ihrem Ersatz durch andere Sanktionen, 1970.

[68] Vgl. *Kaiser*, Kriminologie, 2. Aufl., 1973, S. 86 ff.

[69] S. oben IV. 4. Wegen der Wirkungen des Jugendarrestes s. oben Anm. 41.

[70] Der Anteil der Freiheitsstrafen bis zu einem Monat an der Gesamtzahl der *kurzen* Freiheitsstrafen (unter sechs Monaten) betrug 1968: 32%, 1971 dagegen 14%.

[71] Allerdings sprechen nicht alle Argumente, die gegen die *Vollstreckung* von Freiheitsstrafen anzuführen sind, auch gegen ihre *Verhängung*. Daß dieser Unterschied nicht genügend beachtet worden sei, ist die These von *Payer*, § 14 StGB i. d. F des Ersten Gesetzes zur Reform des Strafrechts, 1971.

2. Mit der Aussetzung von Freiheitsstrafen ist eine Differenzierung der sie begleitenden ambulanten Maßnahmen einhergegangen. Da diese Maßnahmen die Verhängung einer Freiheitsstrafe voraussetzen, fallen sie für den Personenkreis aus, der zu Geldstrafe verurteilt wird. Je mehr die Geldstrafe vordringt, um so dringlicher wird die Frage, ob sie nicht ebenfalls begleitender ambulanter Maßnahmen bedarf oder von selbständigen ambulanten Maßnahmen abgelöst werden kann[72].

3. Indem der Gesetzgeber umfangreiche Materien, zumal auf dem Gebiet des Straßenverkehrs-, Wirtschafts- und Abgabenrechts, aus dem Strafrecht in das Recht der Ordnungswidrigkeiten überführte, hat er im Ergebnis ebenfalls Freiheitsstrafen durch andere Sanktionen ersetzt. Das Ziel, Freiheitsstrafen nach Möglichkeit zu vermeiden, und das Ziel einer weitgehenden Entkriminalisierung hängen miteinander zusammen.

Summary

In the Federal Republic of Germany, after a long and varied discussion during the years 1969/1970, a law reform has come into operation which reduces the imposition and execution of short-term prison sentences and the execution of medium-term prison sentences: Prison sentences for a term of less than six months are, as a rule, replaced by a fine. A prison sentence for a term of less than six months may be imposed only where special circumstances make this indispensable. In this connection the judge may take into account only considerations of special prevention and particularly urgent needs of general prevention; the gravity of the guilt alone does not justify the imposition of a short-term prison sentence. A prison sentence for a term of less than six months which has been imposed by way of exception must be

[72] So dürfte über die „freie Arbeit" (s. oben IV. 5.) nicht das letzte Wort gesprochen sein. Wahrscheinlich ist die vom Gesetzgeber vorausgesetzte Uneinbringlichkeit der Geldstrafe ein schlechtes Auswahlkriterium für den in Frage kommenden Personenkreis. Der englische Gesetzgeber (Criminal Justice Act 1972, sect 15 bis 19) ist wohl den richtigen Weg gegangen, indem er den „community service" als selbständige Sanktion eingeführt hat. Freie Arbeit scheint im Rahmen des Strafrechts nur Erfolg zu versprechen, wenn sich der Betroffene für den gemeinnützigen Zweck der Arbeit engagieren kann. In diese Richtung weisen auch die Erfahrungen mit den Arbeitsauflagen nach dem Jugendstrafrecht (§ 10 Abs. 1 Nr. 4 JGG).

suspended on probation if the convicted person can be expected not to commit any further offences; reasons of general prevention or the gravity of the guilt do not suffice to refuse suspension of a short-term prison sentence. Prison sentences of between six months and one year must be suspended if the prognosis is a favourable one and if this is not barred by any specially urgent considerations of general prevention. Prison sentences of more than one year but not exceeding two years may be suspended on special grounds inherent in the offence and the offender's personality. With effect from 1 Jannuary 1975 no prison sentences for a term of less than one month will be imposed any more.

The law reform has led to the result that short-term prison sentences are imposed less frequently: The percentage of prison sentences of less than six months which were imposed but not suspended on probation as compared with the total number of sentences imposed under general criminal law (exclusive of juvenile criminal law) amounted to 20 per cent in 1968, but to 4 per cent only in 1971. As regards the road traffic offences committed under the influence of alcohol, the percentage of prison sentences of less than six months which were not suspended, as compared with the total number of sentences during the same period decreased from 58.9 per cent to 5.7 per cent, in cases of theft and embezzlement from 17 per cent to 4 per cent. Apart from few exceptions, there has been a considerable decrease in the number of short-term prison sentences imposed for all types of offences. From 1963 to 1968 the number of prisoners serving a prison sentences of six months or less amounted in each year to something between 12 000 and 15 000; today it amounts to roughly 7 000. The percentage of fines as compared with the total number of convictions increased from 63 per cent in 1968 to 83 per cent in 1971, and in respect of road traffic offences committed under the influence of alcohol it increased from 9.9 per cent in 1968 to 82.9 per cent in 1971. The figures regarding road traffic offences do not include those acts which, after 1 October 1968, are no longer criminal offences but administrative offences; if they were included the increase in the number of pecuniary sanctions would even be more striking. In cases where a fine is not paid a sentence of imprisonment in default of payment may be executed, now as before. It seems that the number of such cases has increased but not to such an extent as to outweigh the decrease in the number of short-term prison sentences.

The number of cases where prison sentences of more than six months but not exceeding two years were suspended has increased (1967: 20 per cent; 1971: 55 per cent).

The wording of the law according to which the judge has to determine whether urgent considerations of general prevention make, by way of exception, the imposition of a short-term prison sentence indispensable or demand the execution of a medium-term prison sentence has given rise to difficult questions of law. These difficulties would no longer exist if the short-term prison sentences were done away with altogether. But the legislature was of the opinion that this was not possible for reasons of general prevention. It would be worthwhile considering whether the suspension of medium-term prison sentences should not be derestricted to a greater extent.

Although the attempt at reducing the number of short-term prison sentences was successful, it should not be overlooked that the fine is not, as far as special prevention is concerned, an entirely satisfactory substitute sanction. For reasons of practicability the German legislature did not combine the fine with methods of non-custodial treatment (probation assistance, directions, special duties, attendance centres); attempts to activate community service as a substitute for the prison sentence in default of payment have failed for the time being. The special duty of performing community service may, however, like the appointment of a probation officer and other directions and special duties, be combined with the suspension of a prison sentence. As such measures of non-custodial treatment presuppose that a prison sentence has been imposed they essentially come into consideration only for major offences and for recidivists. Juvenile criminal law does not confine the judge's discretion to such an extent; in this field non-custodial sanctions can independently be ordered to a large extent. On the other hand, under juvenile criminal law a special form of short-term imprisonment has been retained, namely „Jugendarrest". In the sphere of general criminal law, however, the decrease in the execution of short-term prison sentences has led to the result that no special forms of short-term custodial treatment were further developed.

No reliable studies are available so far on the effect of the law reform in respect of recidivism and general prevention.

Resumen

En la República Federal alemana ha entrado en vigor, después de una larga discusión en los años 1969/70, una reforma del Código Penal que limita la imposición y la ejecución de penas cortas privativas de libertad, y la ejecución de penas privativas de libertad de duración media: En vez de penas privativas de libertad de menos de seis meses se aplican ahora, por regla general, penas pecuniarias. Una pena privativa de libertad de una duración menor de seis meses, sólo puede ser impuesta cuando circunstancias especiales lo hacen indispensable. En este caso, el juez sólo puede tener en cuenta el punto de vista de la prevención especial, y necesidades especialmente urgentes de la prevención general; la gravedad de la culpabilidad no justifica por sí sola la imposición de una corta pena privativa de libertad. Una pena privativa de libertad de menos de seis meses, impuesta excepcionalmente, debe ser suspendida por condena condicional, cuando puede esperarse que el condenado no cometerá ningún otro delito; no bastan causas de prevención general o la gravedad de la culpabilidad para rechazar la suspensión de penas cortas privativas de libertad. Penas privativas de libertad entre seis meses y un año, han de ser suspendidas cuando la prognosis es favorable, y no se oponen consideraciones urgentes de prevención general. Penas privativas de libertad entre un año y dos años, pueden ser suspendidas por especiales causas concurrentes en el hecho y en la personalidad del autor. Probablemente con efecto desde el 1 de enero de 1975, no podrán ser impuestas de ninguna manera, penas privativas de libertad inferiores a un mes.

La modificación legal ha conducido a que penas cortas privativas de libertad sean impuestas muy raramente: El porcentaje de las penas privativas de libertad impuestas por menos de seis meses, y no suspendidas por condena condicional, en el número total de las penas impuestas según el Derecho penal general (excepción hecha del Derecho penal juvenil) asciende en 1968 al 20 %, mientras que en 1971 sólo alcanza el 4 %.

En el caso de los delitos de tráfico cometidos bajo influencia alcohólica, disminuyó el porcentaje de las penas privativas de libertad no suspendidas, en el número total de penas en el mismo espacio de tiempo, del 58,9 %, al 5,7 %, en el caso de robo y sustracción, del 17 % al 4 %. El número de los presos que cumplen una condena de pena privativa de libertad de hasta seis meses, se sitúa en los años 1963-1968, en cada caso, entre 12.000 y 15.000; hoy comprende si acaso tal vez 7.000.

El porcentaje de las penas pecuniarias en el número total de los condenados, del 63 % en el año 1968, ha ascendido al 83 % en el año 1971; en el caso de delitos de tráfico bajo la influencia de bebidas alcohólicas, del 9,9 % (1968) al 82,9 % (1971). En los informes sobre delitos de tráfico no se han tomado en consideración los hechos que desde el 1 de octubre de 1968 no son ya delitos, sino contravenciones administrativas; si se los incluyera, se marcaría entonces un aumento de sanciones pecuniarias todavía mayor. Si no se paga la pena pecuniaria, entonces se puede, como hasta ahora, cumplir un arresto sustitutivo. El número de cumplimientos de tal clase, parece haber aumentado, pero no en tal medida que el retroceso de penas cortas privativas de libertad llegara a compensarse.

La suspensión de penas privativas de libertad entre seis meses y dos años se ha aumentado sensiblemente (1967: 20%, 1971: 55%).

La redacción de la ley, según la cual el juez ha de determinar si urgentes consideraciones de prevención general hacen indispensable, excepcionalmente, la imposición de una pena corta privativa de libertad, o exigen el cumplimiento de una pena privativa de libertad de duración media, ha conducido a dificiles preguntas legales. Estas dificultades no se producirían, si las penas privativas de libertad de corta duración se suprimen totalmente. Esto sin embargo no le pareció posible al legislador por causas de prevención general. Digno de consideración es seguir removiendo las limitaciones a las que está sujeta la suspensión de penas privativas de libertad de duración media.

Y si también la restricción de penas cortas privativas de libertad ha logrado éxito, entonces no se puede pasar por alto que las penas pecuniarias, desde el punto de vista de la prevención especial, no es ninguna solución supletoria suficientemente satisfactoria. Por causas de practicabilidad, el legislador alemán no ha acompañado las penas pecuniarias con métodos de tratamiento no sujeto a control (ayuda durante la libertad vigilada, directrices, cargas, „attendance centres“). Intentos para activar el trabajo de utilidad general como sustitutivo de la prisión subsidiaria, han fracasado por el momento.

La carga de efectuar un trabajo de utilidad general, puede, sin embargo, así como la intervención de un delegado de libertad vigilada, otras cargas y directrices, ponerse en relación con la suspensión de una pena privativa de libertad. Puesto que tales medidas de tratamiento no sujeto a control presuponen la imposición de una pena privativa de libertad, éstas son aplicables esencialmente, sólo a la criminalidad media, así como a los reincidentes. El derecho penal juvenil restringe menos el arbitrio del juez; aquí pueden ser ordenadas con independencia, sanciones no sujetas a control con mayor alcance. Por otro lado, en el derecho penal juvenil sigue existiendo, con el arresto juvenil, una forma especial de privación de libertad de corta duración. En el ámbito del derecho penal general, por el contrario, el retroceso de la ejecución de penas cortas privativas de libertad tiene por consecuencia que formas especiales de tratamiento sujeto a control, por poco tiempo, no se hayan seguido desarrollando.

Exactas investigaciones sobre las repercusiones de la modificación legal con respecto a la reincidencia y a la prevención general no existen hasta ahora.

Das Recht des Beschuldigten auf Entschädigung für unschuldig erlittene Haft

Von Ministerialrat Heinz *Böing*, Bonn

I. Geschichtlicher Überblick

Der Gedanke, daß der Staat gegenüber dem unschuldig Verhafteten oder Bestraften eine Entschädigungspflicht hat, konnte sich erst im Zeitalter der Aufklärung durchsetzen. Den alten Rechten war er unbekannt. Im römischen Recht erhielt der Bürger, der zu Unrecht angeklagt worden war, Genugtuung lediglich durch die Bestrafung des Anklägers. Ähnliche Regelungen enthielten die germanischen Volksrechte. Erstmals der Sachsenspiegel (1230) führte neben der strafrechtlichen Haftung des Anklägers auch eine zivilrechtliche Haftung ein, indem er die Zahlung einer Geldbuße an den Angeklagten vorschrieb.

Weiter ging 300 Jahre später die constitutio criminalis carolina (1532). Sie legte dem Ankläger, der die Anklage nicht mindestens bis zur Folter beweisen konnte, die Kosten des Verfahrens sowie die Entschädigung des Beschuldigten für Schmach, Schmerzen und Schaden auf. Aber auch diese Regelung war völlig unbefriedigend. Erst in der Zeit der Aufklärung, die in dem Versagen einer staatlichen Entschädigung an unschuldig Verhaftete oder Bestrafte eine Verletzung der Menschenwürde und eine Mißachtung des Staates gegenüber dem Recht eines jeden Bürgers auf persönliche Freiheit erblickte, setzte sich mehr und mehr der Gedanke durch, daß es Aufgabe des Staates sei, den unschuldig Verhafteten oder Bestraften zu entschädigen. So wurde zum ersten Mal durch Friedrich den Großen in einer am 15. Januar 1766 zur Verkürzung der Prozesse erlassenen Verordnung folgendes bestimmt:

„Ist eine des Verbrechens verdächtige Person in Untersuchung geraten und ist, weil sie nicht hat beweisen können, von ferneren Untersuchungen abgestanden worden, so soll, wenn im Verlauf der Zeit durch nachherige Begebenheiten die völlige Unschuld dieser Person entdeckt wird, solche nicht nur vollkommene Restitution der Kosten sondern auch aus der Sportul-Kasse desjenigen Collegii, wo die Untersuchung geschwebt, eine nach Bewandtnis der Umstände und der Verschiedenheit der Umstände und der

Verschiedenheit des Standes zu arbitrirende Vergütungssumme erhalten, damit die nachher entdeckte Unschuld wegen alles bei der ersten Untersuchung erlittenen Ungemachs schadlos gestellt werde"[1].

Diese Entschädigungsregelung in Preußen für unschuldig erlittene Haft fand jedoch in den deutschen Ländern zunächst keine Nachahmer. Erst in den letzten Jahrzehnten des 19. Jahrhunderts wurde in weiteren Staaten der Entschädigungsgedanke gesetzlich anerkannt, so u. a. in den Strafprozeßordnungen von Baden (Str.Pr.O von 1864, § 184) und von Württemberg (Str.Pr.O von 1866, Artikel 484 Abs. 2). Letztere bestimmte u. a., daß „einem *Verurteilten*, dessen Schuldlosigkeit an den Tag komme, der von ihm nicht verschuldete Schaden durch die Staatskasse zu ersetzen sei".

Aber auch diese Beispiele partikularer Gesetzgebung, die nur dem unschuldig Verurteilten, nicht aber dem unschuldig Verhafteten für etwaige Urteilsfolgen einen Entschädigungsanspruch zuerkannten, fanden in der Gesetzgebung der übrigen deutschen Staaten keine Nachahmung[2].

So war es insbesondere dem Deutschen Juristentag vorbehalten, die Diskussion über den Anspruch auf Entschädigung für unschuldig erlittene Haft weiter fortzuführen. Im Jahre 1876 wurde vom 13. Deutschen Juristentag mit großer Mehrheit folgende Entschließung verabschiedet:

„Im Falle der Freisprechung oder der Zurückstellung der Anklage ist für die erlittene Untersuchungshaft eine angemessene Entschädigung zu leisten, es sei denn, daß der Angeklagte durch sein Verschulden während des Verfahrens die Untersuchungshaft oder die Verlängerung derselben verursacht hat".

Diese Entschließung wirkte mit dazu bei, daß sich der Deutsche Reichstag im Jahre 1882 erstmals mit der Frage einer staatlichen Entschädigungspflicht für unschuldig erlittene Haft befaßte. Nach langen Beratungen und wiederholter Einbringung von Gesetzesinitiativen wurde schließlich am 20. Mai 1898 das Gesetz betreffend die Entschädigung für im Wiederaufnahmeverfahren freigesprochene Personen und am 14. Juli 1904 das Gesetz betreffend die Entschädigung für unschuldig erlittene Untersuchungs-

[1] Novum Corpus constitutiorum Prussico-Brandenburgensium, Berlin 1781, Band 6 Seite 19.

[2] Auch die Reichsstrafprozeßordnung vom 1. Februar 1877 brachte keine Regelung.

haft verkündet, wobei dem letzteren Gesetz im Rahmen dieser Abhandlung die entscheidende Bedeutung zukommt.

Durch das Gesetz betreffend die Entschädigung für unschuldig erlittene Untersuchungshaft wurde nämlich erstmals einem unschuldig Verhafteten ein gerichtlich verfolgbares Recht auf Entschädigung zugebilligt. In dieser grundsätzlichen Anerkennung eines Rechtsanspruchs gegenüber dem Staat auf Ersatz des durch die unschuldig erlittene Untersuchungshaft entstandenen Schadens lag die große Bedeutung des Gesetzes. Nach ihm konnte Entschädigung für unschuldig erlittene Untersuchungshaft unter folgenden Voraussetzungen aus der Staatskasse verlangt werden: Das Strafverfahren mußte mit einem Freispruch geendet haben oder der Angeklagte mußte durch Gerichtsbeschluß außer Verfolgung gesetzt worden sein; weiter mußte sich im Verfahren die Unschuld des Angeklagten ergeben haben, wobei jedoch das Gesetz (§ 1 Abs. 1) zugunsten des Beschuldigten von dessen Unschuld auch schon dann ausging, wenn ein begründeter Verdacht nicht mehr vorlag, d. h. wenn zwar der positive Unschuldsbeweis noch fehlte, andererseits aber die den Beschuldigten belastenden Indizien weitgehend entkräftet waren. Damit waren die Fälle eines zweifelhaften Beweisergebnisses in etwa in die Entschädigungsregelung mit einbezogen. Gleichwohl blieb die Regelung unbefriedigend, denn da weitaus überwiegend mangels Beweises freigesprochen, außer Verfolgung gesetzt oder eingestellt wurde, kam es selten zu positiven Entschädigungsregelungen. Die hierdurch bedingte mangelnde Effizienz des Gesetzes wurde im übrigen durch obligatorische und fakultative Gründe für die Ausschließung eines Entschädigungsanspruchs noch verstärkt.

Kraft Gesetzes ausgeschlossen war ein Anspruch auf Entschädigung immer dann (§ 2 Abs. 1 des Gesetzes), wenn der Beschuldigte die Verhaftung „vorsätzlich herbeigeführt“ oder „durch grobe Fahrlässigkeit“ verschuldet hatte. Neben diesen obligatorischen Ausschließungsgründen normierte das Gesetz in § 2 Abs. 2 darüber hinaus noch fakultative Gründe, die zur Ablehnung eines Entschädigungsanspruchs führen konnten. So konnte das Gericht einen Entschädigungsanspruch nach freiem Ermessen z. B. dann ablehnen, wenn die zur Untersuchung gezogene Tat des Verhafteten eine grobe Unredlichkeit oder Unsittlichkeit in sich geschlossen hatte oder in einem die freie Willensentschließung ausschließenden Trunkenheitszustand begangen worden war oder wenn sich aus den Tatumständen ergab, daß der Verhaftete die Verübung eines Verbrechens oder Vergehens vorbereitet hatte. Schließlich konnte eine Entschädigung auch dann versagt werden, wenn dem Verhafteten zur Zeit der Verhaftung die bürgerlichen Ehrenrechte aberkannt waren, er unter Polizeiaufsicht stand oder mit Zuchthaus bestraft worden war und seit Verbüßung der Strafe noch keine 3 Jahre vergangen waren.

Ersetzt wurde nach dem Gesetz von 1904 nur der für die unschuldig erlittene Untersuchungshaft verursachte Vermögensschaden. Ein Ersatz des immateriellen Schadens war nicht vorgesehen. Über die grundsätzliche Verpflichtung der Staatskasse zur Entschädigung entschied das erkennende Gericht gleichzeitig mit dem den Verhafteten freisprechenden Urteil durch Beschluß. Der Beschluß wurde allerdings nicht verkündet, sondern dem Betroffenen nach Rechtskraft des Urteils zugestellt. Der mit dem Beschluß festgestellte Entschädigungsanspruch war dann binnen 6 Monaten bei der Staatsanwaltschaft geltend zu machen; über den Anspruch selbst entschied die oberste Behörde der Landesjustizverwaltung, gegen deren Entscheidung die Berufung bei einer Zivilkammer des Landgerichts zulässig war.

Das Gesetz über die Entschädigung für unschuldig erlittene Untersuchungshaft vom 14. Juli 1904 bedeutete ebenso wie das in diesem Zusammenhang nicht so interessierende Gesetz betreffend die Entschädigung der im Wiederaufnahmeverfahren freigesprochenen Personen vom 20. Mai 1898 zu Beginn des 20. Jahrhunderts einen bedeutsamen Fortschritt. Es beruhte auf dem Gedanken, daß die Entschädigung für erlittene Strafverfolgung als Wiedergutmachung geschehenen Unrechts aus menschlichen Gründen geboten sei. Gleichwohl war es von Anfang an mit erheblichen Mängeln behaftet. Durch die sogenannte „Unschuldsklausel" konnte selbst derjenige, der nur mangels Beweises freigesprochen worden war, Entschädigung für erlittene Untersuchungshaft selbst dann nicht erhalten, wenn sich nach Rechtskraft des Urteils herausstellte, daß er unschuldig war. Als ebenso mißlich wurde empfunden, daß ein Entschädigungsanspruch nicht gegeben war, wenn das Verfahren nicht vom Gericht, sondern von der Staatsanwaltschaft eingestellt wurde. Beanstandet wurde schließlich auch, daß ein an sich gegebener Anspruch ausgeschlossen werden konnte, wenn der unschuldig Verhaftete vorbestraft war, unter Polizeiaufsicht stand oder ihm zur Zeit der Verhaftung die bürgerlichen Ehrenrechte aberkannt waren.

Obwohl Reich und Länder in der Folgezeit zur Ausführung des Gesetzes von 1904 Verwaltungsvorschriften erließen (vgl. AV vom 12. Juli 1935, DJ S. 1021), blieben die Regelungen in ihrer Gesamtheit unbefriedigend. Dies galt insbesondere für die Fälle der Einstellung des Verfahrens durch die Staatsanwaltschaft, wenngleich für diese Fälle die vorgenannte AV Entschädigungsansprüche nach Billigkeitserwägungen ohne Anerkennung eines gesetzlichen Rechtsanspruchs zuließ. Erwähnenswert erscheint in diesem Zusammenhang lediglich noch das Gesetz vom 24. November 1933 (Reichsgesetzblatt I, S. 1000), das eine Ausdehnung des Anwendungsbereichs der Entschädigungsgesetze von 1898 und 1904 auf die mit diesem Gesetz eingeführten Maßnahmen der Sicherung und Besserung gesetzlich normierte. Gleichzeitig wurde durch dieses Gesetz aber eine Begrenzung der Höhe von Entschädigungsansprüchen auf 75 000 Reichsmark Kapital oder 4 500 Reichsmark Jahresrente festgelegt.

II. Das geltende Recht

Sieht man von weiteren Einzelanpassungen der Entschädigungsgesetze an die Rechtsentwicklung im Strafrecht und Strafverfahrensrecht ab[3], so wurde die grundlegende Reform des Entschädigungsrechts für unschuldig erlittene Haft erst durch das Gesetz über die Entschädigung für Strafverfolgungsmaßnahmen (StrEG) vom 8. März 1971 (BGBl. I, S. 157) herbeigeführt. Welche Erwägungen für die Einbringung dieses Gesetzes maßgebend waren, läßt sich überzeugend der Begründung des Regierungsentwurfs (BT-Drucks. VI/460) entnehmen. Hier heißt es u. a.:

„Die Ursache (für die Reformerwägungen) liegt in der tiefgreifenden Veränderung der Stellung des Einzelnen im Verhältnis zur staatlichen Ordnung, die das Grundgesetz sowie Gesetzgebung und Rechtsprechung bewirkt haben. Im Strafverfahren haben die Konvention zum Schutze der Menschenrechte und Grundfreiheiten sowie das Gesetz zur Änderung der Strafprozeßordnung und des Gerichtsverfassungsgesetzes vom 19. Dezem-

[3] Vgl. u. a. § 467 Abs. 2 StPO i. d. F. des 3. Strafrechtsänderungsgesetzes vom 4. August 1953 (BGBl. I, S. 735), in dem festgelegt wurde, daß die notwendigen Auslagen des Angeklagten der Staatskasse aufzuerlegen waren, wenn das Verfahren seine Unschuld ergeben oder dargetan hatte, daß ein begründeter Verdacht nicht vorlag. S. ferner Artikel 85 Nr. 5 des 1. Strafrechtsreformgesetzes vom 25. Januar 1969 (BGBl. I, S. 645), durch das § 2 Abs. 3 des Gesetzes von 1904 (Versagung von Entschädigung bei Vorstrafe, bestehendem Ehrverlust, Polizeiaufsicht) gestrichen wurde.

ber 1964 (BGBl. I, S. 1067) die Rechtsstellung des Beschuldigten in bedeutsamer Weise gestärkt. Die künftige Reform des Strafverfahrensrechts wird weitere Folgen aus dem Rechtsstaatsprinzip ziehen, die in dieselbe Richtung gehen. Angesichts dieser Entwicklung bricht sich die Überzeugung Bahn, daß das geltende Recht die Spannung zwischen dem staatlichen Strafanspruch und der Unschuldsvermutung, zwischen den Belangen der Strafrechtsreform und den Grundrechten des Bürgers nicht mehr richtig wertet, wenn es den Ersatzanspruch von der Verdachtslage abhängig macht, die zur Zeit der Entscheidung besteht. Denn es ist nicht Sache des Beschuldigten, seine Unschuld zu beweisen, sondern ihm muß die Schuld nachgewiesen werden. Gelingt dies nicht, endet das Strafverfahren zu seinen Gunsten. Das bedeutet aber zugleich, daß der Angeklagte keinen Anspruch und oft auch keine Möglichkeit hat, das Verfahren bis zum Beweis seiner Unschuld fortzuführen. Dann aber ist es unbillig, wenn er trotz der für ihn streitenden und nicht widerlegten Unschuldsvermutung Strafverfolgungsmaßnahmen, die tief in sein Leben eingreifen können, entschädigungslos soll dulden müssen, wenn der Tatverdacht nicht ausgeräumt ist. *Hier hatte deshalb die Reform des Entschädigungsrechts anzusetzen*".

Das Gesetz über die Entschädigung für Strafverfolgungsmaßnahmen regelt umfassend mögliche Schadensersatzansprüche in Fällen ungerechtfertigter Strafverfolgung, so u. a. im Hinblick auf die Folgen einer rechtskräftigen Verurteilung, bei freiheitsentziehenden Maßnahmen schlechthin oder auch bei anderen Strafverfolgungsmaßnahmen, etwa dem vorläufigen Entzug einer Fahrerlaubnis. Es normiert die Haftung des Staates für rechtsmäßige Justizakte u. a. gegenüber demjenigen, der verurteilt oder in Untersuchungshaft genommen wurde, sofern sich die Strafverfolgung nachträglich als nicht gerechtfertigt herausgestellt hat.

Seiner Rechtsnatur nach ist der im StrEG normierte Entschädigungsanspruch ein Aufopferungsanspruch[4]. Damit ist eine deutliche Zäsur zu der in früheren Zeiten auch vielfach vertretenen Auffassung, die Festlegung einer staatlichen Entschädigungspflicht sei nur aus Billigkeitserwägungen gerechtfertigt, vorgenommen worden. Die Vertreter der Billigkeitstheorie hielten eine *rechtliche Verpflichtung* des Staates zur Entschädigung nicht für gegeben, eine Entschädigung wurde vielmehr allein aus der Erwägung eines allgemeinen Mitleides mit Personen, die infolge eines besonders bedauerlichen, falschen Anscheins zu Schaden gekommen waren, für begründet gehalten. Dabei wurde hervorgehoben, daß die Untersuchungshaft, die der Betroffene zwar nicht verschuldet habe, auch dem Staat Kosten verursacht habe, die im Falle der

[4] Vgl. *Schätzler*, a. a. O. (Literaturverzeichnis), S. 30 mit weiteren Literaturnachweisen.

Nichtverurteilung den Staat belasten würden. Gleichwohl sei es aber in einem Staatswesen mit reichlichen finanziellen Mitteln als ein soziales Bedürfnis anzusehen, daß der Staat dem unschuldig Verhafteten seine Nachteile ersetze, zumal er ihm und seiner Ehre zu nahe getreten sei und dafür eine Entschädigung billig erscheine.

Diese Billigkeitstheorie, die eine Entschädigungsverpflichtung des Staates sozusagen aus karitativen Erwägungen herleitete, ist heute — wie bereits betont — überholt. Nach allgemeiner Meinung besteht die staatliche Entschädigungsverpflichtung aus Gründen der Aufopferung. Die Entschädigungsverpflichtung des Staates beruht auf dem auch sonst geltenden Grundsatz, daß der Staat denjenigen, der Rechte oder Vorteile der Allgemeinheit aufopfern mußte, zu entschädigen hat. Das bedeutet für den Angeklagten, der *ungerechtfertigt* Opfer der Hoheitsgewalt des Staates geworden ist und seine Vermögens- und Freiheitsrechte staatlichen Strafverfolgungsinteressen und damit der Allgemeinheit aufzuopfern genötigt war, daß er einen im öffentlichen Recht verwurzelten Entschädigungsanspruch gegenüber dem Staat hat. Die Zuerkennung eines solchen Anspruchs wird darüberhinaus als ein zwingendes Gebot rechtsstaatlicher Fairness gegenüber dem zu Unrecht von Strafverfolgungsmaßnahmen betroffenen Staatsbürger anzusehen sein.

Die Regelungen des StrEG, auf die noch im einzelnen einzugehen sein wird, sind jedoch nicht die einzigen Anspruchsgrundlagen für eine Entschädigung für zu Unrecht erlittene Strafverfolgungsmaßnahmen.

Ist eine Strafverfolgungsmaßnahme von vorneherein rechtswidrig, also unter Verstoß gegen Bestimmungen der Strafprozeßordnung angeordnet worden, so kann der davon Betroffene einen Entschädigungsanspruch wegen Amtspflichtsverletzung geltend machen (§ 839 BGB i. V. m. Artikel 34 GG). Voraussetzung dieses Anspruchs ist allerdings, daß der Beamte oder Richter, der die rechtswidrige Anordnung getroffen hat, dadurch die ihm obliegende Amtspflicht schuldhaft, d. h. vorsätzlich oder fahrlässig verletzt hat. Der Entschädigungsanspruch richtet sich gegen den Staat, den die Verantwortlichkeit für die Verletzung von Amtspflichten seiner Organe gegenüber dem Einzelnen trifft. Solche Schadensersatzansprüche aus Amtshaftung können unabhängig von und neben Ansprüchen aus dem StrEG gegeben sein.

Eine weitere Anspruchsgrundlage für Schadensersatzansprüche für ungerechtfertigte Haft ergibt sich aus Artikel 5 Abs. 5 der Konvention zum Schutze der Menschenrechte und Grundfreiheiten. Dieser Ersatzanspruch setzt — ohne daß auf ihn in diesem Zusammenhang näher eingegangen werden kann — im Unterschied zum StrEG eine rechtswidrige Freiheitsentziehung voraus, verlangt aber im Gegensatz zum Anspruch aus Amtspflichtsverletzung kein Verschulden. Große praktische Bedeutung kommt ihm allerdings nicht zu, da er nicht die häufigen Fälle umfaßt, in denen die materielle Grundlage der Freiheitsentziehung nachträglich entfällt oder beseitigt wird.

Wichtigste und auch für die Praxis bedeutsamste Rechtsgrundlage für Entschädigungsansprüche für zu Unrecht erlittene Strafverfolgungsmaßnahmen ist nach allem das vorgenannte Gesetz über die Entschädigung für Strafverfolgungsmaßnahmen vom 8. März 1971, das am 11. April 1971 in der Bundesrepublik in Kraft trat.

Gegenüber dem bis dahin geltenden Recht hat dieses Gesetz vier entscheidende Neuerungen gebracht:

1. Nicht nur bei erwiesener Unschuld, sondern in allen Fällen unrechtmäßiger Strafverfolgung ist der Staat zur Entschädigung verpflichtet. Der Beschuldigte braucht seine Unschuld nicht zu beweisen. Wird er nach dem Grundsatz „in dubio pro reo" freigesprochen, weil seine Schuld nicht festgestellt worden ist, hat er den gleichen Entschädigungsanspruch wie bei einem Freispruch wegen erwiesener Unschuld. Das Gleiche gilt bei Einstellung des Verfahrens durch Gericht oder Staatsanwaltschaft.

2. Eine Entschädigung aus Billigkeitserwägungen ist möglich, sofern das Verfahren aufgrund einer *Ermessensentscheidung* von Staatsanwaltschaft oder Gericht eingestellt wurde sowie in Fällen von Verurteilungen, wenn das Ergebnis des Strafverfahrens in keinem angemessenen und tragbaren Verhältnis zu der insgesamt erlittenen Strafverfolgungsmaßnahme steht.

3. Eine weitere Neuerung ist die Abschaffung der bisherigen Höchstgrenze für den materiellen Schaden (75 000,— DM Kapitalentschädigung bzw. 4 500,— DM Jahresrente). Die Entscheidung des Gesetzgebers, diese Begrenzung fallen zu lassen, findet ihre Rechtfertigung darin, daß die Rechtsgemeinschaft voll dafür einstehen muß, wenn ein Bürger ohne Grund Freiheitsentziehung

oder andere einschneidende Maßnahmen erleiden mußte oder wenn sich gar ergibt, daß die Strafjustiz irrte.

4. Schließlich kann nach dem neuen Recht der Bürger, der unverschuldet in ein Strafverfahren hineingezogen worden ist, neben dem Ersatz seines Vermögensschadens im Falle einer Freiheitsentziehung auch den immateriellen Schaden ersetzt verlangen. Die Höhe des immateriellen Schadens ist nach Tagessätzen pauschaliert worden.

Von diesen Grundsätzen ausgehend, bestimmt zunächst § 1 StrEG, daß derjenige, der durch eine rechtskräftige strafgerichtliche Verurteilung einen Schaden erlitten hat, aus der Staatskasse zu entschädigen ist, wenn das Urteil zu seinen Gunsten in einem *späteren* Strafverfahren aufgehoben oder gemildert worden ist. Hauptanwendungsfall dieser Bestimmung ist die für den Angeklagten erfolgreiche Wiederaufnahme des Verfahrens. Führt das Wiederaufnahmeverfahren zu einem Freispruch des Angeklagten, so ist er nach § 1 StrEG zu entschädigen, gleichgültig, ob die Strafe bereits vollstreckt war oder nicht[5].

Diese Entschädigungsregelung für Urteilsfolgen wird ergänzt durch § 2 StrEG, dem im Rahmen dieser Abhandlung die entscheidende Bedeutung zukommt. § 2 regelt die Fälle der Entschädigung für *vorläufige* Strafverfolgungsmaßnahmen im Ermittlungs- und Strafverfahren[6]. Für das Recht des freigesprochenen Beschuldigten, für zu Unrecht erlittene Haft eine Entschädigung verlangen zu können, ist in § 2 StrEG folgendes bestimmt:

(1) Wer durch den Vollzug der Untersuchungshaft oder einer anderen Strafverfolgungsmaßnahme einen Schaden erlitten hat, wird aus der Staatskasse entschädigt, soweit er freigesprochen, außer Verfolgung gesetzt oder das Verfahren gegen ihn eingestellt wird.

(2) Andere Strafverfolgungsmaßnahmen sind

1. die einstweilige Unterbringung und die Unterbringung zur Beobachtung nach den Vorschriften der Strafprozeßordnung und des Jugendgerichtsgesetzes,

2. die vorläufige Festnahme nach § 127 Abs. 2 der Strafprozeßordnung,

3. Maßnahmen des Richters, der den Vollzug des Haftbefehls aussetzt (§ 116 der Strafprozeßordnung),

[5] Nur soweit immaterieller Schaden geltend gemacht wird, muß die Freiheitsstrafe oder die freiheitsentziehende Maßregel der Sicherung und Besserung vollstreckt worden sein.

[6] Im Wiederaufnahmeverfahren kann die Bestimmung dann an Bedeutung gewinnen, wenn z. B. im Wiederaufnahmeverfahren Untersuchungshaft verhängt worden ist.

4. die Sicherstellung, die Beschlagnahme und die Durchsuchung, soweit die Entschädigung nicht in anderen Gesetzen geregelt ist,

5. die vorläufige Entziehung der Fahrerlaubnis.

(3) Als Strafverfolgungsmaßnahme im Sinne dieser Vorschrift gelten die Auslieferungshaft, die vorläufige Auslieferungshaft, die Sicherstellung, die Beschlagnahme und die Durchsuchung, die im Ausland auf Ersuchen einer deutschen Behörde angeordnet worden sind.

Ein Beschuldigter kann danach Entschädigung verlangen, wenn die angeordnete und vollstreckte Untersuchungshaft durch die endgültige Entscheidung nicht gedeckt oder bestätigt worden ist. Aber auch andere freiheitsentziehende Maßnahmen sind entschädigungspflichtig, z. B. die einstweilige Unterbringung einer Person in einer Heil- und Pflegeanstalt, die Unterbringung zur Beobachtung (Vorbereitung eines Gutachtens über den Geisteszustand) und die vorläufige Festnahme nach § 127 Abs. 2 StPO. Welche Fälle damit umfaßt sind, kann hier nur kurz angedeutet werden.

Die einstweilige Unterbringung (§ 126 a StPO) wird angeordnet, wenn jemand eine mit Strafe bedrohte Handlung im Zustand der Zurechnungsunfähigkeit begangen haben soll und seine Unterbringung in einer Heil- und Pflegeanstalt zu erwarten ist.

In den Fällen der Unterbringung zur Beobachtung erfolgt die Unterbringung in den meisten Fällen entweder zur Vorbereitung eines Gutachtens über den Geisteszustand des Beschuldigten (§ 81 StPO) oder bei Jugendlichen und Heranwachsenden zur Vorbereitung eines Gutachtens über den Entwicklungsstand des Beschuldigten (§ 73 JGG).

Die vorläufige Festnahme nach § 127 Abs. 2 StPO betrifft die Fälle, in denen Polizei oder Staatanwaltschaft bei Gefahr im Verzug eine Person ohne richterlichen Haft- oder Unterbringungsbefehl vorläufig festgenommen haben, weil die Voraussetzungen zum Erlaß eines Haft- oder Unterbringungsbefehls als gegeben angesehen wurden.

Eine Entschädigungspflicht besteht schließlich auch bei Strafverfolgungsmaßnahmen, die von ausländischen Gerichten oder Behörden in Auslieferungs- und Rechtshilfeverfahren auf Ersuchen deutscher Gerichte und Behörden angeordnet worden sind. Zwar beruhen diese Maßnahmen auf der Ausübung fremder Gerichtsbarkeit; da das Ersuchen einer deutschen Behörde die Anordnung der Maßnahme jedoch erst auslöst, stellt das Gesetz diese Maßnahmen den Strafverfolgungsmaßnahmen inländischer Justizbehörden gleich, zumal die Wirkungen für den Beschuldigten dieselben sind.

Ein Anspruch auf Entschädigung für freiheitsentziehende Maßnahmen in den oben genannten Fällen setzt jedoch voraus, daß die Maßnahme nicht nur *angeordnet*, sondern auch *vollstreckt* worden ist[7].

Weitere förmliche Voraussetzung für die Geltendmachung des Entschädigungsanspruchs ist die Beendigung des Strafverfahrens durch eine dem Beschuldigten günstige Sachentscheidung. Der Beschuldigte muß freigesprochen, außer Verfolgung gesetzt oder das Verfahren gegen ihn muß eingestellt worden sein.

Soweit der Beschuldigte freigesprochen worden ist, ist es dabei unerheblich, ob der Freispruch aus tatsächlichen oder rechtlichen Gründen oder — nachdem das Gesetz eine solche Unterscheidung schon seit längerem nicht mehr für zulässig erachtet — mangels Beweises oder wegen erwiesener Unschuld erfolgt ist.

Außer Verfolgung gesetzt ist der Beschuldigte, wenn das Gericht ohne Hauptverhandlung eine Sachentscheidung getroffen hat, die den Beschuldigten von der Strafverfolgung wegen derselben Tat freistellt (§ 204 Abs. 1 StPO, „Ablehnung der Eröffnung des Hauptverfahrens").

Gleiches gilt auch für die Fälle der Einstellung des Verfahrens; auch hier muß die Anordnung der Einstellung zu einer endgültigen Beendigung des Verfahrens geführt haben. Eine derartige Sachentscheidung liegt z. B. nicht vor, wenn das Verfahren nur vorläufig eingestellt worden ist, etwa weil der Wohnsitz des Beklagten längere Zeit unbekannt war (§ 205 StPO).

Neben dieser Grundnorm des § 2 StrEG enthält das Gesetz über die Entschädigung für Strafverfolgungsmaßnahmen für mögliche Entschädigungsansprüche weitere ergänzende Vorschriften. So schränkt § 3 StrEG für die Fälle, in denen das Verfahren nach einer Vorschrift eingestellt wird, die dies nach dem Ermessen des Gerichts oder der Staatsanwaltschaft zuläßt (z. B. §§ 153, 153 a StPO, §§ 45, 47, 75 JGG), das Prinzip der obligatorischen Entschädigungsverpflichtung wieder ein.

[7] Anders in den Fällen des § 1 StrEG; hier brauchen die Urteilsfolgen, mit Ausnahme bei Entschädigungsansprüchen für immateriellen Schaden, noch nicht vollstreckt worden zu sein.

Der Vorschrift liegt der Gedanke zugrunde, daß in Fällen der fakultativen Einstellung eines Verfahrens dem Ermessen bei der Sachentscheidung ein Ermessensspielraum in der Entschädigungsfrage korrespondieren muß. Eine Entschädigung soll danach nur gewährt werden, soweit dies nach den Umständen des Falles der Billigkeit entspricht. Die konkrete Abwägung, ob es die Billigkeit im Einzelfall verlangt, einen Ersatzanspruch zu gewähren, ist dem Richter überlassen. Das Ermessen des Gerichts ist allerdings nicht frei, sondern in gewisser Hinsicht gebunden. So darf beispielsweise aus fiskalischen Gründen eine Entschädigung nicht abgelehnt werden. Die Entschädigung aufgrund von § 3 StrEG ist aber die Ausnahme. Es müssen besondere Billigkeitsgründe vorliegen, die eine solche Entschädigung rechtfertigen. Bei der Abwägung, ob eine Entschädigung zu gewähren ist, muß insbesondere das Verhältnis zwischen dem Schuldvorwurf, von dem bei der Einstellung des Verfahrens ausgegangen wird, und den Strafverfolgungsmaßnahmen, die der Beschuldigte erlitten hat, berücksichtigt werden. So wird eine Entschädigung zuzusprechen sein, wenn die Strafverfolgungsmaßnahme außer Verhältnis zum Schuldvorwurf steht und Ausschluß- oder Versagungsgründe nicht vorliegen.

Dem Entschädigungsanspruch aus Billigkeitsgründen bei Einstellung des Verfahrens nach dem Ermessen des Gerichts oder der Staatsanwaltschaft kommt in der Praxis allerdings nur eine geringe Bedeutung zu. Wird jemandem im vorbereitenden Verfahren die Freiheit entzogen, ist in aller Regel der Tatvorwurf so schwerwiegend, daß eine Einstellung des Verfahrens nach dem Ermessen des Gerichts oder der Staatsanwaltschaft nicht in Betracht kommen wird.

Erweitert wird der Entschädigungsanspruch dagegen durch § 4 StrEG. Danach kann für Strafverfolgungsmaßnahmen eine Entschädigung aus Billigkeitserwägungen auch dann gewährt werden, wenn das Gericht von Strafe abgesehen hat oder wenn die in der strafgerichtlichen Verurteilung angeordneten Rechtsfolgen geringer als die darauf gerichteten Strafverfolgungsmaßnahmen sind. In diesen Fällen endet das Verfahren zwar nicht mit einem Freispruch, aber doch — zumindest soweit von Strafe abgesehen wird — mit einer für den Angeklagten günstigen Sachentscheidung, wobei jedoch nicht verkannt werden darf, daß alle Fälle des Absehens von Strafe einen Schuldspruch voraussetzen und daher als Verurteilung gelten[8]. Auch in den Fällen des § 4 StrEG wird die Entscheidung über die Entschädigung in das Ermessen des Gerichts gestellt, das insbesondere Billigkeitserwägungen zu beachten hat.

Diese Entschädigungsmöglichkeiten für unschuldig erlittene Haft werden durch §§ 5 und 6 StrEG zumindest teilweise wieder eingeschränkt.

Nach § 5 Abs. 2 StrEG ist eine Entschädigung zwingend ausgeschlossen, wenn und soweit der Beschuldigte die Strafverfolgungsmaßnahme vorsätzlich oder grob fahrlässig verursacht hat. Dieser Regelung liegt der Gedanke zugrunde, daß derjenige, der durch sein eigenes Verschulden eine Strafverfolgungsmaßnahme ausgelöst hat, dafür nicht auch noch entschädigt werden soll. Was unter Vorsatz oder grober Fahrlässigkeit zu verstehen ist, entscheidet sich nach zivilrechtlichen Grundsätzen, da es hier nicht um strafrechtliche Schuld, sondern um die Zurechenbarkeit in schadensersatzrechtlicher Beziehung geht. Die §§ 276, 277 BGB sind sinngemäß anzuwenden. Vorsätzlich handelt danach derjenige, der die Strafverfolgungsmaßnahme als Folge seines Handelns oder Unterlassens (beide Möglichkeiten werden von dem Begriff „verursachen" umfaßt) voraussieht und diesen Erfolg in seinen Willen aufnimmt. Grobe Fahrlässigkeit wird dann zu bejahen sein, wenn der Beschuldigte die von ihm zu erwartende Sorgfaltspflicht grob verletzt hat, indem er es versäumte, naheliegende Überlegungen anzustellen oder aber das unbeachtet ließ, was im gegebenen Fall jedem einleuchten mußte[9].

Nicht unter den Ausschluß der Entschädigungspflicht fallen jedoch die Fälle, in denen sich der Beschuldigte darauf beschränkt hat, nicht zur Sache auszusagen oder — was in diesem Zusammenhang nur der Vollständigkeit halber erwähnt wird — *kein* Rechtsmittel einzulegen. Dem Beschuldigten soll kein Nachteil daraus erwachsen, daß er von dem Recht zur Aussageverweigerung, das ihm die Strafprozeßordnung ausdrücklich einräumt, Gebrauch macht. Seine Verteidigung im Strafverfahren soll nicht von der Rücksichtnahme auf die Entschädigungsfrage beeinflußt werden.

[8] Beispiele für die Möglichkeit des Gerichts, von Strafe abzusehen, sind die §§ 129, 139, 157, 316 a StGB oder unter bestimmten Voraussetzungen — ganz allgemein — § 16 StGB.

[9] Vgl. *Palandt*, a. a. O. (Literaturverzeichnis), Anm. 2 zu § 277 BGB.

Von Gesetzes wegen (§ 5 Abs. 3 StrEG) ist eine Entschädigung schließlich dann auszuschließen, wenn und soweit der Beschuldigte die Strafverfolgungsmaßnahme dadurch schuldhaft verursacht hat, daß er einer Ladung vor den Richter keine Folge geleistet oder bei Aussetzung des Vollzugs des Haftbefehls einer Auflage zuwidergehandelt hat.

Neben diese zwingenden Ausschließungsgründe des § 5 StrEG treten die fakultativen Versagungsgründe, bei denen das Gericht nach seinem Ermessen zu befinden hat. Danach kann die Entschädigung ganz oder teilweise versagt werden, wenn der Beschuldigte die Strafverfolgungsmaßnahme dadurch veranlaßt hat, daß er sich selbst in wesentlichen Punkten wahrheitswidrig oder im Widerspruch zu seinen späteren Erklärungen belastet oder wesentliche entlastende Umstände verschwiegen hat, obwohl er sich zur Beschuldigung geäußert hat (§ 6 Abs. 1 Nr. 1 StrEG). Die Entschädigung kann schließlich weiter dann ganz oder teilweise versagt werden, wenn der Beschuldigte wegen einer strafbaren Handlung nur deshalb nicht verurteilt oder das Verfahren gegen ihn eingestellt worden ist, weil er im Zustand der Zurechnungsunfähigkeit gehandelt hat oder weil ein Verfahrenshindernis bestand (§ 6 Abs. 1 Nr. 2 StrEG). Grund für diese Regelung ist die Überlegung, daß es vor allem im Hinblick auf den möglicherweise angerichteten Schaden ungerecht oder doch unangemessen sein kann, den zurechnungsunfähigen Beschuldigten, der der Tat überführt worden ist, aus der Staatskasse zu entschädigen. Auch soll derjenige grundsätzlich nicht entschädigt werden, dessen Verurteilung nur deshalb nicht erfolgte, weil ihr ein Verfahrenshindernis entgegenstand.

Über Umfang und Höhe des Entschädigungsanspruchs sind in § 7 StrEG Regelungen getroffen. Gegenstand der Entschädigung ist der durch die Strafverfolgungsmaßnahme verursachte Vermögensschaden. Der Begriff des Vermögensschadens bestimmt sich nach bürgerlichem Recht. Danach ist Vermögensschaden jede durch die Strafverfolgungsmaßnahme verursachte Verschlechterung der Vermögensverhältnisse des Beschuldigten, die sich in Geldwert ausdrücken läßt. Dazu gehören auch die Nachteile im beruflichen Leben, vor allem Lohn- oder Verdienstausfall und entgangener Gewinn, der nach dem gewöhnlichen Lauf der Dinge oder den besonderen Umständen des Einzelfalls zu erwarten gewesen wäre. Zum Vermögensschaden gehören grundsätzlich aber auch die Kosten der Verteidigung und die Gebühren des Rechtsanwalts für die Vertretung des Beschuldigten in dem Verfahren zur Geltendmachung des Vermögensschadens[10].

Allerdings wird nur der Vermögensschaden ersetzt, der durch die Strafverfolgungsmaßnahme verursacht worden ist. Für auf anderen Ursachen beruhende Schäden wird kein Ersatz geleistet. Den Umfang und die Höhe des Schadens hat der zu beweisen, der den Anspruch geltend macht. Dies ergibt sich aus den im Zivilrecht geltenden allgemeinen Grundsätzen. Nach oben ist der Anspruch auf Ersatz von Vermögensschaden unbegrenzt; nach unten jedoch nicht. Nach § 7 Abs. 2 StrEG muß der nachgewiesene Schaden mindestens 50,— DM betragen. Diese Grenze wurde eingeführt, um in den Bagatellfällen einen nicht vertretbaren Verwaltungsaufwand zu vermeiden. Die Entschädigung erfolgt normalerweise als einmalige Kapitalabfindung; die Zahlung einer Rente ist aber daneben ebenfalls zulässig.

Bei Freiheitsentziehungen kann auch der Schaden verlangt werden, der nicht Vermögensschaden ist (§ 7 StrEG). Dieser immaterielle Schaden kann aber nur dann geltend gemacht werden, wenn die freiheitsentziehende Maßnahme aufgrund einer *gerichtlichen* Entscheidung vollzogen wurde. Das bedeutet, daß in den Fällen der vorläufigen Festnahme nach § 127 StPO ein immaterieller Schaden nicht beansprucht werden kann.

Die Entschädigungspflicht auch für immateriellen Schaden wurde deshalb vom Gesetzgeber bejaht, weil es als ungerecht empfunden wurde, die Verletzung von Freiheitsrechten des Bürgers durch Strafverfolgungsmaßnahmen nicht zu entschädigen, während die Rechtsprechung bei schuldhafter Verletzung von Persönlichkeitsrechten schon immer einen Schadensersatzanspruch zuerkannte. Die Entschädigungshöhe bei immateriellem Schaden ist im Gesetz für jeden angefangenen Tag mit 10,— DM festgelegt. Diese Pauschalierung mag zwar in einzelnen Fällen dann unbefriedigend sein, wenn eine besondere Haftempfindlichkeit der betroffenen Person vorgelegen hat, sie hat aber andererseits zum Vorteil, daß über die Höhe des immateriellen Schadens, der kaum zahlenmäßig faßbar ist, kein Beweis erhoben werden muß.

[10] Soweit die Kostenvorschriften reichen, schließen sie als lex specialis Ansprüche nach dem StrEG aus. Erwähnenswert ist aber hier, daß z. B. bei der Einstellung des Verfahrens die Vorschriften des StrEG weitergehen als die Kostenvorschriften.

Die Entscheidung über die grundsätzliche Verpflichtung zur Entschädigung trifft das mit der Hauptsache befaßte Gericht in dem Urteil oder in dem Beschluß, mit dem das Strafverfahren abgeschlossen wird (§ 8 Abs. 1 Satz 1 StrEG). Jedoch entscheidet das Gericht nur dem Grunde nach; über die Frage, ob überhaupt ein zu ersetzender Schaden vorliegt, wird mit dieser Entscheidung im Gegensatz zum Grundsatzurteil im Zivilprozeß nichts ausgesagt. Das tatsächliche Vorliegen eines Schadens muß der Beschuldigte nachweisen. Die Entscheidung des Gerichts ergeht von Amts wegen. Ein Antrag ist nicht erforderlich. Da sie konstitutive Wirkung hat, ist es im Interesse der Rechtsklarheit erforderlich, daß sie inhaltlich genau bestimmt ist. Sie muß daher die Art und gegebenenfalls auch den Zeitraum bezeichnen, für den eine Entschädigung gewährt wird (§ 8 Abs. 2 StrEG). Die Entscheidung ist zu begründen. Als Rechtsmittel ist gegen die Entscheidung über die Entschädigungsverpflichtung die sofortige Beschwerde zulässig. Insoweit gelten die Regelungen der Strafprozeßordnung.

Hat die Staatsanwaltschaft das Verfahren eingestellt, so entscheidet über den Grund des Entschädigungsanspruchs das Amtsgericht am Sitz der Staatsanwaltschaft (§ 9 StrEG). An die Stelle des Amtsgerichts tritt, wenn die Staatsanwaltschaft das Verfahren eingestellt hat, nachdem sie die öffentliche Klage zurückgenommen oder nachdem sie dem Beschuldigten und seinem Verteidiger den Abschluß der Ermittlungen mitgeteilt hat, das Gericht, das für die Eröffnung des Hauptverfahrens zuständig gewesen wäre. Das Gleiche gilt, wenn der Generalbundesanwalt oder der Generalstaatsanwalt bei einem Oberlandesgericht das Verfahren in einer Strafsache eingestellt hat, für das das Oberlandesgericht im ersten Rechtszug zuständig gewesen wäre. Die Entscheidung ergeht hier im Gegensatz zu den Fällen des § 8 StrEG auf Antrag des Beschuldigten. Über sein Antragsrecht und die Frist zur Stellung des Antrags nach Zustellung der Mitteilung über die Einstellung des Verfahrens ist der Beschuldigte zu belehren.

Stellt das Gericht eine Entschädigungspflicht der Staatskasse rechtskräftig fest, so ist der Anspruch auf Entschädigung innerhalb von 6 Monaten bei der Staatsanwaltschaft geltend zu machen, die die Ermittlungen im ersten Rechtszug zuletzt geführt hat (§ 10 Abs. 1 Satz 1 StrEG). Wird der Antrag innerhalb dieser Frist schuldhaft nicht zugestellt, so ist der Anspruch ausgeschlossen; über den Antrag entscheidet die Landesjustizverwaltung (§ 10 Abs. 2 StrEG). Gegen die Entscheidung über die Höhe des

Entschädigungsanspruchs ist gemäß § 1 StrEG der Rechtsweg gegeben. Die Klage ist innerhalb von 3 Monaten nach Zustellung der Entscheidung zu erheben. Für die Ansprüche auf Entschädigung sind die Zivilkammern des Landgerichts ohne Rücksicht auf den Streitwert ausschließlich zuständig.

Damit kann der kurze Überblick über das Recht des freigesprochenen Beschuldigten auf Entschädigung für unschuldig erlittene Haft abgeschlossen werden. Wie bereits deutlich gemacht, hat der Gesetzgeber mit dem Gesetz über die Entschädigung für Strafverfolgungsmaßnahmen das gesamte Risiko des „non liquet" im Strafverfahren übernommen. Ob sich die Regelungen ausnahmslos bewähren werden, wird erst in einigen Jahren beurteilt werden können. Erste Kritik ist allerdings bereits jetzt wegen der relativ geringen Pauschale für den Ersatz immateriellen Schadens laut geworden. Diese Kritik sollte aber nicht überbewertet werden. Insgesamt wird gesagt werden können, daß das Gesetz über die Entschädigung für Strafverfolgungsmaßnahmen dem Gerechtigkeitsdenken unserer Zeit Rechnung trägt, indem es im weitesten Umfang für jede Art ungerechtfertigter Strafverfolgung in angemessener Weise eine Entschädigung für den Betroffenen vorsieht.

Abkürzungs- und Literaturverzeichnis

BGB — Bürgerliches Gesetzbuch

BGBl. — Bundesgesetzblatt

BT-Drucks. — Bundestagsdrucksache

Burlage, E. — Die Entschädigung der unschuldig Verhafteten und Bestraften. Kommentar zu d. Reichsgesetzen vom 14. 7. 1904 u. 20. 5. 1898. Berlin: Liebmann 1905.

DJ — Deutsche Justiz

GG — Grundgesetz

JGG — Jugendgerichtsgesetz

Kähler, O. — Die Entschädigung für Strafe und Untersuchungshaft. Nach d. Reichsgesetzen vom 20. 5. 1898 u. 14. 7. 1904. Halle: Buchhandl. d. Waisenhauses 1904.

Palandt, O. — Bürgerliches Gesetzbuch. Kommentar. 30., neubearb. Aufl. München: Beck 1971.

Peters, K. — Strafprozeß. Ein Lehrbuch. 2. Aufl. Karlsruhe: C. F. Müller 1966. (Nebst) Nachtrag: Peters: Der Strafprozeß. in der Fortentwicklung. 1970.

Pieper, H. — Die Entschädigungspflicht des Staates gegenüber unschuldig Verhafteten und Bestraften. Köln, Jur. Diss. vom 26. Februar 1934.

RGBl. — Reichsgesetzblatt

Schätzler, J.-G. — Gesetz über die Entschädigung für Strafverfolgungsmaßnahmen <StrEG>. Kommentar. Stuttgart (usw.): Kohlhammer 1972. (Kohlhammer Kommentare.)

StGB — Strafgesetzbuch

StPO — Strafprozeßordnung

StrEG — Gesetz über die Entschädigung für Strafverfolgungsmaßnahmen, 8. März 1971.

Résumé

L'idée que l'Etat pourrait avoir une obligation de dédommagement à l'égard de celui qui a été incarcéré ou puni sans faute a pris pour la première fois consistance au siècle des lumières. Elle était totalement inconnue aux anciens droits. L'exposé se propose de montrer, dans un rapide aperçu historique, le développement que l'idée de dédommagement pour une détention subie sans faute, a pris depuis le début, à l'époque des lumières. Dans l'aperçu historique, une importance particulière est accordée aux lois de l'Empire de 1898 concernant le dédommagement pour des personnes acquittées dans une procédure de révision et à la loi concernant le dédommagement pour la prison préventive subie sans faute, datant du 14 juillet 1904. La loi concernant le dédommagement pour la prison préventive subie sans faute accordait pour la première fois à une personne incarcérée sans faute un droit que l'on pouvait poursuivre en justice à un dédommagement. On indemnisait le dommage matériel subi du fait de la prison préventive sans faute; ce qui n'était pas indemnisé c'était le dommage immatériel. Cependant la loi signifiait un progrès considérable. Elle reposait sur l'idée que des motifs humains rendaient souhaitable le dédommagement pour une poursuite pénale subie comme réparation pour une injustice passée. Mais son défaut essentiel consistait en ceci: par ce qui était appelé la „clause d'innocence", celui qui n'avait été acquitté que par faute de preuve n'obtenait pas de dédommagement pour la prison préventive, même lorsque, après la force de chose jugée du jugement, il s'avérait qu'il était innocent.

C'est seulement la loi sur le dédommagement pour des mesures de poursuite pénale (Gesetz über die Entschädigung für Strafverfolgungsmaßnahmen — StrEG) du 8 mars (Bundesgesetzblatt 1971 I p. 157) qui a apporté une réforme fondamentale du droit de dédommagement pour une détention subie sans faute. Cette loi règle, de manière étendue, les droits à une indemnisation dans les cas de poursuite pénale injustifiée, ainsi, entre autres, à l'égard des conséquences d'un jugement ayant force de chose jugée, de façon générale pour des mesures privatives de liberté, ou aussi pour d'autres mesures d'ordre général, comme par exemple le retrait du permis de conduire. A ce propos, ce qui est particulièrement important, c'est le fait que le droit au dédommagement ne dépend pas de la preuve de l'innocence de l'inculpé. Si l'inculpé est acquitté d'après le principe *in dubio pro reo* parce que sa faute n'est pas prouvée, il a le même droit au dédommagement que lors d'un acquittement sur preuve de l'innocence. La même chose vaut pour la suspension de la procédure par le tribunal ou par le procureur. Une autre nouveauté importante, apportée par la loi, est la suppression de la limite supérieure pour l'indemnisation d'un dommage matériel, qui existait jusqu'à la mise en application de cette loi. En même temps, l'indemnisation du dommage immatériel est preuve dans la loi, même si ce n'est que sous forme limitée.

L'aperçu sur le droit au dédommagement pour une détention subie sans faute — si l'on excepte quelques remarques critiques — se conclut sur la constatation que la loi sur le dédommagement pour des mesures de poursuite pénale tient tout à fait compte de la pensée d'équité de notre époque en prévoyant pour chaque cas de poursuite pénale injustifiée un dédommagement convenable pour la personne lésée.

Resumen

La idea de que el Estado pudiera tener una obligación de reparación frente al detenido o condenado no culpable fue considerada seriamente por primera vez en la época de la Ilustración. Al antiguo derecho le resultaba totalmente extraña. En un breve repaso histórico se muestra en la ponencia el desarrollo que ha tomado la idea de la reparación por detención sufrida sin culpa, comenzando por la Ilustración. En el repaso histórico cobran una especial significación las leyes del „Reich" de 1898 relativas a la indemnización en favor de personas absueltas en procesos de revisión y la ley de 14 de julio de 1904 relativa a la indemnización por prisión preventiva sufrida sin culpa. En virtud de ésta última se concedió por primera vez a un detenido sin culpa un derecho perseguible a indemnización. Reparado resultaba el daño patrimonial ocasionado por una prisión preventiva sufrida sin culpa, pero no el daño inmaterial. Con todo, la ley suponía un notorio avance: descansaba éste en el pensamiento de que la indemnización por una persecución penal en cuanto reparación de una injusticia ocurrida se imponía por razones de humanitarismo. Su defecto esencial, sin embargo, residía en el hecho de que, en virtud de la llamada „claúsula de inculpabilidad", aquél que resultaba absuelto por falta de pruebas no obtenía indemnización por prisión preventiva sufrida sin culpa ni siquiera cuando después de la firmeza de la sentencia se ponía de manifiesto que no había sido culpable.

La reforma fundamental del derecho de reparación vino, pués, solo por la Ley sobre reparación por medidas de persecución penal de 8 de marzo de 1971 (Boletín Oficial, I pág. 157). Esta Ley regula de manera omnicomprensiva las posibles pretensiones de indemnización de daños en casos de persecusión penal injustificada, así, entre otros, en relación a las consecuencias de una condena firme, en medidas privativas de libertad por excelencia o también en otro tipo de medidas persecutorias penales, como la privación del permiso de conducir. En todos estos casos, reviste especial importancia la circunstancia de que la pretensión de indemnización no depende de si se ha demostrado o no la inocencia del inculpado. Si éste es absuelto en virtud del principio „in dubio pro reo" porque no haya podido establecerse su culpabilidad, le corresponde la misma pretensión de indemnización que en el caso de absolución por inculpabilidad demostrada. Lo mismo vale para supuestos de sobreseimiento del procedimiento por el tribunal o el ministerio fiscal. Otra innovación esencial que trajo la Ley es la abolición del tope máximo para la reparación del daño material, vigente hasta la entrada en vigor de la Ley. Simultáneamente, aunque también limitadamente, se dispuso la reparación del daño inmaterial.

La mirada de conjunto sobre el derecho a indemnización por una prisión sufrida sin culpa concluye — si se prescinde de algunas anotaciones críticas marginales — con la afirmación de que la Ley sobre reparación por medidas de persecución penal responde absolutamente a la idea de justicia de nuestra época, desde el momento en que para toda clase de persecución penal injustificada dispone una reparación en medida adecuada en favor de los afectados.

Die materielle Rechtskraft im Strafverfahren der Bundesrepublik Deutschland

Von Professor Dr. Gerald *Grünwald*, Bonn

Überblick

Im deutschen Strafprozeßrecht wird zwischen der formellen und der materiellen Rechtskraft des Urteils unterschieden. Ist ein Urteil nicht oder nicht mehr mit Rechtsmitteln anfechtbar[1], so wird diese Eigenschaft — anders ausgedrückt: die Endgültigkeit der Entscheidung innerhalb des Verfahrens — als „formelle Rechtskraft" bezeichnet. Mit der formellen Rechtskraft des Urteils ist das Verfahren abgeschlossen. Das Urteil wird, soweit nach seinem Inhalt eine Vollstreckung in Betracht kommt, vollstreckbar. Darüberhinaus treten Rechtsfolgen ein, die über das abgeschlossene Verfahren hinausreichen; sie werden als die „materielle Rechtskraft" bezeichnet.

Die wichtigste dieser Rechtsfolgen besteht darin, daß die Tat, auf die sich das rechtskräftige Urteil bezieht, grundsätzlich nicht zum Gegenstand eines weiteren Strafverfahrens gemacht werden darf[2]. Dieser Grundsatz, der mit den Schlagworten „ne bis in idem", „Sperrwirkung", „Wiederholungsverbot" oder „Verbrauch der Strafklage" gekennzeichnet wird, erleidet jedoch Einschränkungen. Unter bestimmten Voraussetzungen kann ein erneutes Verfahren über dieselbe Tat mit dem Ziele, eine für den Verurteilten günstigere Entscheidung herbeizuführen, durchgeführt werden[3]. Das Gesetz spricht dabei von der „Wiederaufnahme des Verfahrens", doch handelt es sich in der Sache um ein neues, von dem ersten unabhängiges Verfahren, für das die allgemeinen Verfahrensrechtssätze gelten, insbesondere auch der Satz „in dubio pro reo"[4]. Auch die Wiederaufnahme eines durch Freispruch oder Verurteilung abgeschlossenen Verfahrens zuungunsten des Ange-

[1] Zum Rechtsmittelsystem siehe unten IV. 2 und 3.

[2] Dazu siehe Abschnitt I.

[3] Dazu siehe Abschnitt II.

[4] Streitig ist, ob er auch für die gerichtliche Prüfung gilt, die der Anordnung der Wiederaufnahme vorgeschaltet ist. Siehe unten Fußn. 23.

klagten ist gesetzlich vorgesehen, jedoch nur in sehr eng umgrenzten Ausnahmefällen[5].

In der Literatur werden die materielle Rechtskraft und die Wiederaufnahme häufig als zwei getrennte Fragenkreise behandelt — zu Unrecht, denn man kann Bedeutung und Tragweite eines Grundsatzes nicht zutreffend erfassen, wenn man nicht zugleich seine Ausnahmen im Auge behält. Aus diesem Grunde bedarf auch das Bild, das üblicherweise von der Interessenabwägung gezeichnet wird, die der Regelung der materiellen Rechtskraft zugrundeliegt, der Korrektur[6].

Bei der Auslegung des Rechtssatzes, daß über dieselbe Tat (grundsätzlich) kein zweites Verfahren stattfinden darf, ist der Begriff der nämlichen Tat umstritten. Der Rechtsprechung, die seit jeher einen weiten Tatbegriff anwendet, steht eine Reihe von Kritikern in der Literatur gegenüber, die auf unterschiedlichen Wegen den Begriff einzuengen und damit den Umfang des „Strafklageverbrauchs" enger zu begrenzen suchen[7].

Streitig ist, wieweit das rechtskräftige Urteil als weitere Rechtsfolge eine Bindungswirkung auslöst: Es kann sich ergeben, daß die Entscheidung in einem späteren Verfahren davon abhängt, ob die Straftat, die Gegenstand des rechtskräftig abgeschlossenen Verfahrens war, begangen ist und wie sie rechtlich zu qualifizieren ist. Hat dann das Gericht — so lautet die Frage — die Beurteilung aus dem rechtskräftigen Urteil ungeprüft zu übernehmen oder ist es zur eigenen Prüfung berechtigt und verpflichtet? Zu den verschiedenen Konstellationen, in denen diese Frage auftritt, werden divergierende Auffassungen vertreten[8].

In Literatur und Rechtsprechung sind Versuche zu verzeichnen, die Rechtskraft über die gesetzlichen Ausnahmeregelungen hinaus einzuschränken. Es wird die Auffassung vertreten, daß Urteile, die mit bestimmten, als besonders gravierend angesehenen Mängeln behaftet sind, keinerlei Rechtswirkungen auslösen[9]. Des weiteren wird, vor allem von der Rechtsprechung, behauptet, daß dem Strafbefehl — das heißt der für leichtere Straftaten vorgesehenen, auf Antrag der Staatsanwaltschaft ohne Hauptver-

[5] Dazu siehe Abschnitt III.
[6] Dazu siehe Abschnitt IV.
[7] Dazu siehe Abschnitt V.
[8] Dazu siehe Abschnitt VI.
[9] Dazu siehe Abschnitt VII.

handlung ergehenden Straffestsetzung durch den Amtsrichter — nur eine begrenzte materielle Rechtskraft zukomme, obwohl die Bestimmungen der StPO keine Unterschiede gegenüber dem Urteil statuieren[10].

Die Fragen der materiellen Rechtskraft gehören — dies dürfte schon aus dem Überblick deutlich geworden sein — zu den am heftigsten umstrittenen Problemen des deutschen Strafprozeßrechts. Der Bericht über die Rechtslage kann deshalb nur zu einem Teil die Wiedergabe von Feststehendem sein, im übrigen hat er die Probleme, Meinungen und Lösungsmöglichkeiten darzustellen.

I. Der Grundsatz ne bis in idem

Der Grundsatz, daß über die rechtskräftig abgeurteilte Tat kein weiteres Verfahren durchgeführt werden darf, ist in der Strafprozeßordnung nicht positiv ausgesprochen. Er ist jedoch aus den Bestimmungen über die Wiederaufnahme (§§ 359—373 a[11]) abzuleiten, welche die von ihm bestehenden Ausnahmen festlegen. Er stellt ein von den Strafverfolgungsbehörden und Gerichten von Amts wegen zu beachtendes Verfahrenshindernis dar[12].

In Art. 103 III Grundgesetz ist er nunmehr — allerdings nur zu einem Teil seines Inhalts — ausdrücklich normiert und in den Rang eines Verfassungsrechtssatzes erhoben, mit der Folge, daß er jetzt auch den Gesetzgeber bindet, und daß gegen seine Verletzung das Bundesverfassungsgericht angerufen werden kann[13].

Art. 103 III GG lautet: „Niemand darf wegen derselben Tat auf Grund der allgemeinen Strafgesetze[14] mehrmals bestraft werden". Das durch diese Bestimmung festgelegte Verbot reicht, darüber besteht Einigkeit[15], weiter als ihr Wortlaut: Eine erneute

[10] Dazu siehe Abschnitt VIII.

[11] §§ ohne Gesetzesangabe sind solche der StPO.

[12] Einhellige Meinung. Vgl. *Eb. Schmidt*, Lehrkommentar, Teil I, 2. Aufl. 1964, Rdnr. 184, und *Schäfer* in: *Löwe-Rosenberg*, StPO Bd. I, 22. Aufl. 1971, Einl. Kap. 10. B.3.c.A (S. 99 f.) mit Nachweisen. — Zur Frage der Nichtigkeit von Urteilen, die den Grundsatz verletzen, siehe unten VII.

[13] Vgl. Art. 20 III, 93 I Nr. 4 a, 100 I GG.

[14] Art. 103 III GG verbietet nicht eine disziplinarische neben der strafrechtlichen Verfolgung. Doch kann es nach der Rechtsprechung des BVerfG bei der Entscheidung im zweiten Verfahren geboten sein, die im ersten verhängte Sanktion in Rechnung zu stellen. Siehe dazu BVerfGE 21, 378; 27, 180.

[15] Vgl. BGH 5, 323; *Henkel*, Strafverfahrensrecht, 2. Aufl. 1968, S. 386; *Kern-Roxin*, Strafverfahrensrecht, 11. Aufl. 1972, S. 248; *Peters*, Straf-

Aburteilung ist nach Art. 103 III GG nicht erst nach vollzogener Bestrafung unzulässig, sondern schon nach einer Verurteilung; darüberhinaus ist auch die Verurteilung nach einem vorherigen Freispruch ausgeschlossen; weiter steht Art. 103 III GG nicht nur einer Bestrafung entgegen, sondern ebenso der Verhängung einer Maßregel oder einer sonstigen strafrechtlichen Rechtsfolge[16]; und schließlich ist schon die Einleitung eines weiteren Verfahrens unzulässig.

Zumeist wird gesagt, daß der Grundsatz ne bis in idem in seinem vollen Umfang in Art. 103 III GG Verfassungsrang erhalten habe[17]. Das ist insoweit zutreffend, als dieser Grundsatz dem Schutz des Abgeurteilten (Verurteilten oder Freigesprochenen) dient. Der Satz ne bis in idem besagt jedoch auch, daß ein neues Verfahren mit dem Ziel der Freisprechung oder milderen Bestrafung des rechtskräftig Verurteilten (grundsätzlich) nicht stattfindet, und *dieser* Teil des Satzes ist nicht Bestandteil der Verfassung. Der Gesetzgeber wäre durch Art. 103 III GG nicht gehindert, die Wiederaufnahme zugunsten des Verurteilten beliebig zu erweitern[18].

Durch die Verfassung verboten ist es somit, eine rechtskräftig abgeurteilte Tat zum Nachteil des Angeklagten zum Gegenstand eines weiteren Verfahrens zu machen. Ausnahmen von diesem Verbot nennt Art. 103 III GG nicht, und er enthält auch keinen Gesetzesvorbehalt, der die Festlegung von Ausnahmen zuließe. Die in der StPO vorgesehenen Wiederaufnahmegründe zuungunsten des Angeklagten bedürfen deshalb der Legitimation vor der Verfassung. Darauf wird nach ihrer Darstellung zurückzukommen sein.

prozeß, 2. Aufl. 1966, S. 435; *Eb. Schmidt,* wie Fußn. 12; *Kleinknecht,* StPO, 30. Aufl. 1971, Einl. 8.B.c.; *Schäfer* in: Löwe-Rosenberg, wie Fußn. 12; *Sax* in: *Müller-Sax* (KMR), 6. Aufl. 1966, Einl. 14. B.I.a; *Maunz-Dürig,* Grundgesetz, Art. 103 Rdnr. 126, 127 *(Dürig).*

[16] Eine Durchbrechung des Satzes ne bis in idem enthielt das GewohnheitsverbrecherG vom 24. 11. 1933 (RGBl. I, 995) in Art. 5. Danach konnte die Sicherungsverwahrung nachträglich wegen rechtskräftig abgeurteilter Taten angeordnet werden.

[17] Vgl. insb. *Kern-Roxin, Eb. Schmidt, Schäfer* und *Sax,* a. a. O. (Anm. 15).

[18] Auch ihre Einschränkung würde Art. 103 III GG nicht verletzen, könnte jedoch gegen das Rechtsstaatsprinzip verstoßen.

II. Die gesetzlichen Einschränkungen des Grundsatzes zugunsten des Verurteilten

1. Unter den Umständen, die nach der StPO die Wiederaufnahme des Verfahrens zugunsten des Verurteilten begründen, ist der wichtigste die Beibringung neuer Tatsachen oder Beweismittel, die geeignet sind, eine andere als die ergangene Entscheidung zu begründen (sofern es nicht nur um die Verhängung einer milderen Strafe auf Grund desselben Strafgesetzes oder um eine Strafmilderung wegen verminderter Zurechnungsfähigkeit geht)[19]. „Neu" sind dabei Tatsachen oder Beweismittel, die nicht in die Hauptverhandlung eingeführt worden sind. Es ist nicht Voraussetzung, daß der Angeklagte sie im ersten Verfahren nicht kannte oder nicht geltend machen konnte[20]. Selbst solche Tatsachen oder Beweismittel sind „neu", deren Vorhandensein sich aus den Gerichtsakten ergab, die jedoch in der Hauptverhandlung nicht ausgewertet wurden[21].

Die Existenz dieses Wiederaufnahmegrundes bedeutet eine beträchtliche Relativierung der Endgültigkeit des rechtskräftigen Urteils. Eine Verurteilung kann jederzeit[22] zu Fall gebracht werden, wenn sich ergibt, daß das ihr zugrundeliegende Tatsachen- und Beweismaterial in einer dem Angeklagten nachteiligen Weise unvollständig war. Dabei genügt es, wenn sich die Unvollständigkeit *möglicherweise* auf das Urteil ausgewirkt hat — wenn, mit anderen Worten, die neuen Tatsachen oder Beweismittel Zweifel an der Richtigkeit der Entscheidung begründen[23].

[19] §§ 359 Nr. 5, 363. Der Gesetzeswortlaut verlangt die Eignung der res novae, die Freisprechung oder eine Milderung der Rechtsfolgen zu begründen, doch ist anerkannt, daß die Verfahrenseinstellung der Freisprechung insoweit gleichsteht. Vgl. *Eb. Schmidt*, Lehrkommentar, Teil II, 1957, § 359 Rdnr. 30; *Kleinknecht*, § 359 Anm. 6. B. a; *Kohlhaas* in: *Löwe-Rosenberg*, Bd. II, 22. Aufl. 1973, § 359 Anm. 16; *Sax* in: KMR, § 359 Anm. 7. g (I). Einschränkend *Peters*, S. 590.

[20] Anders die StPO in der vor dem VereinheitlichungsG vom 12. 9. 1950 geltenden Fassung für die Verfahren, in denen zwei Tatsacheninstanzen offenstehen (§ 359 Nr. 5 S. 2 a. F.).

[21] Vgl. *Henkel*, S. 395; *Peters*, S. 589; *Kleinknecht*, § 359 Anm. 6. A; *Kohlhaas* in: *Löwe-Rosenberg*, § 359 Anm. 18. a; *Sax* in: KMR, § 359 Anm. 7. a.

[22] Die Wiederaufnahme ist ohne zeitliche Begrenzung, auch nach der Vollstreckung der Strafe und nach dem Tod des Verurteilten zulässig.

[23] Vgl. *Schünemann*, ZStW 84 (1972), S. 870 (904), und *Kern-Roxin*, S. 287. Beide meinen freilich mit dieser Auffassung von der ganz herrschenden

Mit der Rechtskraft abgeschnitten sind nur solche Angriffe auf die Verurteilung (zugunsten des Verurteilten), die sich gegen die Würdigung der erhobenen Beweise oder gegen die Rechtsanwendung richten.

2. Die weiteren Wiederaufnahmegründe zugunsten des Verurteilten überschneiden sich in ihrem Anwendungsbereich teilweise mit dem der res novae: Eine Wiederaufnahme ist zulässig, wenn ein Beweisergebnis aus einer Straftat resultiert — eine zuungunsten des Angeklagten vorgebrachte Urkunde war unecht oder verfälscht, ein Zeuge oder Sachverständiger hat zu seinen Ungunsten vorsätzlich oder fahrlässig unter Eid oder vorsätzlich uneidlich falsch ausgesagt —, sofern wegen dieser Straftat eine rechtskräftige Verurteilung ergangen ist oder ein Strafverfahren aus anderen Gründen als wegen Mangels an Beweisen nicht statt-

Meinung abzuweichen. In der Tat wird überwiegend behauptet, daß bei der Prüfung der Zulässigkeit des Wiederaufnahmeantrags nach §§ 367, 368 (bei der die „Geeignetheit" der res nova, eine günstigere Entscheidung zu begründen, beurteilt wird) und bei der seiner Begründetheit nach §§ 369, 370 (welche zusätzlich davon abhängt, daß die aufgestellte Behauptung „genügende Bestätigung" findet) der Satz in dubio pro reo nicht anwendbar sei (sondern erst in der neuen Hauptverhandlung); siehe die Nachweise bei *Schünemann*, S. 874. Doch meint nur ein Teil derjenigen, die diese Behauptung aufstellen, daß die Anwendung des Grundsatzes *abzulehnen* sei und daß „im Zweifel für die Rechtskraft" zu entscheiden sei (so *Kleinknecht*, § 370 Anm. 1) oder daß immerhin eine günstigere Entscheidung zu erwarten oder wahrscheinlich sein müsse (so *Eb. Schmidt*, § 359 Rdnr. 25 sowie Rdnr. 27 gemäß Nachtragsband I, § 370 Rdnr. 6). Andere hingegen meinen, die Entscheidungen im Vorschaltverfahren seien von solcher Struktur, daß sie überhaupt nicht Regelungsgegenstand eines Rechtssatzes sein könnten, der die Sachverhaltsfeststellung betreffe. So erklärt es sich, daß *Peters* (S. 595) und *Kern-Roxin* (10. Aufl., S. 270) „trotz" dieser Aussage erklären, es genüge für die Wiederaufnahme die *Möglichkeit* eines Zusammenhangs zwischen res nova und Urteil. Siehe auch *Fuchs*, JuS 1969, S. 516 ff.

Richtig ist m. E. folgendes: Die „Geeignetheit" ist zu bejahen, wenn die Möglichkeit einer günstigeren Entscheidung besteht, und dies ist auch als Anwendung des Satzes in dubio pro reo zu begreifen. Auch für die Beurteilung der Begründetheit gilt dieser Satz — doch ist zu berücksichtigen, daß er *nicht* besagt, daß bei Zweifeln darüber, ob eine *Indiztatsache* vorliegt, von ihrem Vorliegen auszugehen wäre (s. dazu *Grünwald* in: Festschrift für Honig, 1970, S. 53 [64 f.]).

Siehe auch die vom Strafrechtsausschuß der Bundesrechtsanwaltskammer vorgelegte Denkschrift zur Reform des Rechtsmittelrechts und der Wiederaufnahme des Verfahrens im Strafprozeß, 1971, in der eine eindeutige Fassung des Gesetzes im Sinne der hier vertretenen Auffassung vorgeschlagen wird (Leitsätze 42, 55).

finden kann[24]. Hier kann es so liegen, daß nach dem ersten Verfahren neue Tatsachen oder Beweismittel hervorgetreten sind, aus denen sich die Unechtheit der Urkunde oder die Unrichtigkeit der Aussage ergibt; dann handelt es sich zugleich um einen Fall der res novae. Andererseits ist die Wiederaufnahme aber auch dann möglich, wenn bei gleichbleibender Beweislage auf Grund einer abweichenden Beweiswürdigung ein Gericht eine Urkundenfälschung oder ein Aussagedelikt als gegeben ansieht.

3. Ganz ähnlich verhält es sich mit dem weiteren Wiederaufnahmegrund, daß ein zivilgerichtliches Urteil, auf welches das Strafurteil gegründet ist, durch ein anderes rechtskräftig gewordenes Urteil aufgehoben worden ist[25]. Die Abweichung des neuen zivilgerichtlichen Urteils von dem früheren — und damit von der Beurteilung der zivilrechtlichen Frage im ersten strafgerichtlichen Urteil — kann auf dem Auftreten neuer Tatsachen oder Beweismittel, aber auch auf einer abweichenden Beweiswürdigung oder auf einer anderen Auslegung des Zivilrechts beruhen. Zum Verständnis dieser Bestimmung muß darauf hingewiesen werden, daß ein Strafgericht auch zivilrechtliche Fragen selbständig, ohne Bindung an ein vorhergehendes zivilgerichtliches Urteil (von rechtsgestaltenden Urteilen abgesehen), zu beurteilen hat[26]. Doch ist es einleuchtend, daß nach dem Wegfall eines zivilgerichtlichen Urteils, dem sich das Strafgericht angeschlossen hatte, auch dessen Entscheidung überprüft werden muß.

4. Schließlich ist die Wiederaufnahme für den Fall vorgesehen, daß sich ein bei der Urteilsfindung mitwirkender Richter (auch Laienrichter) in Beziehung auf die Sache einer strafbaren Amtspflichtverletzung — insbesondere einer Rechtsbeugung oder Bestechung — schuldig gemacht hat; wiederum ist Voraussetzung eine rechtskräftige Verurteilung des Richters oder die Unmöglichkeit einer Strafverfolgung aus anderen Gründen als wegen Mangels an Beweisen[27]. Die Erschütterung der Überzeugungskraft der Verurteilung, die beim Vorliegen dieses Wiederaufnahmegrun-

[24] §§ 359 Nr. 1 und 2, 364.

[25] § 359 Nr. 4.

[26] Vgl. § 262. Siehe dazu *Henkel*, S. 350; *Eb. Schmidt*, § 262 Rdnr. 20, 21; *Kleinknecht*, § 262 Anm. 3; *Gollwitzer* in: *Löwe-Rosenberg*, § 262 Anm. 1, 2; *Sax* in: KMR, § 262 Anm. 1 und 3. Siehe jedoch auch *Schönke-Schröder*, StGB, 16. Aufl. 1972, § 170 b Rdnr. 4—9 a, zu den besonderen Problemen beim Tatbestand der Verletzung der Unterhaltspflicht.

[27] §§ 359 Nr. 3, 364.

des eintritt, kann sich sowohl auf den Bereich der Auswertung von Tatsachen oder Beweismitteln wie auf den der Beweiswürdigung wie auch auf den der Anwendung des Strafgesetzes beziehen.

5. Die Beseitigung einer Verurteilung wegen Fehlerhaftigkeit des angewendeten Rechts ist für einen Ausnahmefall außerhalb der StPO geregelt: Nach § 79 I BVerfGG ist die Wiederaufnahme gegen ein Urteil dann zulässig, wenn es auf einer Norm beruht, die vom Bundesverfassungsgericht für verfassungswidrig oder für nichtig erklärt worden ist, oder auf einer für verfassungswidrig erklärten Auslegung einer Norm[28] [29].

6. Zu erwähnen sind einige weitere Durchbrechungen der Rechtskraft, die jedoch im Gegensatz zu den Wiederaufnahmegründen nicht jederzeit, sondern nur als Folge von befristeten Rechtsbehelfen eintreten können:

— Hat einer von mehreren Mitangeklagten gegen ein Urteil Revision eingelegt und wird dieses daraufhin wegen fehlerhafter Anwendung des materiellen Strafrechts aufgehoben, so ist diese Aufhebung auf die von dem Fehler betroffenen Mitverurteilten zu erstrecken[30].

— Derjenige, der infolge unabwendbarer Zufälle eine Rechtsmittelfrist versäumt hat, erhält auf Antrag Wiedereinsetzung in den vorigen Stand[31].

— Wird gegen ein Urteil Verfassungsbeschwerde wegen Verletzung eines Grundrechtes erhoben und gibt das BVerfG dieser statt, so hebt es das Urteil auf[32].

[28] Nach *Kohlhaas* in: *Löwe-Rosenberg*, Vorb. 6. d vor § 359; *Eb. Schmidt*, Vorb. 9 vor § 359 (siehe auch Nachtragsband I, 1967) und *Sax* in: KMR, Vorb. 7. b vor § 359, soll auch die Wiederaufnahme zuungunsten des Abgeurteilten zulässig sein. Dagegen wie hier *Henkel*, S. 395; *Kern-Roxin*, S. 285; *Kleinknecht*, § 359 Anm. 7; ferner die bei *Sax* Genannten. Zu dem wohl nur noch historisch interessanten Fall einer „neutralen" Wiederaufnahme — Ersetzung einer nichtigen Norm durch eine inhaltsgleiche gültige — siehe BVerfGE 15, 303 (307 f.).

[29] Erhebliche praktische Bedeutung hat dieser Wiederaufnahmegrund erlangt, als das BVerfG (E 12, 296) 1961 eine Bestimmung für nichtig erklärte, nach der die Funktionäre einer verfassungswidrigen Partei wegen ihrer Tätigkeit *vor* der Verfassungswidrigkeitserklärung strafbar sein sollten, verfolgbar allerdings erst nach dieser (§ 90 a i. d. F. des Gesetzes v. 30. 8. 51, BGBl. I, 739).

[30] § 357.

[31] § 44.

[32] § 95 II BVerfGG.

III. Die gesetzlichen Einschränkungen des Grundsatzes zuungunsten des Abgeurteilten

1. Gegen die Einleitung eines neuen Verfahrens zu seinem Nachteil ist der Freigesprochene oder Verurteilte nach Rechtskraft auch dann geschützt, wenn neue Tatsachen oder Beweismittel auftreten. Eine gegenteilige Regelung wurde 1943 eingeführt — damals wurden die Wiederaufnahmegründe zugunsten und zuungunsten des Abgeurteilten gleichgeschaltet —[33], nach dem Ende des nationalsozialistischen Staates aber alsbald wieder beseitigt[34].

2. Nur scheinbar besteht eine Ausnahme insofern, als eine Wiederaufnahme zulässig ist, wenn der Freigesprochene ein glaubwürdiges Geständnis ablegt[35]. Nur scheinbar deshalb, weil dieser Regelung eine andere Erwägung zugrundeliegt als der Wiederaufnahme wegen res novae: Nicht die Zweifel an der Richtigkeit der Entscheidung sind es, die die Wiederaufnahme begründen — diese können durch andere Tatsachen oder Beweismittel in gleichstarkem Maße ausgelöst werden, so daß die Sonderstellung des Geständnisses unverständlich wäre —, vielmehr soll durch das Vorhandensein dieser Bestimmung der Möglichkeit vorgebeugt werden, daß sich jemand unter dem Schutze der Rechtskraft offen zu einem Verbrechen bekennt, und es soll, wenn ein solches Bekenntnis vorliegt, der damit eingetretenen Erschütterung des Rechtsbewußtseins entgegengewirkt werden.

3. In ähnlicher Weise zu deuten sind auch diejenigen Wiederaufnahmegründe zuungunsten des Angeklagten, die denen der Wiederaufnahme zu seinen Gunsten entsprechen: Die Aufdeckung einer zu seinen Gunsten begangenen Fälschung oder Verfälschung einer Urkunde oder eines Aussagedelikts sowie der Begehung eines Amtsdelikts durch einen Richter[36]. Auch zur Erklärung dieser Regelung würde der Gesichtspunkt nicht ausreichen, daß mit der Aufdeckung einer solchen Straftat die Möglichkeit der Unrichtigkeit des Urteils dargetan ist — diese kann durch andere Umstände ebenso manifest werden — während eine ratio unmittelbar

[33] VO vom 29. 5. 1943 (RGBl. I, 342, 345).

[34] Siehe dazu *Dalcke-Fuhrmann-Schäfer*, Strafrecht und Strafverfahren, 35. Aufl. 1950, S. 879 ff., und das VereinheitlichungsG v. 12. 9. 1950 (BGBl. I, 455, 496 f.).

[35] § 362 Nr. 4.

[36] § 362 Nr. 1—3. Wiederum ist Voraussetzung die rechtskräftige Verurteilung wegen der Straftat oder die Undurchführbarkeit eines Verfahrens aus anderen Gründen als wegen Mangels an Beweisen, § 364.

einleuchten dürfte: Der Erfolg einer solchen Straftat soll auch nach Rechtskraft noch zunichte gemacht werden können.

4. Da die Bestimmungen über die Wiederaufnahme zuungunsten des Angeklagten das Verbot der wiederholten Aburteilung einschränken, Art. 103 III GG jedoch seinem Wortlaut nach keine Einschränkungen vorsieht, ist zu fragen, ob sie vor der Verfassung Bestand haben. Diese Frage ist bisher kaum erörtert worden[37], wohl aber das allgemeinere Problem, ob Art. 103 III GG überhaupt Durchbrechungen der Rechtskraft zuläßt[38]. Das BVerfG vertritt die Auffassung, daß der Satz ne bis in idem nur in seinem traditionellen Gehalt, und das heißt auch mit seinen traditionellen Schranken durch die Verfassung abgesichert sei[39]. Dieser Standpunkt wird von *Dürig*[40] angegriffen, der jedoch ebenfalls Ausnahmen vom Wiederholungsverbot als mit der Verfassung vereinbar ansieht, und zwar dann, wenn sie auf eng und eindeutig durch Gesetz umschriebene Fälle begrenzt werden, in denen die Respektierung der Rechtskraft unerträglich wäre. Im Ergebnis wird die Verfassungsmäßigkeit der gegenwärtigen Regelung der Wiederaufnahmegründe von niemandem in Frage gestellt.

Anzumerken ist, daß andererseits die Wiedereinführung der Wiederaufnahme zuungunsten des Angeklagten wegen neuer Tatsachen oder Beweismittel ebenso eindeutig durch die Verfassung ausgeschlossen ist[41]. Denn der Tradition der StPO ist sie fremd, und das bedeutet zugleich, daß eine Behauptung, ihr Fehlen sei unerträglich, von einem rechtsstaatlichen Standpunkt aus nicht zu begründen ist.

IV. Die Problematik des Satzes ne bis in idem

1. In den Reflexionen über die Rechtskraftregelung liest man allenthalben, daß die Rechtskraftregelung das Resultat einer Wertabwägung zwischen materieller Gerechtigkeit einerseits und Rechtssicherheit andererseits sei. Um des Rechtsfriedens willen müsse die Befassung mit einer Tat einmal ein Ende haben, selbst

[37] Siehe jedoch *Dürig* in: *Maunz-Dürig*, Art. 103 Rdnr. 132, und BGH 5, 323 (328).

[38] Insb. im Hinblick auf die Frage der Rechtskraft des Strafbefehls. Siehe dazu Abschnitt VIII 3. c.

[39] BVerfG 3, 248 (252). Ebenso schon zuvor BGH 3, 13 (16).

[40] A. a. O., Rdnr. 131, 132.

[41] Sie ist von *Peters*, S. 588 f., und *Henkel*, S. 395 Fußn. 5, für eklatante Fälle zur Diskussion gestellt worden.

wenn das Urteil unrichtig ist[42]. Zu diesen Aussagen sollen einige kritische Bemerkungen vorgetragen werden; dies ist schon deshalb angebracht, weil sie auf einer Betrachtungsweise beruhen, die Ursache für verfehlte Auffassungen im Bereich der noch zu erörternden Fragenkomplexe ist.

Der Fehler dieser Betrachtungsweise liegt darin, daß bei der Frage, was die materielle Gerechtigkeit erfordert, das (historisch) Wahre und das (rechtlich) Richtige als bekannt postuliert werden und von da aus angenommen wird, daß die materielle Gerechtigkeit die erneute Überprüfung ad infinitum bis zur Aufdeckung des Wahren und Richtigen verlangen würde, so daß das Abschneiden der Überprüfung nur durch das Überwiegen eines anderen Gesichtspunktes, eben der Rechtssicherheit, erklärt werden könne.

In Wahrheit dient der materiellen Gerechtigkeit eine Überprüfung natürlich nur dann, wenn Bedingungen gegeben sind, die ein richtigeres Ergebnis erwarten lassen. Problematisch ist die Rechtskraft deshalb nur insoweit, als sie eine Überprüfung trotz Vorliegens solcher Bedingungen ausschließt. Wieweit sie das tut, läßt sich nur beurteilen, wenn man die möglichen Fehlerkategorien unterscheidet, nach den den Angeklagten begünstigenden und ihn benachteiligenden Fehlern differenziert und zudem das Rechtsmittelsystem des deutschen Strafprozeßrechts in die Betrachtung einbezieht.

2. Fragt man zunächst, ob und gegebenenfalls wann die erneute Befassung mit einer Tat zu einer richtigeren Anwendung des Rechts (auf die gleichbleibenden Tatsachenfeststellungen) führen würde, so ist zu sagen: Es gibt keine Kriterien, die die Erwartung begründen würden, daß ein Gericht zu einer besseren Rechtsauffassung gelangen würde als ein anderes (abgesehen von dem Fall der Rechtsbeugung, und für diesen ist die Durchbrechung der Rechtskraft vorgesehen). Allerdings geht unsere Rechtsordnung davon aus — nicht im Sinne einer empirisch begründeten Regel, sondern einer normativen Festsetzung —, daß die Rechtsauffassung der Revisionsgerichte[43] der der Tatsachengerichte vor-

[42] Vgl. *Henkel*, S. 383 f.; *Eb. Schmidt*, Teil I, Rdnr. 283; *Beling*, Deutsches Reichsstrafprozeßrecht, 1928, S. 268 f.; *Niese*, Doppelfunktionelle Prozeßhandlungen, 1950, S. 111; *Schmidhäuser* in Festschrift für Eb. Schmidt, 1961 (2. Aufl. 1971), S. 511; *Stock* in Festschrift für Mezger, 1954, S. 429 (447 ff.).

[43] Bundesgerichtshof und Oberlandesgerichte; vgl. §§ 135, 121 GVG.

gehe, ihr — wenn man so will — „überlegen“ sei. Da nach der StPO der Angeklagte und die Staatsanwaltschaft gegen jede Entscheidung eines Tatsachengerichts ein Revisionsgericht mit dem Begehren um Überprüfung der Rechtsanwendung anrufen können[44] (und der Angeklagte bei einer Grundrechtsverletzung auch das Bundesverfassungsgericht), reduziert sich die Problematik der Rechtskraft, soweit es um mögliche Rechtsfehler geht, darauf, daß sich die Rechtsordnung in den Fällen der Nichteinlegung einer Revision mit der Rechtsanwendung abfindet, bei welcher sich auch Angeklagter und Staatsanwaltschaft beruhigt haben.

3. Betrachtet man als nächstes die Möglichkeit von Fehlbeurteilungen im Bereich der Beweiswürdigung (bei Vollständigkeit des Tatsachen- und Beweismaterials), so läßt sich sicher nicht behaupten, daß jede erneute Befassung mit der Sache die Wahrheit besser ans Licht bringen würde. Allerdings ist die Chance, zu einer besseren Würdigung der Beweise zu gelangen, gegeben, wenn eine zweite Tatsacheninstanz, aufbauend auf der Begründung des ersten Urteils und die Einwände des Angeklagten und der Staatsanwaltschaft verwertend, das Urteil überprüft. Darin (und in der Möglichkeit der Erweiterung des Tatsachen- und Beweismaterials) liegt der Sinn des Berufungsverfahrens[45]. Die Berufung ist in dem Recht der Bundesrepublik nicht in allen Strafverfahren gegeben, sondern nur bei solchen, die in erster Instanz den Amtsgerichten zugewiesen sind[46]. Darin, daß für schwerere Delikte eine Möglichkeit der Berufung fehlt, liegt in der Tat eine erhebliche Beschneidung der Möglichkeiten, zu einem richtigen Urteil zu kommen[47]. Dies aber ist eine Frage des Rechtsmittelsystems, nicht des Instituts der Rechtskraft.

4. Die Erwartung, daß eine spätere Verhandlung zu einer besseren Erkenntnis der historischen Wahrheit führen würde, besteht im übrigen generell nur bei einer Konstellation: wenn neue Tatsachen oder Beweismittel verfügbar sind. Für diesen Fall, in

[44] §§ 333—335, 337.

[45] Die Berufung führt zur Nachprüfung des Urteils in tatsächlicher und rechtlicher Hinsicht. Für die Hauptverhandlung, insb. für die Beweisaufnahme, gelten mit einigen Ausnahmen (§§ 324—326) dieselben Bestimmungen wie für das erstinstanzliche Verfahren (§ 332).

[46] § 312.

[47] Mit der Revision können die tatsächlichen Feststellungen des Urteils unmittelbar nicht angegriffen werden, mittelbar — über die Rüge der Verletzung von Verfahrensvorschriften (vgl. §§ 337, 344 II) — nur dann, wenn bei ihrer Gewinnung Verfahrensfehler geschehen sind.

dem die Wiederaufrollung der Sache im Interesse der materiellen Gerechtigkeit liegt, wird sie, soweit sie dem Verurteilten zum Vorteil gereichen kann, von der Rechtskraft nicht inhibiert. (Allerdings werden durch einige Mängel des gegenwärtigen Wiederaufnahme*verfahrens* und durch eine restriktive Praxis Hindernisse auf dem Weg zur Korrektur von Urteilen errichtet[48]).

Die geläufige Aussage, daß die Erfordernisse der materiellen Gerechtigkeit gegenüber einem höherrangigen Wert zurücktreten müßten, ist deshalb nur insoweit zutreffend, als eine Wiederaufnahme *zuungunsten* des Angeklagten beim Auftreten neuer Tatsachen oder Beweismittel ausgeschlossen ist. Und auch insoweit ist die übliche Gegenüberstellung von materieller Gerechtigkeit und Rechtssicherheit eine sehr unvollkommene Beschreibung des Interessengegensatzes. Dasjenige, um dessentwillen eine (mögliche) Einbuße an Gerechtigkeit hingenommen wird, ist das sehr greifbare *Individualinteresse,* nicht ein weiteres Mal mit den Belastungen eines Verfahrens überzogen zu werden, sobald sich neue Verdachtsmomente ergeben[49].

Es hat sich gezeigt, daß sich die angebliche Problematik der Rechtskraft bei näherem Zusehen auf einen Teil der Konstellationen reduziert. Diese Erkenntnis mag auf den ersten Blick beruhigend erscheinen, ist es jedoch nicht. Das Gewicht der Erfahrungstatsache, daß unrichtige Urteile ergehen und daß auch Unschuldige bestraft werden, wird durch die Einsicht, daß durch immer neue Überprüfungen der Wahrheit und Gerechtigkeit kein Dienst erwiesen würde, nicht gemildert. Im Gegenteil: Damit, daß das Phänomen des unrichtigen Urteils üblicherweise dem Problembereich der Rechtskraft zugeschoben wird, wird es verharmlost. Es berührt in Wahrheit die Fundamente des gesamten Gebäudes von materiellem und formellem Strafrecht. Nicht erst mit der Rechtskraft nimmt der Staat die Möglichkeit, Unrecht zu tun, in Kauf, sondern damit, daß er sich überhaupt des Instruments der Strafe bedient, wohl wissend, daß es auch Unschuldige trifft.

[48] Siehe dazu und zu den Reformbestrebungen *Hanack,* JZ 1973, S. 393 ff., und Jürgen *Meyer,* ZStW 84 (1972), S. 909 ff. — Vgl. auch Fußn. 23. — Hinzuweisen ist auch auf die Einschränkung der Wiederaufnahme hinsichtlich der Strafzumessungstatsachen (s. oben II. 1.).

[49] Vgl. dazu *Dürig* in: *Maunz-Dürig,* Art. 103 Rdnr. 122; *Kern-Roxin,* S. 248. Zuweilen wird dieses Interesse als einer der Gesichtspunkte neben dem Gedanken der Rechtssicherheit genannt. Vgl. *Eb. Schmidt,* Teil I, Rdnr. 312; BGH 3, 13 (15).

V. Der Begriff der Tat

1. Welche Tragweite der Grundsatz hat, daß über dieselbe Tat kein neues Verfahren stattfinden darf, hängt davon ab, wie der Begriff der nämlichen „Tat" verstanden wird. Die Rechtsprechung[50], der ein Teil der Literatur folgt[51], umschreibt ihn in der Weise, daß das gesamte Verhalten des Täters, soweit es nach natürlicher Auffassung einen einheitlichen Lebensvorgang darstellt, derselben Tat angehöre. Dies scheint eine überaus vage Definition zu sein — und das ist einer der Einwände, die der Rechtsprechung von ihren Gegnern entgegengehalten werden. Doch zeigt sich, daß die Begriffsbestimmung, abgesehen von einem kleinen Randbereich, durchaus feste Konturen hat, sobald man folgende Zusammenhänge berücksichtigt:

Nach Auffassung der Rechtsprechung ist der Begriff der Tat i. S. des Verbots der Doppelbestrafung identisch mit dem der §§ 155 und 264[52]; diese besagen, daß ein Gericht die in der Anklage (und sodann im Eröffnungsbeschluß) bezeichnete Tat zu untersuchen und abzuurteilen hat, auch wenn sich eine Veränderung der Beurteilung ergibt. Über dieselbe Tat in diesem Sinne kann — das versteht sich — nicht gleichzeitig ein anderes Verfahren durchgeführt werden. Durch die Gleichsetzung dieses Tatbegriffs mit dem des Verbots der Doppelbestrafung ergibt sich: Ein Sachverhalt, den das Gericht des rechtskräftig abgeschlossenen Verfahrens in die Untersuchung und Aburteilung einzubeziehen hatte oder einzubeziehen gehabt hätte, wenn es ihn gekannt hätte, darf nicht zum Gegenstand eines neuen Verfahrens gemacht werden. Nun steht außer Zweifel, daß alle Sachverhalte, über die nach materiellem Strafrecht nur eine einheitliche Entscheidung ergehen kann, nicht Gegenstand zweier paralleler Verfahren sein können. Sie stellen deshalb zugleich eine Tat i. S. des Verbots der Doppelbestrafung dar.

[50] Siehe BGH 13, 21 (22, 25 f.); 23, 141 (145) mit weiteren Angaben und die im folgenden angeführten Entscheidungen.

[51] *Kern-Roxin*, S. 249 f.; *Eb. Schmidt*, Teil I, Rdnr. 295—311 (mit Angaben auch über die frühere Literatur und Rechtsprechung); *Kleinknecht*, Einl. 8. B. e und g, § 264 Anm. 1—4; *Schäfer* in: *Löwe-Rosenberg*, Einl. Kap. 10. B. 3. c. A. (S. 101 ff.); *Sax* in: KMR, Einl. 14. B. I. f.

[52] Vgl. BGH 13, 21 (22, 25); 23, 141 (144 f.). Unzutreffend *Bindokat*, GA 1967, S. 362 (366 ff.), der behauptet, die Rechtsprechung wende jeweils zum Nachteil des Angeklagten bei der Auslegung des § 264 einen weiteren, bei der Rechtskraft einen engeren Tatbegriff an (und der dies befürwortet).

Daraus folgt insbesondere, daß über eine Handlung (i. S. von § 73 StGB) nach rechtskräftiger Aburteilung nicht unter einer anderen Qualifizierung erneut verhandelt werden darf[53]. Darüberhinaus begründet die Zusammenfassung mehrerer Handlungen durch die dem materiellen Strafrecht angehörenden Rechtsfiguren der fortgesetzten Handlung und der natürlichen Handlungseinheit die Tatidentität[54]. Ferner liegt Tatidentität dann vor, wenn zwei in Frage stehende Straftaten zwar durch verschiedene Handlungen begangen sind (oder begangen sein sollen), diese jedoch zugleich Ausführungshandlungen einer dritten Straftat sind[55], denn über diese können weder gleichzeitig noch nacheinander mehrere Verfahren stattfinden. Im übrigen ist die Frage, ob der rechtskräftige Abschluß eines Verfahrens der Anklage wegen eines bestimmten Sachverhalts entgegensteht, immer dann zu bejahen, wenn ein Verfahren wegen dieses Sachverhalts *parallel* zu dem ersten die Gefahr materiellrechtlich unvereinbarer Entscheidungen begründet hätte, d. h., wenn eine Verurteilung in beiden Verfahren ein nach materiellem Recht widersprüchliches Ergebnis darstellen würde.

Hierzu das Beispiel der Entscheidung RG 21, 78: Ein Mann war von der Anklage der Nichtanzeige eines Mordplanes freigesprochen worden. Er wurde in einem späteren Verfahren wegen Anstiftung zu dem Mord verurteilt. Das RG sah in dem zweiten Verfahren einen Verstoß gegen den Satz ne bis in idem, und dies nach den Maßstäben der Rechtsprechung zu Recht. Da es nach materiellem Recht ausgeschlossen ist, jemanden wegen Anstiftung zum Mord und daneben wegen Nichtanzeige des Mordplans zu bestrafen, hätte über beide Vorwürfe nicht in verschiedenen Verfahren nebeneinander verhandelt werden dürfen. Es handelte

[53] Vgl. BGH 13, 21 (23).

[54] Vgl. BGH 6, 92; 9, 324; 15, 268 (272). Zu den Begriffen der natürlichen Handlungseinheit und der fortgesetzten Handlung siehe *Jescheck*, Lehrbuch des Strafrechts, Allg. Teil, 2. Aufl. 1972, S. 541—546.

[55] Dies gilt auch dann, wenn die dritte Straftat, die die beiden anderen verbindet, diesen gegenüber das leichtere Delikt ist, so daß die erste und die zweite Straftat in Realkonkurrenz zueinander (jede jedoch in Idealkonkurrenz zur dritten) stehen. Vgl. BGH 6, 92 (96 f.); BayObLG 1957, 108 = NJW 1957, 1485; ferner die in BGH 23, 141 (150) zitierten unveröffentlichten Entscheidungen. Abweichend BGH 23, 141 (149 ff.); siehe dazu die Anm. von *Grünwald*, JZ 1970, S. 330 f.

sich somit um eine Tat i. S. der §§ 155, 264 und nach der Rechtsprechung demgemäß auch i. S. des Satzes ne bis in idem[56].

Die von der Rechtsprechung zur Bestimmung der Tatidentität verwendete Formel führt zu Abgrenzungsschwierigkeiten allerdings insofern, als nach ihr auch solche Sachverhalte, die für die materiellrechtliche Beurteilung unverbunden nebeneinander stehen, eine Tat darstellen sollen, wenn sie im Tatsächlichen so eng miteinander verknüpft sind, daß sie als ein einheitlicher Lebensvorgang erscheinen, daß — anders ausgedrückt — ihre Trennung als Zerreißung von Zusammengehörigem erschiene[57]. Auch insoweit ist jedoch eine gewisse Sicherheit bei der Beurteilung dadurch ermöglicht worden, daß die Rechtsprechung für bestimmte Fallgruppen feststehende Lösungen erarbeitet hat. Die praktisch wohl wichtigste Fallgruppe einer Tatidentität trotz materieller Handlungsmehrheit ist das Aufeinanderfolgen von Herbeiführung eines Unfalls und Unfallflucht[58].

2. In der Literatur sind verschiedenartige Versuche unternommen worden, den Tatbegriff einzuengen, deren Triebfeder das Unbehagen an der — nach Ansicht der Dissidenten zu weit gehenden — Freistellung von verdienter Strafe durch die Rechtsprechung ist.

a) Eine Auffassung geht — wie die Rechtsprechung auch — davon aus, daß der Tatbegriff in den §§ 155 und 264 und in dem Satz ne bis in idem den gleichen Inhalt haben. Nach ihr soll jedoch die Sperrwirkung des rechtskräftigen Urteils nur so weit reichen wie die *tatsächliche* Aufklärungsmöglichkeit des erkennenden Gerichts. Werden Umstände aufgedeckt, die dem Gericht nicht bekannt waren und auch nicht bekannt sein konnten, soll ein neues Verfahren zulässig sein, da es dann nicht mehr um denselben Prozeßgegenstand gehe. Selbst über dieselbe Handlung soll unter diesen Umständen ein neues Verfahren zulässig sein[59].

[56] Die Gefahr von Widersprüchen im *Unterbau* zweier Entscheidungen begründet allein hingegen keine Tatidentität. So ist eine Aburteilung mehrerer Straftaten in verschiedenen Verfahren nicht etwa dadurch ausgeschlossen, daß bei beiden die Frage einer dauernden Zurechnungsunfähigkeit zu beurteilen ist.

[57] Vgl. BGH 10, 396 (397 f.); 13, 320 (321); 16, 200 (sämtlich zu § 264) und die in der nächsten Fußn. genannten Entscheidungen.

[58] BGH 23, 141; 23, 270; 24, 185 (186); 25, 72 (75 f.).

[59] *Henkel*, S. 387 ff. (siehe auch Fußn. 61); *Stock*, Strafprozeßrecht, 1952, S. 136 f.; *Vogler*, Die Rechtskraft des Strafbefehls, 1959, S. 90 ff.

Ein beliebtes Beispiel ist der erdachte[60] Fall, daß jemand wegen Schießens an bewohnten Orten (Übertretung nach § 367 Nr. 8 StGB) verurteilt worden ist und sich nachträglich herausstellt, daß er den Schuß auf einen Menschen gerichtet und eine versuchte oder vollendete Tötung begangen hatte.

Gegen diese Auffassung sind (außer den noch zu erörternden Überlegungen, die allen Versuchen der Einschränkung des Tatbegriffs entgegenzuhalten sind) mehrere Einwände zu erheben. Einmal hätte diese Auffassung zur Folge, daß bei Auftreten neuer Umstände die staatsanwaltschaftliche und die gerichtliche Untersuchung mit der Prüfung zu beginnen hätte, ob sich das Gericht in dem rechtskräftig abgeschlossenen Verfahren einer Verletzung der Aufklärungspflicht schuldig gemacht habe. Zum anderen würde damit die Zulässigkeit der erneuten Aburteilung von einem Kriterium abhängig gemacht, das unter keinem der bei der Rechtskraft konkurrierenden Gesichtspunkte relevant ist; ob das Gericht sorgfältig oder unsorgfältig vorgegangen war, bewirkt weder eine Veränderung des Gewichts der materiellen Gerechtigkeit, noch berührt es das Interesse des Angeklagten, nicht ein weiteres Mal behelligt zu werden.

b) In verschiedenen Variationen werden Definitionen des Tatbegriffs angeboten, die besagen, daß bei einer wesentlichen Veränderung des Unrechtsgehaltes in qualitativer Hinsicht Tatidentität zu verneinen sei[61]. Gemeinsam ist den verschiedenen Definitio-

[60] Die häufig als Beleg angeführten Entscheidungen RG 4, 243 und 70, 26 (30) betrafen andere Fälle.

[61] *Peters*, S. 437 ff.: Die Tatidentität bestimme sich nach der „Richtung des Tätigkeitsaktes", dem „Kerngehalt des untersuchten Vorgangs" (Beispiele: Mord, fahrlässige Tötung und vorsätzliche Körperverletzung sollen dieselbe Richtung haben; ein Urteil über einen Mord soll die Strafklage wegen Nichtanzeige des Verbrechensplans verbrauchen, jedoch nicht umgekehrt). Dieser Tatbegriff soll jedoch nur für die Rechtskraft gelten, nicht für die §§ 155, 264. — *Henkel*, S. 387: Die Tatidentität werde durch den „geschichtlichen Lebensvorgang ... sowie den darin enthaltenen Unrechtsgehalt, der durch Anklage und Eröffnungsbeschluß als Verfahrensgegenstand festgelegt ist", bestimmt. (*Henkel* verbindet diese Einengung mit der unter a) erörterten.) Ähnlich *Geerds*, Zur Lehre von der Konkurrenz im Strafrecht, 1961, S. 357 ff., 397 ff.: Zwar definiert *Geerds* den Tatbegriff als den „durch Anklage und Eröffnungsbeschluß bezeichneten und individualisierten Sachverhalt" (S. 359, 405), doch soll selbst bei einer Handlung beim Auftreten neuer Tatsachen Tatmehrheit bestehen können, so im Beispiel des Schießens an bewohnten Orten mit der Folge des Todeseintritts (S. 364 f.). — *Hruschka*, JZ 1966,

nen, daß (ebenso wie nach der zuvor genannten Auffassung) ein und dieselbe Handlung nicht notwendig auch eine Tat sein soll. Im übrigen weichen sie jedoch von einander ab — und lassen schon dadurch wie auch durch die Unbestimmtheit ihrer Kriterien Zweifel daran auftauchen, ob eine freihändige Abwägung der widerstreitenden Werte vermittels des Rechtsgefühls — nichts anderes ist ihre Basis[62] — auch nur zu hinreichend klaren Maßstäben führen kann (von ihrer Vereinbarkeit mit dem Gesetz zunächst abgesehen).

c) Eine weitere Auffassung setzt den Begriff der Tat mit dem der Handlung in § 73 StGB gleich[63]. Sie stimmt mit der Rechtsprechung in einem Teilbereich überein: Soweit über eine Handlung ein Urteil ergangen ist, kann sie auch auf Grund neuer Tatsachen, die sie anders qualifizieren, nicht zum Gegenstand eines weiteren Verfahrens gemacht werden. Soweit es hingegen um verschiedene Handlungen geht, soll auch die Tatsache, daß sie durch das materielle Recht zu einer Einheit verbunden sind, keine Tatidentität begründen.

3. Alle diese Einschränkungsversuche beruhen auf der Annahme, daß der Begriff der Tat — weil im Gesetz nicht definiert — zur Auslegung entsprechend der jeweiligen Einschätzung der kollidierenden Interessen freigegeben wäre. Selbst wenn das

700 ff.: Maßgebend sei der „rechtliche Kern eines auch nach Raum, Zeit und Tatgegenstand festlegbaren Vorganges".

Siehe auch *Bertel*, Die Identität der Tat, 1970 (zum österreichischen Recht mit einem Anhang zum deutschen Recht, S. 184 ff.), der auf die Identität des Rechtsguts und seiner Verletzung abstellt (insb. S. 134 ff.).

In dem Fall, daß eine als Übertretung abgeurteilte Handlung auf Grund neuer Umstände als Vergehen oder Verbrechen beurteilt wird, verneint auch *Oehler* (Festschrift für Rosenfeld, 1949, 139 [152 f.]) die Tatidentität. Ebenso für „Polizeidelikte" (auch wenn sie Vergehen sind) *Busch*, ZStW 68 (1956), S. 3 (12).

[62] Dies gilt nicht für die Untersuchung von *Bertel*, der den Tatbegriff primär aus einer Analyse der Interessenlage nicht bei der Rechtskraft, sondern der Rechtshängigkeit (hinsichtlich der Begrenzung der richterlichen Untersuchung durch die Anklage) gewinnt. Auch bei *Geerds* steht die Rechtshängigkeit im Vordergrund.

[63] *Herzberg*, JuS 1972, S. 113 ff. Weitgehend ebenso *Oehler* in: Festschrift für Rosenfeld, 1949, S. 139 (148 ff.), der zum Tatbegriff dieselben Kriterien nennt, die allgemein zur Definition der Handlung verwendet werden (mit einer Ausnahme für die Übertretungen, siehe Fußn. 61), die Deckung der beiden Begriffe allerdings nicht anerkennt. Anders als *Herzberg* bejaht *Oehler* bei der fortgesetzten Handlung die Tatidentität (S. 156).

zuträfe, müßte die Argumentation, mit der die angebliche Unerträglichkeit der Konsequenzen der Rechtsprechung demonstriert wird, zurückgewiesen werden: Die Vertreter jener Auffassungen gehen jeweils von der Fragestellung aus, ob die Rechtskraft einer Aburteilung entgegenstehe, wenn „dem Gericht nicht bekannt war, daß" der Vorgang sich so oder so ereignet habe, wenn „sich (dies) später herausstellt", „ergibt"[64]. Damit, daß die historische Wahrheit als bekannt vorausgesetzt wird, wird die Struktur des Problems verzeichnet. Die These, daß die rechtskräftige Aburteilung wegen eines Deliktes X die Strafverfolgung wegen des Deliktes Y nicht hindere, besagt in der prozessualen Wirklichkeit, daß der Abgeurteilte vor einem weiteren Ermittlungsverfahren nicht geschützt sei, wenn *Anhaltspunkte* für die Begehung von Y auftauchen, und sie bedeutet die Verpflichtung der Staatsanwaltschaft, Anklage zu erheben, und des Gerichts, das Verfahren zu eröffnen, wenn der Verurteilte dieser Straftat *hinreichend verdächtig erscheint*[65]. Es ist darum falsch, wenn bei der Interessenabwägung auf der Seite der materiellen Gerechtigkeit das Interesse an der Bestrafung so in die Rechnung eingesetzt wird, als ginge es um den erwiesenermaßen Schuldigen.

4. Der entscheidende Einwand gegen alle genannten Auffassungen ist jedoch ihre Unvereinbarkeit mit dem Gesetz, nämlich mit den Bestimmungen über die Wiederaufnahme. Auf den ersten Blick scheint es freilich, als würden diese Bestimmungen — da sie regeln, unter welchen Voraussetzungen ein neues Verfahren über dieselbe Tat stattfinden darf — die Klärung des Begriffs der Tat systematisch voraussetzen, so daß sie ihrerseits für dessen Definition nichts hergeben könnten. Aber diese Überlegung ginge fehl. Die Bestimmungen über die Wiederaufnahme nennen abschließend die Voraussetzungen, unter denen die in einem rechtskräftigen Urteil enthaltene Entscheidung beseitigt und durch eine inhaltlich abweichende ersetzt werden kann.

Dies wird auch von den Vertretern jener Auffassungen nicht bestritten. Sie müssen deshalb erklären, daß in den Fällen, in denen sie trotz eines materiellrechtlichen Zusammenhangs zwischen zwei Vorgängen die Tatidentität verneinen, das zweite Urteil zu dem ersten hinzutrete[66]; auch wird von einer *„Ergän-*

[64] Vgl. *Henkel*, S. 387 f.; *Peters*, S. 438 f.; *Herzberg*, JuS 1972, S. 113.
[65] Vgl. §§ 152 II, 170 I, 203 I.
[66] *Peters*, S. 447.

zungsklage" gesprochen[67]. Aber dies ist nur eine euphemistische Umschreibung für die Ersetzung der Entscheidung durch eine andere. Eine Verurteilung wegen Schießens an bewohnten Orten zu einer Strafe X kann nicht durch die Verurteilung wegen Totschlags zur Strafe Y „ergänzt" werden — denn die erste kann neben der zweiten keinen Bestand haben. Ebensowenig kann die Verurteilung wegen einer fortgesetzten Handlung (bestehend aus drei Einzelakten) durch die Verurteilung wegen einer weiteren (bestehend aus fünf Einzelakten) „ergänzt" werden, wenn alle Akte *eine* fortgesetzte Handlung, für die ja nur *eine* Strafe verwirkt ist, darstellen. Und die Verurteilung wegen Mordes in einem zweiten Verfahren besagt nicht, daß die vorausgegangene wegen Nichtanzeige des Mordplans unvollständig gewesen wäre, sondern daß sie falsch war.

Die Vertreter der Gegenmeinung kommen dementsprechend auch in Verlegenheit, sobald sie sich die Frage vorlegen, was mit dem ersten Urteil geschehen solle. Entweder müssen sie es bestehen lassen, mit der Folge, daß jemand wegen zweier Straftaten bestraft wird, obwohl nur eine Bestrafung wegen eines Delikts gerechtfertigt ist[68]. Oder sie müssen fordern, daß das Gericht zugleich mit der neuen Verurteilung die erste aufhebt[69] — womit es dann mit Händen greifbar würde, daß es sich um nichts anderes als um eine Wiederaufnahme zuungunsten des Verurteilten handelt. Oder aber sie müssen die Beseitigung der ersten Verurteilung einem Wiederaufnahmeverfahren zuweisen (mit dem Etikett „zugunsten des Verurteilten"), das getrennt von dem zweiten Verfahren stattfindet[70] — womit wiederum die Möglichkeit einander widersprechender Urteile eröffnet wird.

In den Fällen, in denen das erste Verfahren mit einem Freispruch endete, tritt *dieses* Dilemma zwar nicht auf. Aber auch

[67] *Henkel*, S. 390; *Vogler*, S. 100 f.

[68] So für den Fall der fortgesetzten Handlung *Peters*, S. 447 (wobei aus den Strafen des ersten und des zweiten Verfahrens eine Gesamtstrafe gebildet werden soll), und wohl auch *Herzberg*, S. 119. — Im übrigen sieht *Herzberg* in der Wiederaufnahme hinsichtlich des ersten Urteils die Lösung, will es jedoch in Kauf nehmen, daß jemand nach Verbüßung der Strafe aus dem ersten Urteil eine zweite erleiden muß (S. 120).

[69] Soweit es um den Strafausspruch geht, läuft die Meinung *Henkels* (S. 390) und *Voglers* (S. 100 f.), daß die Strafe des ersten Urteils „in Anrechnung zu bringen" sei, hierauf hinaus. (Deutlicher noch bei *Stock*, S. 137: „In-Wegfall-Stellen der Strafe".) Doch soll die unrichtige Verurteilung bestehen bleiben.

[70] So *Peters*, S. 447, und *Herzberg*, S. 120. Siehe auch Fußn. 68.

für diese Fälle gilt, daß die Verurteilung im zweiten Verfahren besagt, daß das rechtskräftige Urteil falsch gewesen sei. Außerdem ist es ausgeschlossen, jenen Einschränkungsversuchen etwa da stattzugeben, wo es um die Korrektur eines Freispruchs geht, während man sie im übrigen zurückweist. Denn die Verurteilung wegen Schießens an bewohnten Orten kann keine andere Rechtskraftwirkung entfalten als der Freispruch von diesem Vorwurf. Anders gesagt: Der Begriff der Tat kann nicht ein anderer sein, je nachdem, ob das Gericht den untersuchten Tatbestand bejaht oder abgelehnt hat.

Die hier abgelehnten Auffassungen setzen konstruktiv am Tatbegriff an. In der Sache aber handelt es sich um Versuche, die von der StPO und dem Grundgesetz ausgeschlossene Korrektur von Urteilen zuungunsten des Angeklagten wegen neuer Tatsachen und Beweismittel in mehr oder weniger weitem Umfang wieder einzuführen[71] (und dies auch noch ohne die Kautelen eines Wiederaufnahmeverfahrens).

5. Gegen diejenigen Meinungen, die die Annahme mehrerer Taten selbst bei ein und derselben Handlung als möglich ansehen, ergibt sich ein weiteres Argument jetzt aus §§ 84 II und 85 III S. 2 des Gesetzes über Ordnungswidrigkeiten vom 24. 5. 1968. § 84 II bestimmt, daß die Rechtskraft einer gerichtlichen Entscheidung über eine Tat als *Ordnungswidrigkeit* auch ihrer späteren Verfolgung als Straftat entgegensteht. § 85 III S. 2 sieht die Wiederaufnahme zuungunsten des Betroffenen vor, wenn neue Tatsachen oder Beweismittel beigebracht werden, die die Verurteilung wegen eines Verbrechens i. S. von § 1 I StGB zu begründen geeignet sind. Die Meinung, daß eine wesentliche Veränderung des Unrechtsgehalts bereits die Tatidentität zerstöre, ist mit diesen Bestimmungen offensichtlich nicht zu vereinbaren[72]. Und die Anhänger der Auffassung, daß die Tatidentität davon abhänge, ob die neu aufgetretenen Tatsachen oder Beweismittel dem Gericht bekannt sein konnten, können mit diesen Bestimmungen nur fertig werden, wenn sie bereit sind, dem § 85 III S. 2 die absonderliche Deutung zu geben, daß die Wiederaufnahme nur für die Fälle ge-

[71] *Schäfer* in: *Löwe-Rosenberg*, Einl. Kap. 10. B. 3. c. A. (S. 105 f.): *Grünwald*, Die Teilrechtskraft im Strafverfahren, 1964, S. 55. Auch *Herzberg* verwendet dieses Argument in der Auseinandersetzung mit den von ihm abgelehnten einschränkenden Auffassungen (S. 117), ohne jedoch zu erkennen, daß es auch seine eigene Meinung trifft.

[72] *Schäfer* und *Herzberg*, a. a. O.

schaffen sei, in denen das Gericht die Tatsachen oder Beweismittel hätte erkennen können, während sonst einfach ein weiteres Verfahren einzuleiten sei.

6. Nicht aus dem Gesetz abzuleiten ist allerdings die Antwort auf die Frage, ob Vorgänge wegen ihrer engen Verflechtung im Tatsächlichen auch dann als eine Tat zu beurteilen sein können, wenn sie nicht durch das materielle Recht verklammert sind. In diesem Randbereich wäre ein Streit mit der Meinung der Rechtsprechung immerhin möglich. Für diese spricht jedoch, daß die uneingeschränkte Übertragung der bisweilen messerscharfen Abgrenzungskriterien der Handlung i. S. des § 73 StGB auf den Tatbegriff in der Tat zur Zerreißung von Zusammengehörigem führen würde. Es ist bemerkenswert, daß unter den Demonstrationsfällen, die von den Verfechtern eines engeren Tatbegriffs angeführt werden, kaum solche zu finden sind, in denen die Rechtsprechung materiellrechtlich selbständige Handlungen als eine Tat gewürdigt hat.

7. Nachzutragen bleiben die Stellungnahmen zu einigen Einzelfragen, über die Streit auch unter denjenigen besteht, die den Tatbegriff der Rechtsprechung billigen.

a) Ist ein Angeklagter von dem Vorwurf eines fortgesetzten Delikts *freigesprochen* worden, so soll dies nach der Rechtsprechung einem Verfahren wegen solcher Einzelakte nicht entgegenstehen, die im ersten Verfahren unbekannt waren[73]. Dies wird in der Literatur zu Recht als Inkonsequenz gerügt[74]. Akte, die, wären sie bekannt gewesen, als Teile der in Frage stehenden fortgesetzten Handlung zu behandeln gewesen wären, sind durch einen Freispruch ebenso abgetan wie durch eine Verurteilung.

b) Ebenfalls zum Problemkreis der fortgesetzten Handlung gehört eine weitere Konstellation. Jemand ist wegen einer Straftat oder wegen mehrerer gleichartiger, von dem Gericht jedoch als selbständig angesehener Straftaten verurteilt worden. Nunmehr wird ein Verfahren wegen weiterer Rechtsverletzungen derselben Art eingeleitet. Das Gericht des zweiten Verfahrens erkennt, daß diese zusammen mit den bereits abgeurteilten eine fortgesetzte Handlung bilden. Nach der Rechtsprechung soll das ihrer Abur-

[73] BGH nach *Kleinknecht*, Einl. 8. B. g; RG 47, 397. Siehe auch RG 66, 19 (26).

[74] *Eb. Schmidt*, Teil I, Rdnr. 307, 308. Siehe auch *Herzberg*, S. 114.

teilung nicht entgegenstehen[75]. Auch dies ist nicht zu billigen; denn das Gericht des zweiten Verfahrens hat es mit einer Tat zu tun, die nach seiner eigenen Überzeugung bereits Gegenstand der früheren Aburteilung war[76].

c) In einem Falle soll auch nach der Rechtsprechung über eine und dieselbe Handlung ein zweites Verfahren zulässig sein, dann nämlich, wenn der Anwendung eines Tatbestandes im ersten Verfahren ein Prozeßhindernis entgegenstand und dieses danach entfallen ist[77]. Auch dies ist jedoch eine Durchbrechung des Rechtssatzes ne bis in idem ohne die Legitimation durch einen Wiederaufnahmegrund.

d) Nicht von der Rechtsprechung, wohl aber von einigen Autoren, die den Tatbegriff der Rechtsprechung grundsätzlich akzeptieren, wird die Auffassung vertreten, daß dieselbe Handlung erneut zum Gegenstand einer „Ergänzungsklage" gemacht werden dürfe, wenn nach rechtskräftiger Aburteilung neue Tatsachen *eintreten,* so etwa wenn das Opfer einer abgeurteilten Körperverletzung stirbt[78]. Die Einwände, die gegen eine verschlechternde Abänderung eines Urteils unter dem Etikett der „Ergänzung" erhoben wurden, gelten auch gegen diese Auffassung.

e) Begeht jemand nach der Verurteilung wegen einer Straftat eine weitere gleichartige Rechtsverletzung (oder eine Reihe von solchen), so ist dies materiellrechtlich eine gegenüber der abgeurteilten selbständige Handlung und prozessual eine neue Tat, auch dann, wenn sie auf demselben Entschluß beruht wie jene und wenn darum an sich die Merkmale der fortgesetzten Handlung erfüllt sind. Mit anderen Worten: Eine Verurteilung unterbricht

[75] BGH in NJW 1963, S. 549 mit weiteren Nachweisen. Siehe auch BGH in GA 1970, 84 (85). — Abweichend (obiter) BGH 15, 268 (272).

[76] *Stratenwerth,* JuS 1962, 220 (223); *Sax* in: KMR, Einl. 14, B. I. f. (2). Siehe auch *Herzberg,* S. 114 f.

[77] BGH 15, 259. Zur Rechtsprechung des RG siehe die Angaben bei *Eb. Schmidt,* Teil I, Rdnr. 314 Fußn. 552, und in BGH in NJW 1953, 393. Die entschiedenen Fälle sind nicht gegeignet, die These der Rechtsprechung plausibel zu machen. Neben solchen, die sich aus der Beschränkung der Verfolgbarkeit nach Auslieferungsrecht ergaben (z. B. RG 37, 88), stehen Doppelverurteilungen durch ein ordentliches und ein Ausnahmegericht (z. B. RG 56, 161). In BGH 15, 259 erging die zweite Verurteilung aufgrund der Bestimmung, die *nach* dem Verbot der KPD die *vorherige* Tätigkeit für diese verfolgbar werden ließ; sie wurde kurz darauf vom BVerfG für nichtig erklärt (vgl. Fußn. 29).

[78] *Bruns,* JZ 1960, S. 585 (589 ff.); *Busch,* ZStW 68 (1956), S. 3 (11); *Kern-Roxin,* S. 250; *Sax* in: KMR, Einl. 14, B. I. f. (3) (b).

den Fortsetzungszusammenhang. Dies ist anerkannt und auch selbstverständlich — eine Verurteilung kann nicht Freibrief für die Fortführung des strafbaren Tuns sein. Das BVerfG hat jedoch für einen besonderen Fall eine abweichende Beurteilung als richtig angesehen. Angehörige der Glaubensgemeinschaft der Zeugen Jehovas waren (nach Anerkennung als Kriegsdienstverweigerer) der Einberufung zum zivilen Ersatzdienst nicht gefolgt, waren deshalb wegen „Dienstflucht" bestraft worden, hatten danach einem erneuten Einberufungsbescheid nicht Folge geleistet und waren deshalb erneut verurteilt worden. Das BVerfG hob die Verurteilungen als verfassungswidrig auf mit der Begründung, sie verletzten Art. 103 III GG. Die wiederholte Nichtbefolgung einer Einberufung auf Grund einer ein für allemal getroffenen Gewissensentscheidung sei in jedem Falle nur eine Tat[79].

Das Ergebnis dieser Entscheidung ist zu billigen, nicht aber die Begründung aus dem Satz ne bis in idem. Es geht nicht darum, daß eine nach materiellem Recht begründete Bestrafung mit Rücksicht auf das Interesse des Verurteilten, nicht nochmals behelligt zu werden, zu unterbleiben hätte. Vielmehr muß die zweite Verurteilung nach den Wertentscheidungen des Grundgesetzes schon nach materiellem Recht als straflos angesehen werden; denn die Mehrfachbestrafung — ebenso wie die Verhängung harter Strafen zur Brechung der Persönlichkeit dieser Gewissenstäter schon bei der *ersten* Verurteilung[80] — wäre ein das Übermaßverbot verletzender Gewissenszwang[81].

Der Grundsatz, daß der Satz ne bis in idem die Ahndung von Straftaten, die nach der ersten Verurteilung begangen sind, nicht hindert, erfährt somit entgegen der Auffassung des BVerfG auch in Ausnahmefällen keine Einschränkung.

VI. Die Frage der Bindungswirkung

1. Jedes Sachurteil hat eine bejahende oder verneinende Entscheidung der Schuldfrage, d. h. der Frage, ob der Angeklagte eine bestimmte Straftat begangen hat, zum Inhalt[82], zu der im

[79] BVerfGE 23, 191 (im Anschluß an *Peters* und *Dürig*, siehe S. 204 ff.).

[80] BVerfGE 23, 127.

[81] Vgl. dazu die Stellungnahme des Bundesjustizministers im Verfahren BVerfGE 23, 191 (199 f.). Siehe auch die Kritik von *Evers*, JZ 1968, 525 ff.

[82] Abweichend *Bruns* in: Festschrift für Eb. Schmidt, 1961, S. 602 (616 f.): Der Schuldspruch habe keine selbständige Bedeutung, sondern nur die

Falle der Bejahung die Festsetzung der Rechtsfolgen hinzutritt. Dieselbe Frage kann in einem späteren Verfahren (das eine andere Tat zum Gegenstand hat) als *Vorfrage* auftreten. Zum einen kann bei einer späteren Verurteilung die Auswahl und Bemessung der Rechtsfolgen davon abhängen, ob sich der Angeklagte schon vorher strafbar gemacht hatte. Bei bestimmten, allerdings relativ seltenen Konstellationen kann diese Frage auch für die Entscheidung der Schuldfrage eines späteren Verfahrens gegen dieselbe oder eine andere Person relevant werden. So etwa, wenn nach rechtskräftiger Verurteilung des A wegen einer Straftat (oder nach seinem Freispruch) der B angeklagt wird, ihn begünstigt zu haben (§ 257 StGB), und A der Anstiftung hierzu beschuldigt wird[83]. Für die Verurteilung von B und A ist dann (u. a.) Voraussetzung, daß A die Straftat begangen hatte. Ein weiteres Beispiel: Jemand ist wegen Brandstiftung an seinem Haus verurteilt worden. Da er die Schadenssumme von der Versicherungsgesellschaft gefordert hat, wird er nun wegen Betrugsversuchs angeklagt. Hatte er die Brandstiftung begangen, so folgt daraus, daß er einen nichtbestehenden Anspruch vorgetäuscht hat[84].

In diesen Fällen stellt sich das Problem, ob das Gericht des späteren Verfahrens die Beurteilung, die die (jetzige) Vorfrage im ersten Urteil erfahren hatte, unbesehen zu übernehmen oder aber die Vorfrage selbständig zu prüfen hat. Die Meinungen hierüber gehen auseinander[85].

2. Bevor dieses Problem erörtert wird, sind einige Klarstellungen angezeigt:

a) Wenn die Beurteilung einer Tat mit einer anderen, rechtskräftig abgeurteilten, lediglich in der Weise zusammenhängt, daß einzelne Tatsachen oder Tatsachenkomplexe für beide relevant

eines „Titels für den Strafausspruch". Von dieser Prämisse aus verneint er jede Bindungswirkung.

[83] Ob die „mittelbare Selbstbegünstigung" strafbar ist, ist streitig. Doch sei dies unterstellt.

[84] Ähnlich der Fall RG 44, 254 (Verfahren wegen Betrugs nach rechtskräftigem Freispruch von der Anklage der Anstiftung zur Brandstiftung). — Unterstellt sei hierbei, daß die Anklage wegen Brandstiftung und die wegen Betrugs zwei verschiedene Taten i. S. des Verfahrensrechts zum Gegenstand haben. In Wahrheit handelt es sich jedenfalls dann, wenn es im ersten Verfahren um den Tatbestand der betrügerischen Brandstiftung nach § 265 StGB ging, um *eine* Tat, so daß dem Verfahren wegen Betrugs der Rechtssatz ne bis in idem entgegenstand (anders das RG).

[85] Näher zum folgenden *Grünwald*, Teilrechtskraft, S. 16 f., 37 ff.

sind, so besteht nach einhelliger Auffassung keine Bindung. Hat etwa jemand als Zeuge in mehreren Prozessen dieselben Tatsachen beschworen und ist wegen der Aussagen in dem einen Prozeß rechtskräftig wegen Meineids verurteilt worden, so hat das Gericht, das über die Anklage des Meineids wegen der Aussagen im anderen Prozeß zu befinden hat, selbständig zu prüfen, ob die Bekundungen wahr oder falsch waren[86].

b) Von der (hinsichtlich ihrer Existenz umstrittenen) Bindungswirkung des rechtskräftigen Urteils ist seine „Tatbestandswirkung" zu unterscheiden[87]. Dieser Begriff bezieht sich auf die Erscheinung, daß das materielle Recht bisweilen an die Tatsache der *Verurteilung* anknüpft. So bei § 257 a StGB, der die Vereitelung der Vollstreckung einer gegen einen anderen angeordneten Maßregel der Sicherung und Besserung unter Strafe stellt. Der Unrechtsgehalt dieser Tat liegt in der Auflehnung gegen die gerichtliche Anordnung und ist unabhängig davon, ob diese sachlich begründet war. Um eine Bindungswirkung geht es nur, wenn es nach materiellem Recht darauf ankommt, daß eine Straftat *begangen* ist, und nur prozessual die Beurteilung dieser Frage durch ein Gericht von einem anderen zu übernehmen ist. Dies ist nicht nur ein formaler Unterschied: Im einen Falle, bei der Tatbestandswirkung, resultiert aus der rechtskräftigen Verurteilung eine Verhaltensnorm, die primär an den Bürger gerichtet ist; sie kann sich deshalb auch nur auf Taten beziehen, die nach der Verurteilung begangen werden; der Verstoß gegen diese Verhaltensnorm kann weiter dem Täter nur angelastet werden, wenn ihm das Vorliegen einer Verurteilung bekannt war. Die Bindungswirkung hingegen geht nur den Richter an; sie *kann* sich auf die Aburteilung von Taten beziehen, die vor dem ersten Urteil begangen wurden, und es ist für sie irrelevant, ob bei der im zweiten Verfahren angeklagten Tat der Täter mit dem Vorliegen oder dem Bevorstehen des Urteils des ersten Verfahrens rechnete[88].

[86] Vgl. *Grünwald*, S. 39 (Beispiel nach *Glaser*).

[87] Vgl. *Tiedemann*, Entwicklungstendenzen der strafprozessualen Rechtskraftlehre, 1969, S. 10 f.; *Grünwald*, S. 44.

[88] Nach RG 73, 331 soll im Verfahren wegen einer Begünstigung, die nach rechtskräftiger Verurteilung zur Vereitelung der Vollstreckung begangen ist, nicht zu prüfen sein, ob der Begünstigte sich strafbar gemacht hatte. Folgt man dem, so handelt es sich um eine Tatbestands-, nicht um eine Bindungswirkung des Urteils (vgl. die Aussage des RG, es sei „weder der Begünstiger berechtigt, nachzuprüfen, ob der Begünstigte mit Recht verurteilt worden ist, noch darf eine solche Nachprüfung in

c) Auf die Tatsache der Verurteilung und nicht darauf, ob eine Straftat wirklich vorlag, kommt es übrigens auch dann an, wenn sich jemand gegen die Vollstreckung des Urteils in einer Weise zur Wehr setzt, die einen Straftatbestand erfüllt. Unabhängig von der Richtigkeit der Verurteilung hat diese zur Folge, daß der Verurteilte dann kein Notwehrrecht hat. Über diese materiellrechtliche Auswirkung des materiellrechtlich falschen wie des richtigen Urteils — die die Struktur der Tatbestandswirkung aufweist — besteht Einigkeit[89].

3. Betrachtet sei nun zunächst die Frage der Bindung in dem Fall, daß die *Schuldfrage* in einem zweiten Verfahren gegen denselben Angeklagten davon abhängt, ob die rechtskräftig abgeurteilte Tat begangen worden ist. Überwiegend wird eine solche Bindung verneint[90], und das zu Recht. Gesetzlich festgelegt ist sie nicht, und ihre Nachteile sind offensichtlich: Sie hätte zur Folge, daß mögliche Fehler des ersten Urteils eine weitere Fehlentscheidung nach sich ziehen müßten und daß das zweite Gericht unter Umständen gegen seine Überzeugung entscheiden müßte. (War das erste Urteil ein Freispruch, so müßten auch Fehler, die durch neue Tatsachen oder Beweismittel offenbar geworden sind, übernommen werden, da eine Lösung über die Wiederaufnahme

dem Strafverfahren ... vorgenommen werden"). — Die Auffassung des RG ist jedoch unrichtig, da § 257 StGB auf die Begehung der Straftat, nicht auf die Verurteilung abstellt. Zutreffend *Bockelmann*, NJW 1951, S. 620 (624 Fußn. 29), und insoweit auch *Tiedemann*, S. 32.

89 Dies ist insofern merkwürdig, als unter den Vertretern der zum "Wesen" der materiellen Rechtskraft entwickelten Theorien darüber gestritten wird, ob die Vollstreckung eines unrichtigen Urteils rechtmäßig oder rechtswidrig sei (s. einerseits *Schäfer* in: *Löwe-Rosenberg*, Einl. Kap. 10. B. 3. c. A [S. 107 f.], andererseits Eberhard *Schmidt*, Teil I, Rdnr. 275—286). Dieser Theorienstreit ist nahezu rein terminologischer Natur, nämlich auf die Verwendung unterschiedlicher Rechtsmäßigkeits-(Rechtswidrigkeits-)begriffe zurückzuführen. Ein sachlicher Gegensatz besteht nur hinsichtlich der Frage, ob es für § 113 StGB (Widerstand gegen die Staatsgewalt) auf die Richtigkeit des Urteils ankommt; siehe dazu *Eb. Schmidt*, Rdnr. 286 Fußn. 512, und *Schäfer*, S. 107.

90 *Henkel*, S. 391 (anders in der 1. Aufl. 1953, S. 448 f.); *Peters*, S. 436 f.; *Eb. Schmidt*, Teil I, Rdnr. 321, 322; *Gollwitzer* in: *Löwe-Rosenberg*, § 262 Anm. 7. b.; *Beling*, Deutsches Reichsstrafprozeßrecht, 1928, S. 274; *Bruns* (siehe Fußn. 82); OLG Hamm in NJW 1959, S. 1982; RG 44, 254.

Anderer Ansicht: *Binding*, Strafrechtliche und Strafprozessuale Abhandlungen, 2. Band, 1915, S. 301 (344 ff.); Hellmuth *Mayer*, Gerichtssaal 99 (1930), S. 36 (112 ff.); *Grunsky* in:Tübinger Festschrift für Kern, 1968, S. 223 ff. (siehe Fußn. 94). Für das österreichische Recht ebenso *Nowakowski*, ÖJZ 1948, S. 546 ff.

des Verfahrens versperrt ist.) Die Arbeitsersparnis, die einträte, wenn das Gericht der Verpflichtung zu eigener Prüfung enthoben wäre, kann diese Nachteile nicht aufwiegen. Andere Vorteile hätte die Bindung nicht. Das früher verwendete Argument, daß die Autorität eines definitiven Staatsaktes nicht durch Neuaufrollung der entschiedenen Fragen geschmälert werden dürfe[91], beruht auf einer überholten Vorstellung von Autorität. Die Autorität staatlichen Handelns wird durch blindes Festhalten an einer Beurteilung nicht gefördert, sondern geschädigt.

Anzumerken ist schließlich, daß die Gründe, die im Zivilprozeß die Bindungswirkung unerläßlich machen, im Strafverfahren nicht zutreffen. Das Zivilurteil könnte, gäbe es die Bindungswirkung nicht, durch Handlungen der unterlegenen Partei entwertet werden; der zur Herausgabe einer Sache Verurteilte etwa brauchte sie nur zu veräußern und könnte dann der Klage auf Schadensersatz mit der Erneuerung der Behauptung, er sei zur Herausgabe nicht verpflichtet gewesen, entgegentreten. Eine Parallele hierzu gibt es — abgesehen von einem noch zu erörternden Fall — im Strafprozeß nicht.

4. Eine Bindungswirkung des rechtskräftigen Urteils für spätere Verfahren gegen eine *andere Person* kann es erst recht nicht geben. Dem Gericht, das über die Anklage gegen B wegen Begünstigung zu entscheiden hat, wird die Prüfung, ob A eine Straftat begangen hat, nicht durch das Urteil gegen diesen erspart[92]. Hierüber besteht heute Einigkeit[93].

Allerdings sieht das Gesetz an einer Stelle eine Bindung an das Urteil in einem Verfahren gegen einen anderen vor: Hat X dem Y nachgesagt, daß er eine Straftat begangen habe, und wird deshalb ein Strafverfahren wegen Beleidigung gegen X eingeleitet, so ist nach § 190 S. 1 StGB die Richtigkeit der Behauptung als erwiesen zu behandeln, wenn Y wegen der Straftat rechtskräftig verurteilt ist. Andererseits wird durch einen rechtskräftigen Freispruch der Wahrheitsbeweis nach § 190 S. 2 StGB ausgeschlossen, dies jedoch nur, wenn die Bezichtigung *nach* dem rechtskräftigen Freispruch lag. Mit dieser Regelung wird der Gefahr einer Ent-

[91] *Binding*, S. 352.

[92] Vgl. RG 58, 290 (Verurteilung wegen Begünstigung trotz rechtskräftigem Freispruch des Vortäters).

[93] *Henkel* hat die in der 1. Auflage vertretene Gegenmeinung aufgegeben (vgl. Fußn. 90).

wertung der Schuldfrageentscheidung des rechtskräftigen Urteils, die sonst ähnlich wie beim Zivilurteil bestünde, begegnet. Gäbe es § 190 S. 1 StGB nicht, so könnte der Verurteilte den Schuldspruch dadurch aus den Angeln heben, daß er gegen irgendwen, der die Behauptung irgendwann aufgestellt oder weitergegeben hat, Klage erhebt. Und ohne den Satz 2 könnte jedermann den vom Gericht verneinten Schuldvorwurf erneut erheben und, wenn sich der Freigesprochene zur Wehr setzt, gerichtlich feststellen lassen. Angesichts der Besonderheit der dem § 190 StGB zugrundeliegenden Interessenlage ist ein Schluß auf eine allgemeine Bindungswirkung nicht möglich[94].

5. Ist die Frage, ob der Angeklagte eine rechtskräftig abgeurteilte Straftat begangen hat, im späteren Verfahren nur für die Entscheidung über die *Straffrage* (oder die Festsetzung sonstiger Rechtsfolgen) relevant, so ist die Situation anders. Es ist ausgeschlossen anzunehmen, daß ein Gericht im Hinblick auf die Strafschärfung etwa wegen zweier Vortaten über diese erneut zu befinden hätte. Selbst wenn es für ihre Aufklärung ebensoviel Sorgfalt aufwendete wie für die der zur Aburteilung stehenden Tat, wäre es wegen des Zeitablaufs in der Regel in einer schlechteren Situation als das Gericht des früheren Verfahrens. Es hat deshalb dessen Beurteilung zu übernehmen[95].

[94] *Grunsky* (S. 230) wertet § 190 StGB als Indiz für das Bestehen einer Bindungswirkung, und zwar bei Verfahren gegen denselben Angeklagten, nicht gegen einen anderen. Wieso, bleibt unverständlich. — *Grunsky* gelangt sodann zu einer Differenzierung, die der des § 190 entgegengesetzt ist: Der Freispruch soll eine uneingeschränkte Bindungswirkung auslösen, die Verurteilung nur im Hinblick auf Taten, die ihr nachfolgen. Letzteres deshalb, weil das Urteil eine „Warnfunktion" habe. So sei dem Angeklagten durch die Verurteilung wegen Brandstiftung in dem obigen Beispiel vor Augen geführt worden, daß sein Verhalten rechtlich nicht gebilligt wird; erhebe er nun einen Anspruch gegen die Feuerversicherung, so sei er wegen Betrugsversuchs strafbar (S. 235 f.). Mit *dieser* Begründung die Frage, ob der Anspruch bestand oder nicht, der Prüfung zu entziehen, ist abwegig und zudem eine Vermengung von Tatbestandswirkung und Bindungswirkung, deren sachlichen Unterschied *Grunsky* verkennt (S. 232).

[95] Abweichend *Vogler* (wie Fußn. 59), S. 64 f. Die Bindungsfrage wurde zumeist im Hinblick auf die früheren Rückfallbestimmungen des Besonderen Teils und die frühere Strafschärfung für den gefährlichen Gewohnheitsverbrecher nach § 20 a a. F. erörtert und überwiegend bejaht. Vgl. *Henkel*, S. 391; *Peters*, S. 437; *Eb. Schmidt*, Teil I, Rdnr. 320 (unter Aufgabe seiner früheren Ansicht). Weitere Nachweise bei *Grünwald*, Teilrechtskraft, S. 43 ff.

Eine Bindung besteht auch da, wo eine frühere Tat als Indiz für die gewerbs-, geschäfts- oder gewohnheitsmäßige Begehung in Frage steht. Allerdings muß das Gericht den Indizwert der Vortat selbst beurteilen, aber es darf weder ihre Begehung entgegen dem rechtskräftigen Urteil in Zweifel ziehen noch gar trotz eines Freispruchs bejahen[96].

Entsprechendes gilt für die Anwendung des § 17 StGB, der eine Anhebung der Mindeststrafe für vorsätzliche Straftaten dann vorsieht, wenn der Täter zuvor zweimal wegen eines Verbrechens oder vorsätzlichen Vergehens verurteilt worden war und mindestens 3 Monate Freiheitsstrafe verbüßt hat, sofern ihm vorzuwerfen ist, daß er sich die früheren Verurteilungen nicht hat zur Warnung dienen lassen. Anzumerken ist, daß es auch hier um eine Bindung an die Beurteilung der früheren Taten geht, nicht etwa nur um eine Tatbestandswirkung der Verurteilung. Die Strafschärfung erhält ihre Berechtigung daraus, daß der Täter mehrere Straftaten begangen hatte *und* deswegen verurteilt worden ist. Die Begehung gilt jedoch mit der Verurteilung als festgestellt.

6. Da in ausländischen Rechten eine Bindung des *Zivilgerichts* an rechtskräftige Strafurteile besteht, ist hervorzuheben, daß frühere landesrechtliche Vorschriften desselben Inhalts durch § 14 II Nr. 1 EGZPO aufgehoben worden sind.

7. Für *Disziplinarverfahren*, die denselben Sachverhalt zum Gegenstand haben wie ein rechtskräftiges Strafurteil, enthalten die Disziplinarordnungen des Bundes und der Länder folgende Regelungen: Grundsätzlich sind die tatsächlichen Feststellungen des Urteils zu übernehmen. Doch kann das Disziplinargericht die Überprüfung solcher Feststellungen beschließen, deren Richtigkeit es bezweifelt. Nach den Disziplinarordnungen des Bundes (§ 18 I S. 2) und der meisten Länder genügt hierfür Stimmenmehrheit, in Baden-Württemberg und Rheinland-Pfalz wird Einstimmigkeit vorausgesetzt. In Hessen ist eine Überprüfung nur *zugunsten* des Beamten möglich.

VII. Die Frage der Urteilsnichtigkeit

1. Es ist herrschende Meinung in der Literatur[97], daß Urteile, die besonders krasse Mängel aufweisen, „nichtig" seien. Damit

[96] So aber RG 33, 303. — Wie hier *Henkel*, S. 391.

[97] *Henkel*, S. 257 ff.; *Peters*, S. 249 ff.; *Eb. Schmidt*, Teil I, Rdnr. 251—257; *Kleinknecht*, Einl. 4. F. a.; *Sax* in: KMR Einl. 10. b. — Ablehnend

ist gemeint, daß sie keinerlei Wirkungen auslösen sollen, weder die der materiellen Rechtskraft noch die Vollstreckbarkeit. Sie sollen von jedermann als unbeachtlich zu behandeln sein, ohne daß es einer gerichtlichen Feststellung bedürfte. Die Voraussetzungen der Nichtigkeit werden von den Vertretern dieser Auffassung durch Generalklauseln umschrieben (z. B.: „Mängel, bei denen der Bestand des Urteils für die Rechtsgemeinschaft unerträglich wäre“[98]), im übrigen werden Beispiele genannt. So soll ein Urteil nichtig sein, wenn statt des Angeklagten in der Hauptverhandlung ein anderer aufgetreten ist[99], wenn die Tat oder der Täter nicht der deutschen Gerichtsbarkeit unterlag[100], wenn dieselbe Tat schon einmal abgeurteilt worden war[101], bei Verurteilung zu einer dem deutschen Recht unbekannten Strafe[102] oder sonstigen offensichtlichen Fehlern bei der Anwendung materiellen Rechts[103].

Auch Gerichte haben in einzelnen Entscheidungen dieser Auffassung zugestimmt, doch ist kein Fall bekannt, in dem ein Gericht ein Urteil, bei dem die Voraussetzungen der Rechtskraft eingetreten waren, tatsächlich als nichtig behandelt hätte[104].

2. Die Kategorie der Nichtigkeit von Urteilen in dem dargestellten Sinne kann nicht anerkannt werden[105]. Die These, Urteile könnten als unbeachtlich zu behandeln sein, stellt einen (weiteren) konstruktiven Versuch dar, die in den Bestimmungen über die Wiederaufnahme enthaltene abschließende Regelung der Voraussetzungen, unter denen ein Urteil keinen Bestand haben soll, zu sprengen. Eine derartige Korrektur des Gesetzes könnte

Schäfer in: *Löwe-Rosenberg*, Einl. Kap. 14 (außer für den Fall der fehlenden Gerichtsunterworfenheit und der Verhängung einer dem Strafensystem unbekannten Strafe) S. 185, 189, 193; *Sarstedt*, JR 1955, S. 351 f. Für eine enge Begrenzung *Kern-Roxin*, S. 252 f. — Weitere Literaturangaben bei *Schäfer*, a. a. O., S. 185 f.

98 So *Peters*, S. 450.

99 Fall LG Lüneburg in MDR 1949, S. 767. Vgl. *Henkel*, *Kern-Roxin*, *Peters*, *Eb. Schmidt* und *Sax*, a. a. O.

100 Fall OLG Braunschweig in MDR 1947, S. 37, und BayObLG 1959, S. 317. Vgl. *Henkel*, *Eb. Schmidt* und *Sax*, a. a. O.

101 Vgl. *Henkel*, *Peters*, *Eb. Schmidt* und *Sax*, a. a. O.

102 Vgl. *Henkel*, *Kern-Roxin*, *Eb. Schmidt* und *Sax*, a. a. O.

103 Vgl. *Peters*, a. a. O. Bei „offensichtlich unzulässigem Inhalt“ ebenso *Kern-Roxin* und bei Verurteilung nach einem nicht vorhandenen oder nichtigen Strafgesetz *Henkel* und *Sax*, a. a. O.

104 Siehe dazu die Angaben bei *Schäfer*, a. a. O., S. 185 ff.

105 Näher zum folgenden *Grünwald*, ZStW 76 (1964), S. 250 ff.

allenfalls dann diskutabel sein, wenn sie wirklich notwendig wäre, um evident unerträgliche Ergebnisse zu vermeiden. Bei einem Teil der genannten Beispielsfälle mag das so scheinen, doch erweist sich bei näherer Prüfung dieser Eindruck als unrichtig.

Auch bei diesem Problem werden wesentliche Zusammenhänge dadurch verdeckt, daß die „wahre" Sachlage und die „richtige" Rechtsauffassung als bekannt vorausgesetzt werden. Ob in der Hauptverhandlung anstelle des Angeklagten ein anderer aufgetreten war, bedarf ja der Feststellung, und ob der Angeklagte wegen derselben Tat verurteilt worden oder der deutschen Gerichtsbarkeit entzogen war, läßt sich erst nach — mitunter schwieriger — tatsächlicher und rechtlicher Untersuchung beurteilen. Die These, daß „beim Vorliegen" solcher Mängel jedermann ohne weiteres das Urteil zu ignorieren habe, klingt plausibel nur dann, wenn man übersieht, daß sie in der Realität die Anweisung etwa an den zuständigen Staatsanwalt enthält, die Vollstreckung zu unterlassen, wenn *er* überzeugt ist, daß der Satz „ne bis in idem" verletzt sei, etc. Eine derartige Anweisung, die eigene Beurteilung an die Stelle der des Gerichts zu setzen, ist ebenso unhaltbar, wie es die wäre, „einen Unschuldigen" = einen nach Überzeugung des für die Strafvollstreckung Zuständigen zu Unrecht Verurteilten mit der Strafe zu verschonen.

Die richtige Lösung ergibt sich (wiederum) nur, wenn man danach differenziert, ob der in Frage stehende Mangel des Urteils im Bereiche des Tatsachen- oder Beweismaterials, der Beweiswürdigung oder der Rechtsanwendung angesiedelt sein soll. Sind Tatsachen oder Beweismittel aufgedeckt worden, die dem Gericht unbekannt waren (jemand bekundet, daß er statt des Angeklagten in der Hauptverhandlung gewesen sei, es wird ein früheres Urteil vorgelegt), so ist die Wiederaufnahme des Verfahrens begründet. Die Frage der Richtigkeit der Beweiswürdigung und der Rechtsanwendung ist hingegen mit der Rechtskraft abgeschnitten.

3. Es bleibt zu fragen, ob etwa bei „offensichtlichen" Fehlern bei der Rechtsanwendung etwas anderes gelten soll. Dagegen spricht zweierlei. Erstens ist der Begriff der Offensichtlichkeit viel zu konturlos, als daß er ein geeignetes Kriterium für eine so gravierende Rechtsfolge wäre[106]. Zweitens ist es zwar möglich, daß

[106] Dies gilt selbst für die scheinbar eindeutig abgrenzbare Fallgruppe „Verurteilung nach einem nicht vorhandenen Strafgesetz", wie die beiden Fälle aus der höchstrichterlichen Rechtsprechung zeigen: Im Fall

ein Gericht versehentlich (sonst ist ja die Wiederaufnahme wegen Rechtsbeugung gegeben) eine Entscheidung fällt, die dieses Kriterium erfüllt — daß es etwa jemanden wegen des Versuchs eines Delikts, bei dem der Versuch nicht strafbar ist, verurteilt. Geschieht dies aber und wird der Fehler zudem weder vom Angeklagten und seinem Verteidiger noch von der Staatsanwaltschaft beanstandet, so kann es sich schwerlich um einen solchen handeln, dessen Hinnahme für die Rechtsordnung unerträglich wäre.

Die Verurteilung zu einer unserer Rechtsordnung unbekannten Strafe (Todes- und Prügelstrafe werden als Beispiele genannt) ist ein Phantasiefall. Sollte er sich jemals ereignen, so wäre das Urteil selbstverständlich nicht zu vollstrecken. Damit hätte es sein Bewenden. Der Konstruktion der Nichtigkeit — mit der Folge, daß der Verurteilte erneut vor Gericht gestellt werden dürfte — bedarf es nicht.

VIII. *Die Rechtskraft des Strafbefehls*

1. Die Rechtsprechung erkennt dem Strafbefehl nur eine gegenüber dem Urteil eingeschränkte materielle Rechtskraft zu. Es soll zulässig sein, eine Tat nochmals unter einem rechtlichen Gesichtspunkt zu verfolgen, der im Strafbefehl nicht berücksichtigt ist und eine erhöhte Strafbarkeit begründet[107]. Ist ein Strafbefehl wegen fahrlässiger Körperverletzung ergangen, so soll eine Verurteilung wegen fahrlässiger Tötung zulässig sein, wenn der Todeserfolg nachträglich bekannt wird[108] oder nachträglich ein-

BayObLG 1954, 159 war der Angeklagte wegen Vollrausches nach § 330 a StGB verurteilt worden, wobei die im Rausch begangene Straftat eine versuchte fahrlässige Straßenverkehrsgefährdung (die es nicht gibt) sein sollte. Ob dies eine Verurteilung nach einem nicht vorhandenen Strafgesetz ist, ist umstritten (Nachweise bei *Grünwald*, ZStW 76 (1964), S. 262). Ebenso zweifelhaft ist dies in dem Falle BayObLG 1953, 263, wo eine Verurteilung wegen „Vergehens des illegalen Grenzübertritts" (das es nicht gibt) in Idealkonkurrenz mit banden- und gewerbsmäßigem Schmuggel ergangen war. — *Sax* (a. a. O., S. 59) erklärt zu beiden Fällen, „natürlich (sei) nicht die ganze Entscheidung unbeachtlich, wenn sie außer auf mögliches materielles Recht auch noch auf ein nicht vorhandenes Strafgesetz gestützt ist". Diese — wegen der Unmöglichkeit, den existenten vom nichtexistenten Tatbestand abzutrennen — unverständliche Aussage illustriert die Unklarheiten, zu denen die Lehre von der Nichtigkeit führen muß.

[107] Grundlegend BGH 3, 13 und für die Rechtsprechung des Reichsgerichts RG 4, 243. Siehe ferner BGH 6, 122; 9, 10; 18, 141; sowie die Angaben bei *Schäfer* in: *Löwe-Rosenberg*, § 410, Anm. 2. a und e.

[108] So der Fall BGH 3, 13.

tritt[109], ja sogar dann, wenn er bereits im Strafbefehlsverfahren bekannt und im Strafbefehlsantrag erwähnt war[110]. Ein Teil der Literatur hat diese Auffassung übernommen[111], ein anderer bekämpft sie[112].

2. Im Gesetz findet sie keine Stütze. Im Gegenteil: Nach § 410 erlangt ein Strafbefehl mit Verstreichen der Einspruchsfrist „die Wirkung eines rechtskräftigen Urteils". Und § 373 a bestimmt, daß die Vorschriften über die Wiederaufnahme für die durch Strafbefehl abgeschlossenen Verfahren entsprechend gelten.

Die Rechtsprechung gründet ihre These auch erklärtermaßen nicht auf gesetzliche Vorschriften, sondern auf ihre eigene Überzeugung von dem, was „vernünftig" sei. In BGH 3,13 (15) heißt es, die mögliche Folge der Rechtskraft, daß eine gerechte Ahndung einer Straftat nicht erreicht wird, sei „vernünftigerweise nur unter der Voraussetzung erträglich, daß der Richter ... wenigstens die Möglichkeit hatte, die ... Tat in ihrer wirklichen Gestaltung frei zu ermitteln". Diese Möglichkeit bestehe nur im ordentlichen Verfahren, „dessen Kernstück die Hauptverhandlung ist, nicht dagegen im Verfahren bei amtsrichterlichen Strafbefehlen, wo der Richter nicht in der Lage ist, die angeschuldigte Tat über die Grenzen der Anklage hinaus zu würdigen"[113]. Hierzu ist zu bemerken, daß der Richter nicht etwa *rechtlich* dazu nicht in der Lage wäre. Durch den Strafbefehlsantrag wird die Tat nicht anders als durch die normale Anklage dem Gericht ohne jede rechtliche Beschränkung zur Aburteilung unterbreitet. Sieht der Richter, daß (möglicherweise) auch ein anderer als der im Antrag

[109] Vgl. BGH 18, 141.

[110] Vgl. RG 15, 112; 52, 241. Obiter auch BGH 18, 141 (144).

[111] *Eb. Schmidt*, Teil I, Rdnr. 323—325, und Teil II, § 410 (gemäß Nachtragsband I), Rdnr. 3—10; *Kleinknecht*, § 410 Anm. 2 (teilweise kritisch); *Schäfer* in: *Löwe-Rosenberg*, § 410 Anm. 1—4 (mit Einschränkungen, siehe unten Fußn. 124); *Sax* in: KMR, Einl. 14, B. II, und *Müller* in: KMR, § 410 Anm. 2.

[112] *Dürig* in: *Maunz-Dürig*, Art. 103 Rdnr. 133; *Jescheck*, JZ 1957, S. 29 (30 f.); *Schorn*, Das Strafbefehls- und Strafverfügungsverfahren, 1962, S. 102 ff.; *Busch*, ZStW 68 (1956), S. 3 (12 f.). — Ebenso überwiegend die ältere Literatur (Nachweise bei *Schäfer* in: *Löwe-Rosenberg*, § 410 Anm. 2. b.) — Für die Gleichsetzung des Strafbefehls mit dem Urteil auch *Geerds*, S. 401 ff.; *Henkel*, S. 403; *Peters*, S. 492 f. und *Vogler*, S. 88 ff. und passim, die freilich auch dem Urteil nur eine begrenzte Sperrwirkung zuerkennen; vgl. oben V. 2. — Unentschieden *Kern-Roxin*, S. 332 („rechtsstaatlich nicht völlig bedenkenfrei").

[113] Sinngemäß ebenso RG 4, 243 (245).

genannte Tatbestand erfüllt ist, so ist freilich der Erlaß eines ihn einschließenden Strafbefehls nicht möglich, vielmehr ist nach § 408 II Hauptverhandlung anzuberaumen. Beeinträchtigt ist im Strafbefehlsverfahren nur die tatsächliche Erkenntnismöglichkeit, auf die es beim Urteil auch nach der Rechtsprechung nicht ankommt.

3. Die Rechtsprechung muß sich freilich, wenn sie schon nicht vom Gesetz ausgeht, doch mit diesem auseinandersetzen. Dies tut sie folgendermaßen:

a) Zu § 410 erklärt sie, er sei einschränkend dahin auszulegen, daß der rechtskräftige Strafbefehl dem Urteil nur hinsichtlich der Vollstreckungswirkung gleichstehe, nicht aber hinsichtlich des Verbots der Doppelbestrafung[114].

b) Auch mit § 373 a, der die Wiederaufnahmebestimmungen für entsprechend anwendbar erklärt, soll die These vereinbar sein, daß unberücksichtigt gebliebene Gesichtspunkte eine erneute Aufrollung der Tat zuungunsten des Bestraften begründen sollen. Mit der Einfügung des § 373 a durch das Vereinheitlichungsgesetz vom 12. 9. 1950[115] habe der Gesetzgeber eine alte Streitfrage entschieden. Streitig sei jedoch nur gewesen, ob die Wiederaufnahme des Verfahrens *zugunsten* des Verurteilten beim Strafbefehl zulässig sei, denn die Erneuerung der Aburteilung zu seinen Ungunsten entsprechend jener These sei von der Rechtsprechung einhellig anerkannt gewesen. An dieser Einschränkung der Rechtskraftwirkung des Strafbefehls habe der Gesetzgeber nichts ändern wollen[116].

Diese Argumentation enthält mehrere Fehler: Einmal war jene These ebenso wie die Zulässigkeit der Wiederaufnahme zugunsten und der zuungunsten des Angeklagten umstritten — freilich nicht innerhalb der Rechtsprechung, wohl aber zwischen dieser und jeweils einem Teil der Literatur[117]. Weiter ist § 373 a nicht erst durch das Gesetz von 1950 geschaffen worden, sondern — wie der BGH in einem Nebensatz erwähnt — schon durch

[114] Vgl. RG 4, 243 (245) und BVerfGE 3, 248 (254). In BGH 3, 13 ist § 410 allerdings gar nicht erwähnt.

[115] BGBl. I, 455, 496 f.

[116] BGH 3, 13 (16 f.).

[117] Vgl. etwa *von Hippel*, Der deutsche Strafprozeß, 1941, S. 616, 643 f., sowie die Literaturnachweise in *Löwe-Rosenberg*, 19. Aufl. 1934, § 410 Anm. 3. a. (zur Rechtskraftbeschränkung) und Vorb. 2 vor § 359 (zur Wiederaufnahme beim Strafbefehl).

die VO vom 29. 5. 43[118]. Er stand damals in einem Kontext, der jeden Zweifel darüber ausschließt, daß er nicht neben die von der Rechtsprechung angenommene Möglichkeit erneuter Verfolgung treten, sondern sie ablösen sollte. Zugleich mit ihm wurde nämlich in § 359 — auf den er verwies — die Regelung eingeführt, daß die Beibringung neuer Tatsachen oder Beweismittel die Wiederaufnahme zuungunsten ebenso wie zugunsten des Angeklagten begründe[119] [120].

c) Bedenken aus Art. 103 III GG schließlich haben der BGH und sodann das BVerfG mit der schon erwähnten Aussage zurückgewiesen, daß der überlieferte Rechtssatz ne bis in idem nur mit den durch Gesetz und Rechtsprechung gezogenen Grenzen in die Verfassung übernommen worden sei[121].

Es mag dahinstehen, ob diese Auslegung von Art. 103 III GG zutreffend ist[122], jedenfalls entspricht die dargestellte Auffassung nicht der Strafprozeßordnung.

4. Vollends unhaltbar ist sie heute angesichts der Regelung der materiellen Rechtskraft der gerichtlichen Entscheidungen in

[118] RGBl. I, 342, 345. Damit, daß nach dem Krieg die alte Fassung der Wiederaufnahmebestimmungen wiederhergestellt wurde (außer in der französischen Zone), entfiel § 373 a zunächst (siehe *Dalcke-Fuhrmann-Schäfer*, wie Fußn. 34). Durch das VereinheitlichungsG wurde er sodann wieder eingefügt.

[119] Zudem waren der VO vom 29. 5. 43 der EGADStGB-Entwurf 1930 und der StPO-Entwurf 1939 voraufgegangen, die beide die Wiederaufnahme bei Strafbefehlen zugunsten und zuungunsten des Bestraften regeln wollten; siehe *Schäfer* in: *Löwe-Rosenberg*, § 410 Anm. 2. c. Auch *Schäfer* hebt hervor, daß durch die Einführung des § 373 a durch die VO vom 29. 5. 43 die Rechtsprechung über die beschränkte Rechtskraftwirkung gegenstandslos gemacht werden sollte (Anm. 2 d). Er meint freilich, § 373 a habe nach dem VereinheitlichungsG diese „Aufgabe nicht mehr haben" können, da die sich damit ergebende Rechtskraftwirkung über die früheren Entwürfe hinausginge und mit dem „praktischen Bedürfnis und den Erfordernissen der Gerechtigkeit nicht in Einklang zu bringen" wäre (Anm. 4. e).

[120] Das BVerfG (E 3, 248, 254) hat aus § 373 a sogar ein Argument *für* die These von der Beschränkung der Rechtskraft gewinnen zu können gemeint: Er zeige, daß die StPO selbst nicht davon ausgehe, daß der Strafbefehl in vollem Umfang dem Urteil gleichstehe; denn bei voller Gleichstellung wäre seine Einfügung ja unnötig gewesen.

[121] BGH 3, 13 (16); BVerfGE 3, 248 (252 f.). Die Entscheidung des BVerfG hat dabei nur die Bedeutung, daß die Vereinbarkeit der Auffassung der Rechtsprechung mit dem Grundgesetz bejaht worden ist. Über ihre *Richtigkeit* zu befinden, war nicht Sache des BVerfG.

[122] Dagegen *Dürig*, wie Fußn. 112.

Ordnungswidrigkeitenverfahren nach dem OWiG vom 24. 5. 68. In § 84 II S. 2 OWiG ist bestimmt, daß die Ahndung einer Tat als Ordnungswidrigkeit durch einen *ohne Hauptverhandlung ergehenden gerichtlichen Beschluß* (nach § 72) *ebenso wie die durch Urteil* ihre spätere Verfolgung als Straftat ausschließt (für beide Arten von Entscheidungen gilt gleichermaßen die Sonderregelung des § 85 III S. 2, daß die Beibringung neuer Tatsachen und Beweismittel, die die Verurteilung wegen eines Verbrechens i. S. von § 1 I StGB zu begründen geeignet sind, die Wiederaufnahme erlaubt). Der Beschluß nach § 72 OWiG ist das Resultat einer gerichtlichen Prüfung, die hinsichtlich der rechtlichen und tatsächlichen Kognitionsmöglichkeit derjenigen beim Strafbefehl gleicht: Dem Gericht war die Tat ohne rechtliche Beschränkung zur Beurteilung vorgelegt, es hatte die Möglichkeit, Hauptverhandlung anzuberaumen, war jedoch auf Grund der ihm unterbreiteten schriftlichen Unterlagen der Ansicht, daß der Sachverhalt hinreichend geklärt sei[123].

Durch diese Regelung ist der These, daß das Fehlen der Hauptverhandlung die Gleichsetzung des Strafbefehls mit dem Urteil verbiete, der Boden entzogen. Die bisher herrschende Auffassung zur Rechtskraft des Strafbefehls steht darüberhinaus in einem direkten Gegensatz zu dieser Regelung — spricht sie doch der rechtskräftigen Ahndung einer Tat als Straftat eine geringere Rechtskraftwirkung zu als ihrer nicht weniger summarischen Ahndung als bloße Ordnungswidrigkeit[124].

[123] Hinsichtlich der Möglichkeit, sich ein eigenes Bild zu verschaffen, steht der Richter im Strafbefehlsverfahren — folgt man der h. M. — sogar besser da als im Beschlußverfahren nach § 72 OWiG: Die Zulässigkeit eigener Ermittlungen wird im Strafbefehlsverfahren überwiegend bejaht (*Schäfer* in: *Löwe-Rosenberg*, § 408 Anm. 6. e. mit Nachweisen), bei § 72 OWiG überwiegend verneint; vgl. OLG Braunschweig in MDR 1970, S. 350; *Göhler*, Gesetz über Ordnungswidrigkeiten, 2. Aufl. 1970, § 72 Anm. 1. A; *Müller*, Straßenverkehrsrecht, Band II, 22. Aufl. 1969, § 72 OWiG, Rdnr. 5 (S. 723).

[124] Obwohl *Schäfer* diese Diskrepanz zutreffend herausstellt, tritt er nur für relativ geringfügige Korrekturen an der bisherigen These der Rechtsprechung ein, die den Strafbefehl noch nicht einmal dem Beschluß nach § 72 OWiG gleichstellen würden: Die erneute Verfolgung (ohne Wiederaufnahmeverfahren) solle die Beibringung neuer Tatsachen oder Beweismittel voraussetzen, eine als Übertretung bestrafte Tat solle nicht nochmals als Übertretung verfolgbar sein, und es müsse eine wesentliche Verschärfung der Strafe zu erwarten sein (*Löwe-Rosenberg*, § 410 Anm. 4. b. bb—4. c).

Résumé

1. Après la conclusion d'une procédure pénale, on ne peut par principe engager une autre procédure concernant le même fait. En effet, on ne peut délibérer par principe à nouveau sur le fait ni au désavantage de l'accusé — c'est-à-dire dans l'intention de condamner un acquitté ou de punir plus sévèrement un condamné — ni à son avantage — c'est-à-dire dans l'intention d'acquitter un condamné ou de lui donner une peine moins grave.

Ce principe („ne bis in idem") n'est pas expressément formulé dans le code de procédure pénale, cependant dans les clauses d'une révision de la procédure (§§ 359 à 373 a) sont fixées les exceptions qui sont faites à ce principe. L'interdiction de la reprise d'une seconde procédure au désavantage de l'acquitté ou du condamné fait partie de la constitution de la République fédérale d'Allemagne (art. 103 al. III GG). Il en découle que le principe „ne bis in idem" ne peut être supprimé, même par la loi; on ne peut non plus introduire d'autres limitations au désavantage de l'accusé que celles qui sont traditionnelles et inclues dans le code de procédure pénale.

2. De sérieuses limitations sont en vigueur *à l'avantage* d'un condamné: si des faits ou des preuves sont soumis au tribunal, lesquels n'avaient pas fait partie des débats lors de la première procédure et qui peuvent justifier un acquittement ou l'application d'une loi plus clémente, alors a lieu „une révision de la procédure". C'est à dire qu'il y a une nouvelle audience où vaut le principe „in dubio pro reo". Une révision *en défaveur* de l'accusé sur la base de nouveaux faits ou de nouvelles preuves n'est pas autorisée, sauf dans le cas d'aveux faits par un acquitté.

De plus, est autorisée une révision à l'avantage ou au désavantage de l'accusé lorsqu'un témoin ou un expert s'est rendu coupable d'une fausse déclaration punissable, lorsqu'un document utilisé a été falsifié ou lorsqu'un juge ou un juré a commis dans la procédure une infraction (prévarication ou corruption).

En outre, une révision a lieu lorsque la loi pénale, qui a été utilisée pour le jugement, a été déclarée contraire à la constitution ou nulle par la Cour constitutionnelle fédérale.

3. Comme il est interdit (à part ces exceptions) de délibérer à nouveau sur le même fait, il faut définir ce que l'on entend par le „même fait". Les tribunaux ont une conception favorable à l'accusé ou à l'acquitté. Ils considèrent comme le même fait „la

conduite de celui qui a commis l'acte dans son ensemble dans la mesure où elle constitue une unité historique". Cela signifie que, même lors de la découverte de nouveaux faits qui donnent à la conduite de celui qui a commis l'acte une autre portée juridique, mais appartiennent au même événement historique, une nouvelle procédure est exclue. En particulier sont considérés comme le même fait tous les actes qui forment une unité d'après le fond du droit pénal.

Dans la littérature, on trouve différentes définitions plus étroites. Certains auteurs déclarent qu'il s'agit d'un nouveau fait lorsque des faits sont connus que le tribunal ne pouvait connaître. Certains nient l'identité du fait lorsqu'une modification importante de la qualification juridique découle de nouveaux faits. D'autres considèrent chaque acte de l'auteur du délit qui est connu après coup comme nouveau fait. L'auteur de l'exposé se range à la jurisprudence qui rejette ces restrictions.

4. La question de savoir si l'accusé s'est rendu coupable du délit dont il est accusé peut se révéler essentielle comme question préalable dans une procédure ultérieure, ayant un autre fait comme objet. (Exemple: A a été condamné pour vol. Ultérieurement B est accusé de l'avoir protégé et A de l'y avoir incité). Dans quelle mesure le tribunal est lié, lors de telles constellations, à la condamnation du jugement précédent est un point discuté.

L'opinion générale est que le tribunal n'est pas lié à des jugements à l'égard d'un *autre* accusé. (Le § 190 du code pénal prévoit une exception au sujet de la procédure pour injure lorsque l'injure a consisté en ceci qu'un autre a été accusé d'une infraction qui avait fait l'objet d'un jugement). Les tribunaux et la doctrine dans sa majorité refusent également une obligation à l'égard de jugements contre le *même* accusé. Cependant si la question de la *peine* dépend de celle de savoir si l'accusé avait commis déjà auparavant des infractions, les jugements rendus sur cette question ont force obligatoire.

Il n'existe pas en droit allemand d'obligation pour le tribunal civil découlant de jugements pénaux. De plus, l'opinion générale admet qu'aucun tribunal n'est lié par l'appréciation de faits isolés ou de groupes de faits par un autre tribunal.

5. Beaucoup d'auteurs prétendent que des jugements qui sont entachés de vices particulièrement graves sont nuls. Cela signifie qu'ils ne sont pas exécutoires et qu'ils ne peuvent faire obstacle à

un nouveau jugement. L'auteur de l'exposé refuse cette conception, car les dispositions pour la révision de la procédure règlent limitativement les conditions dans lesquelles exceptionnellement une nouvelle procédure peut avoir lieu.

6. Pour les infractions mineures, une peine peut être imposée par le juge à la demande du procureur sans débats par une „ordonnance pénale“ (Strafbefehl). D'après la pratique des tribunaux, il devrait exister dans le cas des „ordonnances pénales“ une exception au principe „ne bis in idem“: il devrait être permis de poursuivre le fait puni par l'ordonnance pénale d'après une autre loi pénale si une aggravation du caractère repréhensible est motivée. Cette conception n'a pas de base dans la loi, car le code de procédure pénale stipule que „l'ordonnance pénale“ a valeur de jugement pour ce qui concerne les conséquences juridiques et les motifs de révision (§§ 410, 373 a). L'auteur de l'exposé la rejette donc, en accord avec une partie de la littérature.

Resumen

1. Después de la conclusión de un proceso penal, no se puede, por principio, llevar a cabo otro proceso sobre el mismo hecho. Y exactamente, no se puede, por principio, volver de nuevo sobre el mismo hecho ni en perjuicio del acusado — es decir, con el fin de condenar al absuelto, o de castigar más rigurosamente a un condenado — ni tampoco a su favor — es decir, con el fin de absolver al ya condenado o de castigarle más suavemente.

Este principio („ne bis in idem“) no se encuentra recogido expresamente en la Ley Procesal Penal (Strafprozeßordnung), pero sin embargo en las disposiciones sobre la revisión del proceso (§§ 359—373 a), se establecen las excepciones que de él existen. La prohibición de llevar a cabo un segundo proceso en perjuicio del ya absuelto o condenado se recoge en la Constitución de la República Federal de Alemania (art. 103 párr. 3). Consecuencia de esto es que, el principio „ne bis in idem“ tampoco puede ser suprimido por la Ley; ni tampoco se pueden establecer en perjuicio del acusado, otras limitaciones que las tradicionalmente contenidas en la Ley Procesal Penal.

2. *En beneficio* del condenado existen considerables limitaciones: Si al Tribunal se presentan hechos o medios de prueba que en el primer proceso no fueron introducidos en el juicio oral, y que pueden fundamentar una absolución o la aplicación de una

ley más favorable, entonces tiene lugar una „revisión del proceso". Es decir, se lleva a cabo un nuevo en el que tiene validez también el principio in dubio pro reo. No es admisible una revisión *en contra* del acusado a causa de nuevos hechos o medios de prueba, pero sí a causa de una confesión que realiza un absuelto.

Una revisión a favor o en contra del acusado es posible si un testigo o perito ha realizado una declaración falsa, y por ello, punible; si un documento empleado fue falsificado; o si un juez, un escabino o jurado ha cometido en el proceso un hecho punible (prevaricación, cohecho).

Además, puede tener lugar una revisión, si la ley penal, según la cual se ha juzgado, ha sido considerada por el Tribunal Constitucional Federal como anticonstitucional, o declarada su nulidad.

3. Puesto que no es admisible (aparte de estas excepciones) volver de nuevo sobre el mismo hecho, debe definirse lo que hay que entender por „el mismo hecho". Los tribunales sostienen un criterio favorable al condenado o absuelto. Consideran como el mismo hecho „la total conducta del autor, en tanto represente un proceso unitario de vida". Esto significa que aún con el descubrimiento de nuevos hechos que darían lugar a otra calificación jurídica de la conducta del autor pero que pertenecen al mismo proceso histórico, está excluido un nuevo proceso. Especialmente deben considerarse como el mismo hecho, todos los actos que forman una unidad según el derecho material.

En la literatura se defienden distintas y más limitadas definiciones. Algunos autores sostienen que se trata de un nuevo hecho, cuando se conocen hechos que el tribunal no pudo conocer. Otros niegan la identidad del hecho cuando, a causa de nuevos hechos, resulta un sustancial cambio en la calificación jurídica. Otros, por último, consideran cada acto del autor que llega a ser conocido con posterioridad, como un nuevo hecho. El ponente se adhiere a la Jurisprudencia que rechaza estas limitaciones.

4. La pregunta de si el acusado resulta culpable del hecho punible por el que es acusado, puede en un proceso posterior que tiene otro hecho como objeto, ser relevante como cuestión prejudicial. (Ejemplo: A es condenado por robo. Posteriormente B es acusado de haberle encubierto, y A por haber instigado a B.) Es discutido hasta qué punto el Tribunal, en tales situaciones, está ligado al dictamen del juicio anterior.

Es opinión general que no hay vinculación alguna respecto a la sentencia contra *otro* acusado. (Una excepción prevé el § 190 Código Penal Alemán para el proceso por injurias, si la injuria consistió en acusar a otra persona de un hecho punible, sobre el que había recaido sentencia.) Los tribunales y la mayor parte de la doctrina rechazan también una vinculación a la sentencia contra el *mismo* acusado. Pero si la *cuestión de pena* depende de si el acusado ha cometido anteriormente hechos punibles, entonces las sentencias dictadas acerca de ellas son vinculantes.

No hay en Derecho alemán vinculación del tribunal civil a la sentencia penal. Es además opinión general que ningún tribunal está vinculado a la apreciación de los hechos individuales o complejo de hechos realizados por otro tribunal.

5. Muchos autores afirman que las sentencias afectadas de vicios de gravedad son nulas. Esto significa que no deben ser ejecutorias ni impedir un nuevo enjuiciamiento. El ponente rechaza esta opinión, porque los precepzos sobre la revisión del juicio regulan definitivamente las condiciones bajo las cuales puede tener lugar excepcionalmente un nuevo proceso.

6. En hechos más leves puede a instancia de la Fiscalía ser impuesto al acusado una pena, por el juez, sin necesidad de proceso, a través de una „orden penal". Según la praxis de los tribunales, en las órdenes penales suele haber una excepción al principio ne bis in idem: debe ser admisible perseguir de nuevo el hecho, castigado por una orden penal, según otra ley penal, si está motivado un aumento de la punibilidad. Esta opinión carece de fundamento en la ley, pues la Ley Procesal Penal determina que la orden penal tiene igual valor que la sentencia, respecto de consecuencias jurídicas y causas de revisión (§§ 410, 373 a). Por ello, el ponente, en unión de una parte de la doctrina, las rechaza.

Der Schutz vor Selbstbezichtigung im deutschen Strafprozeßrecht*

Von Professor Dr. Albin *Eser*, Bielefeld

I. Die allgemeine Entwicklungstendenz

Wo auch immer man sich heute in den westlichen Rechtskreisen um eine Reform des Strafverfahrens bemüht, gleich ob auf dem Wege der Gesetzgebung wie in Italien, Österreich oder Deutschland, oder gleich ob durch richtungweisende Judikatur wie in England oder den USA, überall ist ein etwa gleichgerichteter Trend festzustellen: eine Verstärkung der Rechte des Beschuldigten im Strafverfahren[1].

Dies geschieht auf zweierlei Weise: Zum einen wird gewissermaßen der verfassungsrechtliche Cordon um den Beschuldigten verstärkt, indem er sowohl in seiner Willensbildung wie in seinen Äußerungen davor geschützt wird, zum Objekt der ihm übermächtig erscheinenden Strafverfolgungsbehörde und damit zum Überführungszeugen gegen sich selbst zu werden. Zum anderen sollen — über jenen gleichsam passiven Schutz hinaus — auch die aktiven Verteidigungsrechte des Beschuldigten ausgebaut werden, um auf diesem Wege eine größere Chancengleichheit zwischen Strafverfolgung und Verteidigung zu gewährleisten.

Zentralpunkt jener „passiven" Verteidigung ist das Recht, sich nicht selbst belasten zu müssen. Denn solange die Unschuldsvermutung und der Grundsatz „in dubio pro reo" Gültigkeit haben, ist bereits das Schweigen des Beschuldigten ein Mittel der Verteidigung; und zwar nicht nur dort, wo die wahrheitsgemäße Aussage zugleich das Eingeständnis der Schuld bedeuten würde, sondern auch dann, wenn eine objektiv wahre und an sich nicht belastende Aussage in der Unsicherheit der Prozeßsituation letzt-

* Für wertvolle Mitarbeit habe ich Herrn Assessor Dr. Günther *Gollner* zu danken.

[1] Näher *Eser*, Aussagefreiheit und Beistand des Verteidigers im Ermittlungsverfahren, Rechtsvergleichende Beobachtungen zur Rechtsstellung des Beschuldigten, ZStW (Zeitschrift für die gesamte Strafrechtswissenschaft) 79 (1967), S. 213 ff.

lich doch als belastende gewertet werden könnte, was sich erfahrungsgemäß nie ganz ausschließen läßt. Deshalb soll durch den nahezu naturrechtlichen Grundsatz des „nemo tenetur prodere seipsum“ der Beschuldigte nicht nur vor zwangsweiser Abnötigung eines Geständnisses bewahrt werden, sondern darüber hinaus stets Herr seiner Aussagefreiheit bleiben können; denn erst durch sein Recht zum Schweigen wird er wirklich davor geschützt, daß sein eigenes Wort zum Beweismittel der Anklage wird.

Auch in Deutschland waren die Bemühungen um eine Reform des Strafverfahrensrechts, die bis ins erste Jahrzehnt dieses Jahrhunderts zurückreichen, immer wieder darauf gerichtet, diesen Schutz- und Verteidigungsinteressen des Beschuldigten in verstärktem Maße Rechnung zu tragen. Erste Fortschritte in diese Richtung brachten aber freilich erst das sogen. Vereinheitlichungsgesetz von 1950[2] sowie die sogen. „kleine“ Strafprozeßnovelle von 1964 (StPÄG)[3], durch die immerhin eine Teilreform des Schweigerechts, nämlich der negativen Aussagefreiheit, erreicht wurde. Wie es allerdings von da aus weitergehen wird, ist noch ungewiß; denn der seit Juli 1972 vorliegende Entwurf für eine umfassende Reform des Strafverfahrensrechts (1. StVRG)[4] könnte in mancherlei Hinsicht sogar einen Rückschritt darstellen, wenn darin nicht nur die gerichtliche Voruntersuchung abgeschafft, sondern auch die Schlußgehöre eingeschränkt und damit gewisse Verteidungsrechte wieder abgebaut werden sollten[5].

Immerhin soll aber jedenfalls das Schweigerecht des Beschuldigten unangetastet bleiben. Ohne hier bei Charakterisierung der allgemeinen Tendenz bereits auf Einzelheiten eingehen zu wollen, läßt sich das Grundanliegen des StPÄG von 1964 darin sehen, dem Beschuldigten möglichst frühzeitig Klarheit über seine Lage und seine Rechte zu verschaffen. Zu diesem Zweck ist er bereits bei seiner ersten Vernehmung über seine Aussagefreiheit, die ihm in

[2] Gesetz zur Wiederherstellung der Rechtseinheit auf dem Gebiete des GVG, der bürgerlichen Rechtspflege, des Strafverfahrens und des Kostenrechts vom 12. 9. 1950 (BGBl. I, S. 455).

[3] Gesetz zur Änderung der StPO und des GVG (StPÄG) vom 19. 12. 1964 (BGBl. I, S. 1067).

[4] Dieser Entwurf liegt als Bundestagsdrucksache VI/3478 vor.

[5] Vgl. dazu Bundestagsdrucksache VI/3478, S. 44 ff.; den Änderungsvorschlägen liegt das Streben nach Konzentration und Verkürzung des Strafverfahrens zugrunde, dem im Rahmen der Güterabwägung gegenüber den nur selten genutzten Rechten der Schlußanhörung und des Schlußgehörs die Priorität zugewiesen wurde.

allen Phasen des Strafverfahrens zusteht, zu belehren[6]. In Verbindung damit, was freilich nicht immer klar genug erkannt wird,

[6] Die wichtigsten einschlägigen Vorschriften haben folgenden Wortlaut:

§ 136 StPO

I. Bei Beginn der ersten Vernehmung ist dem Beschuldigten zu eröffnen, welche Tat ihm zur Last gelegt wird und welche Strafvorschriften in Betracht kommen. Er ist darauf hinzuweisen, daß es ihm nach dem Gesetz freistehe, sich zu der Beschuldigung zu äußern oder nicht zur Sache auszusagen und jederzeit, auch schon vor seiner Vernehmung einen von ihm zu wählenden Verteidiger zu befragen. In geeigneten Fällen soll der Beschuldigte auch darauf hingewiesen werden, daß er sich schriftlich äußern kann.

II. Die Vernehmung soll dem Beschuldigten Gelegenheit geben, die gegen ihn vorliegenden Verdachtsgründe zu beseitigen und die zu seinen Gunsten sprechenden Tatsachen geltend zu machen.

III. Bei der ersten Vernehmung des Beschuldigten ist zugleich auf die Ermittlung seiner persönlichen Verhältnisse Bedacht zu nehmen.

§ 136 a StPO

I. Die Freiheit der Willensentschließung und der Willensbestätigung des Beschuldigten darf nicht beeinträchtigt werden durch Mißhandlung, durch Ermüdung, durch körperlichen Eingriff, durch Verabreichung von Mitteln, durch Quälerei, durch Täuschung oder durch Hypnose. Zwang darf nur angewandt werden, soweit das Strafverfahrensrecht dies zuläßt. Die Drohung mit einer nach seinen Vorschriften unzulässigen Maßnahme und das Versprechen eines gesetzlich nicht vorgesehenen Vorteils sind verboten.

Maßnahmen, die das Erinnerungsvermögen oder die Einsichtsfähigkeit des Beschuldigten beeinträchtigen, sind nicht gestattet.

III. Das Verbot der Absätze 1 und 2 gilt ohne Rücksicht auf die Einwilligung des Beschuldigten. Aussagen, die unter Verletzung dieses Verbots zustandegekommen sind, dürfen auch dann nicht verwertet werden, wenn der Beschuldigte der Verwertung zustimmt.

§ 163 a StPO

I. Der Beschuldigte ist spätestens vor dem Abschluß der Ermittlungen zu vernehmen, es sei denn, daß das Verfahren zur Einstellung führt. In einfachen Sachen genügt es, daß ihm Gelegenheit gegeben wird, sich schriftlich zu äußern.

II. Beantragt der Beschuldigte zu seiner Entlastung die Aufnahme von Beweisen, so sind sie zu erheben, wenn sie von Bedeutung sind.

III. Bei der Vernehmung des Beschuldigten durch die Staatsanwaltschaft sind die §§ 136 und 136 a anzuwenden.

IV. Bei der ersten Vernehmung des Beschuldigten durch Beamte des Polizeidienstes ist dem Beschuldigten zu eröffnen, welche Tat ihm zur Last gelegt wird. Im übrigen sind bei der Vernehmung des Beschuldigten werden ferner gewisse Verteidigungsrechte zu sehen sein, die durch das StPÄG ebenfalls ausgeweitet wurden: so das Recht zur Beiziehung eines Verteidigers, das Recht auf Schlußgehör vor Ende des staatsanwaltschaftlichen Verfahrens, also noch vor Erhebung der Anklage, sowie bestimmte Mitwirkungsrechte in der richterlichen Voruntersuchung, und zwar insbesondere das Recht des Verteidigers auf Akteneinsicht. Erst wenn man all diese passiven und aktiven Verteidigungsmittel in ihrem inneren Zusammenhang mit den Informationen sieht, die ihm über die vorgeworfene Tat zu geben sind, wird deutlich, daß der Beschuldigte nur auf diese Weise in die Lage versetzt wird, durch entsprechenden Aufbau seiner Verteidigung die ihm zustehende Unschuldsvermutung aufrechtzuerhalten oder gar seine Unschuld zu beweisen. Denn nur wenn er weiß, wogegen er sich eigentlich zu verteidigen hat, wird für ihn sein Recht zu schweigen oder auszusagen überhaupt erst realisierbar. Somit sind alle diese Rechte, wenn auch teils nur mittelbar, so letztlich doch auf den Schutz des Beschuldigten vor ungewollter Selbstbezichtigung gerichtet.

durch Beamte des Polizeidienstes § 136 Abs. 1 Satz 2 und 3, Abs. 2, 3 und § 136 a anzuwenden.

V. Bei der Vernehmung eines Zeugen oder Sachverständigen durch die Staatsanwaltschaft oder durch Beamte des Polizeidienstes sind § 52 Abs. 2, § 55 Abs. 2 und § 136 a entsprechend anzuwenden.

§ 243 StPO

I. Die Hauptverhandlung beginnt mit dem Aufruf der Sache. Der Vorsitzende stellt fest, ob der Angeklagte und der Verteidiger anwesend und die Beweismittel herbeigeschafft, insbesondere die geladenen Zeugen und Sachverständigen erschienen sind.

II. Die Zeugen verlassen den Sitzungssaal. Der Vorsitzende vernimmt den Angeklagten über seine persönlichen Verhältnisse.

III. Darauf verliest der Staatsanwalt den Anklagesatz. Dabei legt er in den Fällen des § 207 Abs. 3 die neue Anklageschrift zugrunde. In den Fällen des § 207 Abs. 2 Nr. 3 trägt der Staatsanwalt den Anklagesatz mit der dem Eröffnungsbeschluß zugrunde liegenden rechtlichen Würdigung vor; außerdem kann er seine abweichende Rechtsauffassung äußern. In den Fällen des § 207 Abs. 2 Nr. 4 berücksichtigt er die Äußerungen, die das Gericht bei der Zulassung der Anklage zur Hauptverhandlung beschlossen hat.

IV. Sodann wird der Angeklagte darauf hingewiesen, daß es ihm freistehe, sich zu der Anklage zu äußern oder nicht zur Sache auszusagen. Ist der Angeklagte zur Äußerung bereit, so wird er nach Maßgabe des § 136 Abs. 2 zur Sache vernommen. Vorstrafen des Angeklagten sollen nur insoweit festgestellt werden, als sie für die Entscheidung von Bedeutung sind. Wann sie festgestellt werden, bestimmt der Vorsitzende.

II. Geschichtlicher Rückblick

Um den Stand und das Ausmaß dieser gegenwärtigen Gewährleistung des „Privilege against self-incrimination“ angemessen würdigen zu können, empfiehlt sich ein kurzer Rückblick auf die bisherige Entwicklungsgeschichte. Daraus wird deutlich, daß das Recht vor Selbstbezichtigung im Grundsatz zwar schon seit langem anerkannt wird, seine prozessuale Absicherung jedoch erst allmählich durchgesetzt werden konnte. So hatte beispielsweise noch die jüngste einzelstaatliche StPO vor der Reichsgründung von 1871, nämlich die hamburgische von 1869, sowohl dem Beschuldigten als auch dem Zeugen die Pflicht auferlegt, über alles, was ihm hinsichtlich des Untersuchungsgegenstandes bekannt war, Auskunft zu erteilen. Demgegenüber stellen jedoch bereits die Motive zum Entwurf einer reichseinheitlichen deutschen StPO von 1877 den Grundsatz auf, daß vom Beschuldigten nicht gefordert werden könne, gegen seinen Willen zu seiner eigenen Überführung beizutragen[7]. Dieses Privileg jedoch dadurch abzusichern, daß der Beschuldigte auf sein Recht zu schweigen ausdrücklich hinzuweisen sei, eine solche Anregung wurde noch an gleicher Stelle abgelehnt; denn man befürchtete, diese Belehrung könne den Eindruck erwecken, als solle die sittliche Pflicht des Beschuldigten zu wahrheitsgemäßen Aussagen verneint

[7] Vgl. Motive zu dem Entwurf einer deutschen Strafprozeßordnung, Berlin 1872, S. 93. Bemerkenswert ist zu der hier interessierenden Frage die arge Diskrepanz zwischen Aussagekraft des Gesetzestextes über die Rechte des Beschuldigten und dem von den Motiven intendierten Gehalt. So wird dort dem § 119 Abs. 1: „Die Vernehmung soll dem Beschuldigten Gelegenheit zu seiner Rechtfertigung und zur Beseitigung der gegen ihn sprechenden Verdachtsgründe geben“ folgende weitreichende Aussage beigemessen (S. 93): „. . . es kann aber nicht gefordert werden, daß der Beschuldigte gegen seinen Willen zu seiner Überführung beitrage. Dadurch wird auch jeder mittelbare Zwang, welcher die Herbeiführung unfreiwilliger Eröffnungen bezweckt, ausgeschlossen, namentlich die Vorlegung von Fragen, deren Tragweite und Zusammenhang mit dem Belastungsbeweise der Beschuldigte nicht übersieht“.

Dieses liberale Selbstverständnis des Gesetzgebers von der Rolle des Beschuldigten im Strafprozeß hat in die Rechtsprechung nicht Eingang gefunden. Im Jahr 1950 bedurfte es der Schaffung des § 136 a StPO, der noch nicht einmal so weit geht wie der Entwurf von 1873, heißt es doch bei *Kleinknecht*, Strafprozeßordnung, Kommentar, 30. Aufl. 1971, § 136 a 2 A e: „Es ist keineswegs jede Überlistung verboten, sondern nur Täuschung mit Beeinträchtigung der Freiheit des Willens . . .“. Legt man den historischen Gesetzgeber als Maßstab an, stellt die heutige Ansicht in diesem Punkt einen Rückschritt dar.

werden; auch könne durch eine solche Belehrung der Beschuldigte leicht dazu verleitet werden, mit jeder Einlassung zurückzuhalten und damit seiner eigenen Sache zu schaden, weil der Richter häufig geneigt sein werde, selbst ein rechtmäßiges Schweigen des Beschuldigten zu seinem Nachteil zu deuten. Allenfalls wollte der damalige Entwurf in Erwägung ziehen, daß der Beschuldigte vom Richter darauf hinzuweisen sei, daß seine Aussagen als Beweismittel gegen ihn verwendet werden könnten. Insoweit bezogen sich die Motive ausdrücklich auf das damalige englische Vorbild[8].

Diese Begründung ist zugleich symptomatisch für die beiden Prozeßgrundsätze, die ebenso wie damals auch heute noch bei Ausgestaltung der Aussagefreiheit in einem gewissen Widerspruch miteinander liegen: auf der einen Seite das (gemeinrechtliche) exzessive *Inquisitionsprinzip*, ausgerichtet allein auf Wahrheitsfindung um jeden Preis und sei es um den Preis der Folter, die den Beschuldigten zum bloßen Objekt des Prozesses macht; auf der anderen Seite das moderne Prinzip der *Justizförmigkeit*, wonach die Wahrheitserforschung *unverzichtbare Menschenrechte* zu respektieren hat und daher bis zu einem gewissen Grade beschränkt ist. Freilich, dieses Spannungsverhältnis zwischen der Wahrheitsermittlungsmaxime einerseits und der Respektierung der Aussagefreiheit andererseits war mit dem Grundsatz, daß vom Beschuldigten kein Beitrag zu seiner eigenen Überführung gefordert werden dürfe, noch keineswegs gelöst, ja im Grunde waren damit erst all die Probleme geschaffen, die die Rechtsprechung und Lehre auch heute noch beschäftigen: so insbesondere die Frage, welche Bedeutung der Institution des Schweigerechts im Prozeß angesichts der Pflicht zur Wahrheitserforschung zukommt, oder noch konkreter, ob und wie Erkenntnisse, die unter Verletzung der Aussagefreiheit gewonnen wurden, im Strafverfahren verwertet werden dürfen. Immerhin setzte sich aber aufgrund der schließlich in die StPO von 1877 aufgenommenen Vorschrift, daß der Beschuldigte bei Beginn der ersten richterlichen Vernehmung zu befragen sei, „ob er etwas auf die Beschuldigungen erwidern wolle“ (§ 136 StPO a. F.), die Ansicht durch, daß damit der Richter auch daran gehindert sei, auf ein Geständnis hinzuwirken[9].

[8] Motive 1872, S. 94.

[9] Dies nicht zuletzt auch im Hinblick auf § 343 StGB, wo Aussageerpressung unter Strafe gestellt wird. Vgl. auch *Löwe-Rosenberg*, Strafprozeßordnung, 19. Aufl. 1934, § 136, Anm. 3.

Freilich bleibt zu beachten, daß sich diese Abkehr vom Inquisitionsprinzip durch verstärkte Achtung der Aussagefreiheit des Beschuldigten zunächst nur auf Vernehmungen durch den Richter, nicht dagegen auf polizeiliche oder staatsanwaltschaftliche Vernehmungen im Ermittlungsverfahren bezog[10]. Demzufolge waren bis zum Vereinheitlichungsgesetz von 1950, das durch § 136 a StPO den Schutz vor Geständniszwang brachte, die Organe der Polizei und der Staatsanwaltschaften in ihren Vernehmungsmethoden nur durch ihr Rechtsgefühl bzw. durch § 343 StGB (Aussageerpressung)[11] beschränkt, ein Zustand, der nach *Radbruch*[12] den Eindruck erweckte, „als hause die Strafrechtspflege in der Beletage, in der gepflegte Umgangsformen herrschen, die Kriminalpolizei aber in der Kellerwohnung darunter, in der rauhere Sitten üblich sind". Insbesondere waren Polizei und Staatsanwaltschaften nicht einmal verpflichtet, den Beschuldigten auf sein Schweigerecht aufmerksam zu machen, so daß der schlecht oder überhaupt nicht beratene Beschuldigte regelmäßig im unklaren darüber gehalten wurde, ob und inwieweit er vor diesen Verfolgungsorganen zur Aussage verpflichtet war.

Diese unterschiedlichen Anforderungen an richterliche Vernehmungen einerseits und polizei- bzw. staatsanwaltschaftliche Verhöre andererseits führten zwangsläufig zu dem unglücklichen Ergebnis, daß der Richter unter Umständen Aussagen und Geständnisse, die ein Angeklagter ohne vorherige Belehrung über sein Schweigerecht im Rahmen des Ermittlungsverfahrens gemacht hatte, verwerten durfte, obwohl ihm als Richter bereits die Erlangung dieser Erkenntnisse ohne vorherige Belehrung verwehrt gewesen wäre.

Dieser unterschiedlichen Handhabung setzte erst das StPÄG von 1964 ein Ende. Denn seitdem sind auch Polizei und Staats-

[10] Polizei und Staatsanwaltschaft wurden wegen ihrer Ermittlungsrolle für berechtigt gehalten, auf ein Geständnis hinzuwirken. Vgl. dazu *Radbruch* in: Festschrift für Sauer, 1949, S. 124. Andererseits war es zumindest zweifelhaft, ob nicht auch der Richter mit feineren Mitteln auf eine Aussage oder ein Geständnis hinarbeiten dürfe. *Löwe-Rosenberg*, Strafprozeßordnung, 22. Aufl. 1971 *(Sarstedt)*, § 136 a, Anm. 4 f., meint in diesem Zusammenhang: „Feinere Täuschung zu verbieten, ist dagegen unmöglich"; vgl. auch *Kleinknecht*, JZ 1953, S. 534.

[11] § 343 StGB: „Ein Beamter, welcher in einer Untersuchung Zwangsmittel anwendet oder anwenden läßt, um Geständnisse oder Aussagen zu erpressen, wird mit Freiheitsstrafe von einem Jahr bis zu fünf Jahren bestraft".

[12] *Radbruch* a. a. O. (Anm. 10), S. 126.

anwaltschaft bei nichtrichterlichen Vernehmungen zur Beachtung der gleichen Vorschriften verpflichtet, an die sich auch der Richter zu halten hat. So ist namentlich durch die in § 163 a StPO enthaltenen Verweisungen auf § 136 StPO klargestellt, daß auch Staatsanwaltschaft und Polizei den Beschuldigten auf sein Schweigerecht aufmerksam zu machen haben.

Freilich hilft dem Beschuldigten das Wissen um sein Schweigerecht nur wenig, wenn er nicht auch weiß, ob und inwieweit er von der Möglichkeit zu schweigen auch tatsächlich Gebrauch machen soll. Diese Entscheidung wird er, wie bereits angedeutet, nur dann situationsgerecht treffen können, wenn ihm bekannt ist, wogegen er sich eigentlich zu verteidigen hat. Um ihm dies zu erleichtern, war ihm bereits nach § 136 Abs. 1 StPO a. F. bei der ersten richterlichen Vernehmung zu eröffnen, „welche strafbare Handlung ihm zur Last gelegt wird". Allerdings wurde diese Aufklärungspflicht recht eingeschränkt immer nur dahin verstanden, daß der Beschuldigte lediglich über die tatsächliche Seite des Vorwurfs zu informieren sei, nicht dagegen über die rechtliche Würdigung dieses Sachverhalts[13]. Auch in dieser Hinsicht hat das StPÄG die Position des Beschuldigten verbessert; denn seitdem ist ihm auch zu sagen, „welche Strafvorschriften (für die ihm zur Last gelegte Tat) in Betracht kommen" (§ 136 Abs. 1 StPO n. F.). Und zwar obliegt diese Aufklärungspflicht nicht nur dem Richter, sondern nach § 163 a Abs. 3 auch dem Staatsanwalt. Lediglich die Polizei, von der genauere Rechtskenntnisse nicht immer erwartet werden können, darf sich auf Eröffnung des tatsächlichen Geschehens beschränken[14].

Vor allem aber gelten diese Aufklärungspflichten durch das Gericht nunmehr nicht nur für das Ermittlungsverfahren, sondern auch für die Hauptverhandlung. Zwar war auch früher das Gericht schon verpflichtet, durch Verlesung des Eröffnungsbeschlusses dem Angeklagten „die ihm zur Last gelegte Tat unter Hervorhebung ihrer gesetzlichen Merkmale und des anzuwendenden Strafgesetzes" zu eröffnen (§ 243 Abs. 2 a. F. i. V. m. § 207 Abs. 1 StPO a. F.); doch war er dann lediglich zu fragen, „ob er etwas auf die Beschuldigung erwidern wolle" (§ 243 Abs. 3 a. F. i. V. m.

[13] Vgl. dazu *Müller* in: KMR, Kommentar zur Strafprozeßordnung, 6. Aufl. 1966, § 136, Anm. 3 b.

[14] Damit entspricht heute die polizeiliche Aufklärungspflicht ihrem Umfang nach der des Richters vor dem StPÄG.

§ 136 Abs. 1 StPO a. F.). Seit dem StPÄG hingegen muß der Staatsanwalt mit Verlesung des Anklagesatzes dem Angeklagten sowohl die ihm zur Last gelegte Tat wie auch deren rechtliche Würdigung bekanntmachen (§ 243 Abs. 3 StPO n. F.). Sodann ist der Angeklagte vom Richter darauf hinzuweisen, „daß es ihm freistehe, sich zu der Anklage zu äußern oder nicht zur Sache auszusagen" (§ 243 Abs. 4 StPO n. F.).

Bereits vor diesem gesetzlichen Ausbau des *informierten Schweigerechts* hatte das Vereinheitlichungsgesetz von 1950 die Aussagefreiheit gegen unlautere und zwangsweise Vernehmungsmethoden abgesichert. Nicht zuletzt im Rückblick auf schreckliche Erfahrungen der nationalsozialistischen Verhörpraxis soll durch den neu eingeführten § 136 a StPO der Beschuldigte vor physischem und psychischem Druck bewahrt werden. Diese Schutzvorschrift geht insbesondere auch über das damals bereits existierende strafrechtliche Verbot der Aussageerpressung (§ 343 StGB) hinaus, werden doch durch § 136 a nicht nur Anwendung von Gewalt und Mißhandlung, Ermüdung oder Drogen untersagt, sondern auch raffiniertere Methoden der Überführung wie Täuschung oder das Versprechen gesetzlich nicht vorgesehener Vorteile für jede Art strafprozessualer Vernehmungen für unzulässig erklärt.

Insgesamt gesehen ist also auch das deutsche Strafverfahrensrecht durchweg darum bemüht, den Beschuldigten nicht nur über seine Aussagefreiheit hinreichend aufzuklären, sondern ihn auch davor zu schützen, daß sein Schweigen durch unfaire Mittel gebrochen oder seine Aussagebereitschaft mißbräuchlich in eine ihn selbst belastende Richtung gelenkt wird, und zwar sowohl in allen Phasen des Strafverfahrens wie auch gegenüber allen Verfolgungs- und Gerichtsorganen.

Vergleicht man diesen Entwicklungsstand mit dem anderer Länder, so insbesondere mit den Rechten des Beschuldigten im anglo-amerikanischen Rechtskreis, könnte vielleicht verwunderlich erscheinen, daß diese Grundsätze, die uns heute fast schon zur Selbstverständlichkeit geworden sind, so lange brauchten, um auch strafprozessuale Anerkennung zu finden. Einer der wesentlichen Gründe dafür dürfte darin zu suchen sein, daß nach den Erfahrungen des Dritten Reiches das Bonner Grundgesetz der Achtung der menschlichen Würde in Art. 1 Abs. 1 GG ersten und obersten Rang eingeräumt hat und allgemein das Gefühl dafür gewachsen ist, daß jedem Menschen, auch dem potentiellen Verbrecher, ein humanes und rechtsstaatliches Verfahren zu garantieren ist. Um diesen Verfassungsauftrag in die Tat umzusetzen, will der Gesetzgeber auch der Freiheit des Beschuldigten, an der Wahrheitserforschung mitzuarbeiten oder nicht, in größtmöglichem Maße gerecht werden, gleichgültig, ob er sich letzten Endes als schuldig oder als unschuldig erweisen wird. Dieser Grundsatz wurzelt letztlich in dem humanistischen Gedanken, daß der Mensch von Menschen nicht zum Objekt ihrer Zwecke herabgewürdigt werden darf, eine Maxime, die auch in den nach Art. 1 GG garantierten Wertanspruch des Menschen in der Gesellschaft eingegangen ist[15]. Wohl am treffendsten findet sich dieser Anspruch in der Rechtsprechung zu Art. 100 der Verfassung des Freistaats Bayern von 1946 umschrieben: „Der Mensch als Person ist Träger höchster geistig-sittlicher Werte und verkörpert einen sittlichen Eigenwert, der unverlierbar und auch jedem Anspruch der Gemeinschaft, insbesondere allen politischen und rechtlichen Zugriffen des Staates und der Gesellschaft gegenüber eigenständig und unantastbar ist ..."[16]. Damit wäre es unverträglich, wollte man im Beschuldigten nur ein rein passives Verfahrensobjekt sehen. Selbst wenn er bis zu einem gewissen Grade Beweismittel bleibt, gebührt ihm doch die Stellung eines mit bestimmten Rechten ausgestatteten Prozeßsubjekts. Daher hatte der BGH im Kern der Sache recht, als er bereits im Lügendetektor-Fall postulierte: „Der Beschuldigte ist Beteiligter, nicht Gegenstand des Strafverfahrens"[17].

In diesen allgemeinen Grundsätzen wurzelt auch das prozeßspezifische Recht des Beschuldigten, nicht gegen seinen Willen an seiner Überführung mitwirken zu müssen. Zwar wird dieser Grundsatz in der StPO nicht absolut durchgehalten, kann der Beschuldigte doch immerhin gezwungen werden, sich aus Strafverfolgungsgründen einer Untersuchung seines Geisteszustandes oder sonstiger körperlicher Eingriffe zu unterziehen[18]. Gewiß kann

[15] Vgl. *Maunz-Dürig-Herzog*, Grundgesetz, 3. Aufl. 1971, Art. 1 RdNr. 2.

[16] BayVerfGH in VerfGHE n. F. 1, 32 = VerwRspr. 1, 3.

[17] Vgl. BGHSt 5, 322(333); ferner insbes. *Peters*, Strafprozeß, 2. Aufl. 1966, S. 72, 89, 174; *Eb. Schmidt*, Lehrkommentar zur Strafprozeßordnung und zum Gerichtsverfassungsgesetz, Teil I, Die rechtstheoretischen und rechtspolitischen Grundlagen des Strafverfahrensrechts, 2. Aufl. 1964, RdNr. 98.

[18] Die einschlägigen Vorschriften seien hier auszugsweise wiedergegeben:

§ 81 StPO

I. Zur Vorbereitung eines Gutachtens über den Geisteszustand des Beschuldigten kann das Gericht nach Anhörung eines Sachverständigen auch auf diesem Wege der Beschuldigte zu einem Beweismittel gegen sich selbst werden; aber dies nur dadurch, daß er gleichsam als „Augenscheinobjekt“ betrachtet wird[19], nicht dagegen dadurch, daß sein *Wort* gegen ihn gekehrt würde. Und in dieser anders gearteten Angriffsrichtung liegt in der Tat ein wesentlicher Unterschied: Während beim Zwang zum Fingerabdruck oder zur Entnahme einer Blutprobe lediglich ein passives Dulden verlangt wird, soll durch das Schweigerecht der Beschuldigte davor bewahrt werden, aktiv und gegen seinen Willen zu seiner eigenen Belastung beizutragen[20]. Denn sobald es einem Verfassungssystem nicht mehr auf „Wahrheitserforschung um jeden Preis“ ankommt, sondern auf Überführung des Täters in einer seine Menschenwürde achtenden Weise[21], ist es „ein Grundsatz rechtsstaatlichen Strafverfahrens, des Angeklagten Wort nicht gegen ihn selbst zeugen zu lassen, wenn es ihm unter Mißachtung seiner Persönlich-

und des Verteidigers anordnen, daß der Beschuldigte in eine öffentliche Heil- und Pflegeanstalt gebracht und dort beobachtet wird. Im vorbereitenden Verfahren entscheidet das Gericht, das für die Eröffnung des Hauptverfahrens zuständig wäre. . . .

§ 81 a StPO

I. Eine körperliche Untersuchung des Beschuldigten darf zur Feststellung von Tatsachen angeordnet werden, die für das Verfahren von Bedeutung sind. Zu diesem Zweck sind Entnahmen von Blutproben und andere körperliche Eingriffe, die von einem Arzt nach den Regeln der ärztlichen Kunst zu Untersuchungszwecken vorgenommen werden, ohne Einwilligung des Beschuldigten zulässig, wenn kein Nachteil für seine Gesundheit zu befürchten ist.

II. Die Anordnung steht dem Richter, bei Gefährdung des Untersuchungserfolges durch Verzögerung auch der Staatsanwaltschaft und ihren Hilfsbeamten (§ 152 des Gerichtsverfassungsgesetzes) zu.

§ 81 b StPO

Soweit es für die Zwecke der Durchführung des Strafverfahrens oder für die Zwecke des Erkennungsdienstes notwendig ist, dürfen Lichtbilder und Fingerabdrücke des Beschuldigten auch gegen seinen Willen aufgenommen und Messungen und ähnliche Maßnahmen an ihm vorgenommen werden.

[19] *Eb. Schmidt*, Lehrkommentar zur Strafprozeßordnung und zum Gerichtsverfassungsgesetz, Teil II (zit. *Eb. Schmidt*), 1957, § 81 a Anm. 3 mit weiteren Nachweisen.

[20] Diese Maxime hebt der BGH (BGHSt 8, 144, und BGHSt 14, 21) mit aller Deutlichkeit hervor, indem er alle Untersuchungsmethoden ausschließt, die vom Beschuldigten ein aktives Tun fordern.

[21] So heute h. M.; erfreulich klar in diesem Sinne die Tonbandentscheidung BGHSt 14, 358 (365); näher dazu *Eser*, ZStW 79 (1967), S. 567 ff. (569) mit weiteren Nachweisen.

keit entwunden wurde" (BGHSt 14, 358/364). Und damit wäre jede Überspielung der Willentlichkeit der Aussage unvereinbar.

III. Inhalt und Umfang des Schutzes vor Selbstbezichtigung

Obgleich in diesen grundsätzlichen Erörterungen bereits wesentliche Einzelpunkte angesprochen wurden, seien im Sinne einer Gesamtübersicht die wichtigsten Schutzrechte des Beschuldigten doch noch einmal zusammenfassend vorgestellt.

1. Kernpunkt des Schutzes vor Selbstbezichtigung ist die *Aussagefreiheit*, die sowohl in ihrer *negativen* wie in ihrer *positiven* Ausprägung gewährleistet wird: in negativer Hinsicht durch das Recht zu schweigen, in positiver Hinsicht durch das Recht zum Reden. Nicht nur bei aktiver Verteidigung durch Reden, die schon durch den „Anspruch auf rechtliches Gehör" (Art. 103 Abs. 1 GG) verfassungsrechtlich abgesichert ist[22], sondern auch beim Schweigen handelt es sich — entgegen einer früheren Auffassung — nicht mehr nur um eine tatsächliche „Möglichkeit", die eben auch prozessual hinzunehmen und daher lediglich als ein „privilegium odiosum" zu betrachten sei; vielmehr ist spätestens aufgrund der Neufassung des § 136 StPO durch das StPÄG von 1964 klargestellt, daß auch das Schweigeprivileg ein echtes, jeder dubiosen Anrüchigkeit enthobenes Recht ist, dessen Ausübung auch rechtlich nicht mehr suspekt sein soll.

2. Um dieses Kernrecht gegen die Gefahr einer Selbstbezichtigung abzusichern, ist es noch durch einen Wall gleichsam *„flankierender" Schutzrechte* umgeben.

a) Dazu wäre zunächst das Verbot *willensbeeinträchtigender Vernehmungsmethoden* (§ 136 a StPO) zu nennen. Denn wenn dadurch der Beschuldigte vor Zwangseinwirkungen geschützt werden soll, so nicht nur deshalb, weil bei erzwungenen „Geständnissen" die Gefahr der Falschheit eher noch größer ist, sondern auch — wenn nicht gar zuvörderst — um dem Beschuldigten eine freie Entscheidung über sein Schweigerecht zu sichern.

b) Dazu gehört ferner, daß er um sein Schweigerecht überhaupt weiß. Und dazu dienen die verschiedenen *Belehrungspflichten* der Verhörpersonen. Denn erst wenn der Beschuldigte über

[22] Ob man in diesen Aufklärungspflichten mehr einen Teilaspekt des Privilegs gegen Selbstinkriminierung sieht oder, wie etwa *Sarstedt* (in: *Löwe-Rosenberg*, § 136 Anm. 4) und *Maunz-Dürig-Herzog* (Art. 103, RdNr. 28) annehmen, darin einen Ausfluß des „rechtlichen Gehörs" erblicken will, ist letztlich zweitrangig, da beide Prinzipien dem Beschuldigten die Möglichkeit einer fairen Verteidigung sichern wollen.

sein Recht zu reden oder zu schweigen hinreichend aufgeklärt ist, besteht die Chance, daß die Aussagefreiheit nicht nur ein papiernes Recht bleibt, das allenfalls der kaltblütige oder bereits kriminell erfahrene Rechtsbrecher auszunutzen verstünde, sondern das auch dem verschüchterten, aufgeregten oder juristisch nicht vorgebildeten Beschuldigten zugute kommt.

Freilich kann Schweigen auch zu einem zweischneidigen Schwert werden, wenn es unterschwellig als Schuldbekenntnis gedeutet werden könnte. Um dem Beschuldigten auch gegenüber derartigen Formen einer stillschweigenden Selbstbezichtigung eine freie Entscheidung zu ermöglichen, wird er nicht nur über sein Recht zu schweigen, sondern auch über Art und Umfang des gegen ihn erhobenen *Vorwurfs aufzuklären* sein. Denn erst wenn er weiß, wogegen er sich eigentlich zu verteidigen hat, kann er sinnvoll entscheiden, welches der beiden gleichwertigen Verteidigungsmittel — schlichtes Schweigen oder aktive Einlassung — er wählen soll. Auch in dieser Hinsicht versucht die geltende StPO den Beschuldigten nunmehr abzusichern, indem er bereits bei seiner ersten Vernehmung neben seinem Schweigerecht auch über den Vorwurf in *tatsächlicher* und *rechtlicher* Hinsicht aufzuklären ist[23].

c) Eine nicht weniger wichtige Flankierungsmaßnahme zum Schutz vor Selbstbezichtigung ist schließlich auch das Recht auf einen *Verteidiger*. Wenn das englische Sprichwort „he who is his own lawyer, has a fool for a client" richtig ist — und lange Erfahrungen sprechen dafür —, so muß sich der Beschuldigte bereits bei Entscheidung über sein Schweigerecht eines Rechtsbeistandes bedienen dürfen. Das gilt noch mehr, wenn er sich zu einer vollen oder wenigstens teilweisen Einlassung bereiterklärt; denn dann könnte sein Schutz vor Selbstinkriminierung vor allem durch unbedachte oder unklare Aussagen, wenn nicht gar durch eine völlig falsche Selbstverteidigungsstrategie, gefährdet sein.

Nicht zuletzt um solche ungewollten Selbstbelastungen zu verhindern, wird dem Beschuldigten schon seit langem die jederzeitige Beiziehung eines Wahlverteidigers gestattet (§ 137 StPO) bzw. kann in Fällen einer sogen. „notwendigen Verteidigung" (§ 140 StPO) entweder auf Antrag des Beschuldigten oder sogar von Amts wegen ein *Pflichtverteidiger* bestellt werden. Durch das StPÄG wurden diese Rechte dadurch noch weiter ausgebaut, daß

[23] Näher dazu *Löwe-Rosenberg (Sarstedt)*, § 136 Anm. 4 u. 10.

die Beiordnung eines Pflichtverteidigers bereits im Ermittlungsverfahren ermöglicht wird (§ 141 Abs. 3 StPO) und der Verteidiger nicht mehr das Hauptverfahren abwarten muß, um in die Akten Einsicht zu nehmen, sondern ihm dies jetzt bereits im Ermittlungsverfahren gestattet ist und nur ausnahmsweise bei Gefährdung des Untersuchungszweckes verweigert werden darf (§ 147 StPO). Und nicht zuletzt wird der freie und unkontrollierte schriftliche oder mündliche Verkehr zwischen Verteidiger und Beschuldigtem gewährleistet, und zwar selbst dann, wenn sich letzterer in Haft befindet (§ 148 StPO). Auch dieses Recht auf Beistand eines Verteidigers würde dem Beschuldigten natürlich wenig nützen, wenn er davon nicht wüßte[24]. Deshalb sieht die StPO nunmehr vor, daß der Beschuldigte bei Aufklärung über seine Aussagefreiheit zugleich auch über sein jederzeitiges Recht, „einen von ihm zu wählenden Verteidiger zu befragen", zu *belehren* ist (§ 136 Abs. 1, § 163 a Abs. 3, 4 StPO). Auch soll er in geeigneten Fällen darauf hingewiesen werden, daß er sich schriftlich äußern könne. Sicherlich liegt auch darin eine bedeutsame Vorkehrung gegen voreilige und unüberlegte Aussagen.

3. Was den *zeitlichen* und *institutionellen* Rahmen betrifft, innerhalb dessen das Schweigerecht gewährleistet wird, ist folgendes festzuhalten:

a) Grundsätzlich ist der Beschuldigte in keiner Phase des Strafverfahrens verpflichtet, gegenüber der *Polizei,* der *Staatsanwaltschaft* oder dem *Gericht* in irgendeiner Weise zur Sache auszusagen[25].

b) Die Belehrung über die Aussagefreiheit sowie über das Recht zur vorherigen Befragung eines Verteidigers ist dem Beschuldigten nicht nur vor der ersten Vernehmung durch irgendeines der Strafverfolgungsorgane überhaupt, sondern vor *jeder ersten Vernehmung* durch Polizei, Staatsanwaltschaft oder Richter zu geben, und zwar gleichgültig, ob im Hauptverfahren oder in einem sonstigen Verfahren, wie z. B. Untersuchungshaft, Ermittlungsverfahren, Vorverfahren[26]. Wird der Beschuldigte also zu-

[24] In der Praxis stieß die Einführung dieser Belehrungspflicht auf Zurückhaltung, scheint sie doch gerade die Polizei beim ersten Zugriff in der zügigen Ermittlung zu beeinträchtigen. Vgl. dazu *Kleinknecht,* JZ 1965, S. 156.

[25] Vgl. unten 4.1.

[26] Vgl. dazu *Kleinknecht,* Strafprozeßordnung, 30. Aufl. 1971, § 136 Anm. 1; *Löwe-Rosenberg (Sarstedt),* § 136 Anm. 3; *Eb. Schmidt,* Nachträge und Ergänzungen zu Teil II, Nachtragsband I, 1967 (zit. Nachtrag), § 136

erst von der Polizei, dann vom Staatsanwalt und danach vom Richter vernommen, so ist er dreimal zu belehren.

Wird der Beschuldigte in gleicher Sache vom gleichen Strafverfolgungsorgan mehrmals hintereinander vernommen, so wäre nach dem Wortlaut des Gesetzes an sich nur bei der ersten Vernehmung eine Belehrung erforderlich. Jedoch wird die Belehrung auch bei wiederholter Vernehmung vor dem gleichen Organ jedenfalls dann zu wiederholen sein, wenn seit der ersten Vernehmung der Verdacht einer weiteren strafbaren Handlung dazugekommen ist, sich also der Gegenstand der Vernehmung geändert hat[27].

Da die vorerörterten Belehrungen nur dann zu geben sind, wenn der Betroffene als „Beschuldigter" vernommen wird, sind rein informatorische Befragungen ohne vorherige Belehrungen zulässig. Dies wird jedoch dann problematisch, wenn der zunächst nur als einfache Auskunftsperson Befragte in die Rolle des Beschuldigten gerät und damit in der vorgeschriebenen Weise aufzuklären ist. Hier wird es letztlich vom rechtsstaatlichen Fingerspitzengefühl der Verhörperson abhängen, in welchem Zeitpunkt er den Befragten über seine Aussagefreiheit zu belehren hat. Dies wird jedenfalls spätestens von dem Augenblick an geboten sein, in dem der Tatverdacht gegen den zunächst nur informatorisch Vernommenen so stark wird, daß nach §§ 162, 163 StPO ein förmliches Ermittlungsverfahren notwendig wäre[28].

Sind bereits vor dem Hauptverfahren richterliche oder sonstige Vernehmungen mit Belehrung durchgeführt worden, so ist im Hauptverfahren der Angeklagte auf sein Schweigerecht gleichwohl erneut hinzuweisen (§ 243 Abs. 4 StPO).

Darüber hinaus fragt es sich, ob nicht der Beschuldigte grundsätzlich vor jeder Vernehmung erneut belehrt werden sollte, auch wenn er nicht mit einem anderen Vernehmungsorgan als zuvor konfrontiert wird; denn nach jeder Vernehmung kann ein neuer Tatverdacht entstehen bzw. sich das Tatbild ändern[29].

RdNr. 5; KMR *(Müller)*, § 136 Anm. 2 und § 163 a Anm. 4; *Kleinknecht*, JZ 1965, S. 155.

[27] *Eb. Schmidt*, § 136 Anm. I, 2; *Löwe-Rosenberg (Sarstedt)*, § 136 Anm. 3.

[28] Vgl. *Löwe-Rosenberg (Sarstedt)*, § 136 Anm. 3; ferner *Kohlhaas*, NJW 1965, S. 1255; *Schmidt-Leichner*, NJW 1965, S. 1310; über die kritische Zeitgrenze im ausländischen Recht vgl. *Eser*, ZtSW 79 (1967), S. 574, 582, 590 f.

[29] I. d. S. *Eb. Schmidt* (Nachtrag), § 136 RdNr. 6: „§ 136 Abs. I, Satz 2 und 3

c) Auch die dem Schutz vor versehentlicher Selbstbezichtigung dienende Pflicht zur Aufklärung des Beschuldigten über die *Art des Tatvorwurfs*[30] greift bereits bei der ersten Vernehmung ein. Dabei darf sich lediglich die Polizei mit der Benennung des tatsächlichen Vorgangs begnügen (§ 163 a Abs. 4 StPO), während Richter und Staatsanwalt den Beschuldigten auch über die rechtliche Würdigung der Tat aufzuklären haben (§ 136 Abs. 1, § 163 a Abs. 3 StPO)[31].

Dazu müssen zwar nicht alle bekannten Einzelheiten der Tat angegeben werden; zumindest aber muß die Tat so deutlich gekennzeichnet werden, daß der Beschuldigte davor bewahrt wird, sich unversehens einer anderen als der gemeinten Tat zu bezichtigen[32]. Daher bedeutet diese Informationspflicht nicht, daß dem Beschuldigten gleich zu Anfang sämtliche Ermittlungsergebnisse mitgeteilt werden müßten; deshalb hat auch der Verteidiger nur dann und insoweit ein Akteneinsichtsrecht, als dies nicht zu einer Gefährdung des Ermittlungszweckes führt (§ 147 Abs. 2 StPO)[33]. Hier zeigt sich erneut, daß sowohl der Gedanke der Chancengleichheit als auch der Schutz vor Selbstbezichtigung dort seine Grenze findet, wo andernfalls die nicht weniger legitimen Interessen der Allgemeinheit an einer wirksamen Verbrechensverfolgung völlig illusorisch werden müßten.

d) Immerhin ist aber bei der ersten richterlichen Vernehmung ein in Untersuchungshaft Genommener über seine Aussagefreiheit hinaus zusätzlich auch über „die ihn belastenden Umstände" aufzuklären (§ 115 Abs. 3 StPO). Darin findet die verstärkte *Fürsorge* gegenüber dem in Haft Befindlichen ihren Ausdruck[34].

e) Daß schließlich das Verbot *willensbeeinträchtigender* Vernehmungsmethoden (§ 136 a StPO) in jedem Stadium des Verfahrens und gegenüber jedweder Verhörperson, sei dies ein Polizeibeamter, ein Staatsanwalt oder ein Richter, Gültigkeit erheischt, bedarf kaum einer näheren Begründung; denn bezeichnenderweise hatte auch das „Privilege against Self-Incrimination" historisch

enthalten einen für *jede* Vernehmung maßgebenden Grundsatz"; so wohl auch *Kleinknecht*, § 136 Anm. 1.

30 Vgl. oben, II.

31 Vgl. oben, II.

32 Vgl. *Löwe-Rosenberg (Sarstedt)*, § 136 Anm. 4.

33 Vgl. *Löwe-Rosenberg (Sarstedt)*, § 136 Anm. 10.

34 Dazu *Kleinknecht*, JZ 1965, S. 155 f.; *Kleinknecht*, § 115 Anm. 3 B; *Löwe-Rosenberg (Dünnebier)*, § 115 Anm. 8.

seinen Ausgang im Kampf gegen den Geständniszwang durch Foltermethoden genommen[35].

4. Was den *sachlichen* Umfang des Schutzes vor Selbstinkriminierung betrifft, wird gemeinhin von dem lapidaren Grundsatz ausgegangen, daß es dem Beschuldigten freisteht, „nicht zur Sache auszusagen" (§ 136 Abs. 1, § 243 Abs. 4 StPO).

a) Damit ist jedoch lediglich klargestellt, daß sich der Beschuldigte jedenfalls auf die *„Sache"* nicht einzulassen braucht, sich also jeder Äußerung enthalten kann, die mit dem Tatvorwurf in Zusammenhang steht.

b) Wie aber steht es mit der Angabe der *Personalien?* Da die StPO nur von Aussagefreiheit „in der Sache" spricht und zudem die Verweigerung von Personalangaben gegenüber Verfolgungsorganen durch § 360 Ziff. 8 StGB unter Strafe gestellt ist[35a], steht die überwiegende Kommentarliteratur im Einklang mit der amtlichen Begründung zu § 136 StPO n. F. auf dem Standpunkt, daß der Beschuldigte hinsichtlich seiner Personalien kein Schweigerecht habe[36].

Doch dies scheint jedenfalls dann mit dem Privileg gegen Selbstinkriminierung unvereinbar, wenn der Täter bereits namentlich bekannt ist und die Preisgabe der Personalien daher praktisch einem Geständnis der Täterschaft gleichkäme. Da aber schon die Angabe derartiger Verweigerungsgründe einen selbstkompromittierenden Effekt haben könnte, wird der Schutz vor Selbstbezichtigung letztlich wohl zu einem unbeschränkten, also auch die Personalia umfassenden Aussageverweigerungsrecht des Beschuldigten zwingen[37].

[35] Dazu näher *P. Devlin,* The Criminal Prosecution in England, 1960, passim. *Williams,* The Proof of Guilt, London 1963, S. 1—14.

[35a] Künftig § 111 Ordnungswidrigkeitengesetz.

[36] *Kleinknecht,* § 136 Anm. 6; KMR *(Müller),* § 136 Anm. 3 a; *Löwe-Rosenberg (Sarstedt),* § 136 Anm. 12 mit weiteren Nachweisen; amtliche Begründung zu § 136 n. F. in Bundestagsdrucksache IV/178, S. 32.

[37] So *Eser* bereits in ZStW 79 (1967), S. 575 f.; i. d. S. auch *Eb. Schmidt,* § 136 RdNr. 9 mit weiteren Nachweisen; *ders.* im Nachtrag, § 136 RdNr. 17 mit weiteren Nachweisen; ferner *Kern,* Strafverfahrensrecht, 7. Aufl. 1965, S. 100; *Walder,* Die Vernehmung des Beschuldigten, 1965, S. 83 f.; *Peters,* Strafprozeß, 2. Aufl. 1966, S. 178; *Seebode,* MDR 1970, S. 187. Eine vermittelnde Meinung vertreten *Kern-Roxin,* Strafverfahrensrecht, 11. Aufl., S. 117; *Wessels,* JuS 1966, S. 175 f., und *Schönke-Schröder,* Strafgesetzbuch, 15. Aufl. 1970, § 360 RdNr. 27. Danach soll Straffreiheit von § 360 Ziff. 8 StGB dann eingreifen, wenn Angaben zur Person zugleich bereits eine Selbstbelastung bedeuten. Wer allerdings unter Be-

c) Nimmt man den Schutz vor Selbstbezichtigung wirklich ernst, so wird der Beschuldigte nicht nur in der prozeßtypischen Situation der Vernehmung zu schützen sein, sondern auch hinsichtlich Äußerungen, die von ihm *außerhalb* des Verfahrens gemacht und/oder unter Verletzung seines Persönlichkeitsrechts erlangt wurden. Abgesehen von den gesetzlich umschriebenen Duldungsfällen, in denen vom Beschuldigten als einer Art „Augenscheinsobjekt" ein passives Verhalten erzwungen werden kann[38], darf der Beschuldigte keinesfalls Maßnahmen unterworfen werden, durch die er aktiv zu seiner Selbstbezichtigung beitragen müßte[39]. Das gilt namentlich für gesetzlich nicht vorgesehene Tests, wie etwa durch Narkoanalyse[40] oder den Lügendetektor[41]. Wenn sich daher der Beschuldigte der Wahrheitserforschung durch derartige Untersuchungen verschließt, darf dies in keiner Weise — etwa als „schlechtes Gewissen" — schuldindizierend oder strafserschwerend gegen ihn gewertet werden. Konsequenterweise hat es daher auch der BGH als unvereinbar mit dem rechtsstaatlichen Schutz vor Selbstbezichtigung angesehen, eine rechtswidrig auf Tonband aufgenommene Äußerung des Beschuldigten im Prozeß als Beweismittel gegen ihn zu verwenden[42].

5. Was die *Art* der Belehrung betrifft, muß sie schon aus Fairnessgründen so verständlich gestaltet sein, daß sie auch der rechtlich uninformierte Beschuldigte verstehen kann. Dafür wird das hastige Herunterlesen einer Belehrungsformel, deren vollen Sinn man sich bei der Schnelligkeit des Vorgangs schwerlich bewußt machen kann, regelmäßig nicht genügen; ebensowenig das Vorlegen einer schriftlichen Belehrung, wenn zu deren verständiger Lektüre der Beschuldigte sich praktisch gar keine Zeit nehmen kann. Aus dieser Sicht ist daher nicht zu begreifen, daß sich der BGH bereits wieder mit der alten, vom Durchschnittsbürger in ihrer rechtlichen Bedeutung kaum erfaßbaren Belehrungsformel begnügen will[43] und eine erneute Belehrung dann entbehrlich sein

rufung auf diese Einschränkung die Angabe seiner Personalien verweigert, beschuldigt sich damit konkludent zumindest irgendeiner Straftat, wenn auch möglicherweise nicht gerade der, deretwegen er zur Person vernommen wird. Diese Mittelmeinung dürfte nicht zuletzt deshalb schwerlich praktikabel sein.

[38] Vgl. oben Fußnote 18.

[39] Vgl. dazu BGHSt 8, 144; 14, 21; *Eb. Schmidt* (Nachtrag), § 136 RdNr. 19.

[40] Dazu BGHSt 11, 211 ff.; OLG Hamm, DRZ 1950, S. 212.

[41] BGHSt 5, 332.

[42] BGHSt. 14, 364/365.

[43] So BGH NJW 1966, S. 1718 m. abl. Anm. *Schmidt-Leichner*. Wie hier *Eb. Schmidt* (Nachtrag), § 136 Anm. 14, zum ganzen auch *Eser*, ZStW 79

soll, wenn der Angeklagte bereits auf andere Weise als durch richterliche Belehrung (im konkreten Fall durch den Verteidiger) von seinem Schweigerecht Kenntnis gehabt habe[44].

IV. Gefährdungen des Schutzes vor Selbstbezichtigung

Nach diesem umfassenden Bekenntnis des deutschen Strafprozeßrechts zum Schutz vor Selbstbezichtigung könnte man leicht geneigt sein zu meinen, daß damit der Beschuldigte in jeder Weise abgesichert sei und daß ihm sein Schweigen niemals zum Nachteil gereichen könne. Auch könnte leicht der Eindruck entstehen, als sei der Beschuldigte gegen Verletzung der ihm zustehenden Rechte in gleicher Weise abgesichert, wie das etwa durch entsprechende *Verwertungsverbote* im amerikanischen[45] oder in schwächerer Form im englischen Recht[46] der Fall ist. Doch dem ist leider nicht so. Denn genau besehen gibt es noch eine ganze Reihe von Einbruchsstellen, durch die der Beschuldigte um einen wirksamen Schutz seiner Aussageprivilegien gebracht werden kann. Ohne Anspruch auf Vollständigkeit seien wenigstens die wichtigsten derartiger Gefährdungen der Beschuldigtenrechte kurz angeführt.

1. Mangelnde *Revisibilität* der Verletzung von Belehrungspflichten:

Wurde der Beschuldigte verurteilt, obgleich er über sein Schweigerecht nicht ordnungsgemäß belehrt worden war, wird er versuchen wollen, einen derartigen Verfahrensverstoß mit der Revision anzugreifen. Nach § 336 StPO wird er damit jedoch nur dann Erfolg haben können, wenn das Urteil auf der unterlassenen bzw. verfahrenswidrigen Belehrung beruht. Ein derartiger, zumindest potentieller Kausalzusammenhang wird jedoch regelmäßig dort fehlen, wo der Belehrungsmangel durch entsprechende Verteidigungsmöglichkeiten in der Hauptverhandlung noch geheilt werden konnte[47], so etwa dort, wo unzulängliche rechtliche

(1967), S. 572 Anm. 30, und zu den formalen Erfordernissen der Belehrung im englischen und amerikanischen Recht, S. 590 Anm. 97, S. 601 Anm. 140.

[44] BGH NJW 1966, S. 1719.

[45] Nachweise dazu bei *Eser*, ZStW 79 (1967), S. 595 ff.; *Karlen*, Anglo-American Criminal Justice, Oxford 1967, S. 129 ff.; James *George* Jr., Constitutional Limitations on Evidence in Criminal Cases, New York City 1969, S. 96 ff., 101 ff.; *R. D. Davis*, Federal Searches and Seizures, Springfield, Illinois 1964, S. 311 ff.

[46] *Cross R.* and *Wilkins W.*, An Outline of the Law of Evidence, 2. ed. London 1968, S. 167 f.; *Devlin*, a. a. O. (Anm. 35), S. 35 ff.; *Karlen*, S. 105 ff.

[47] Vgl. *Löwe-Rosenberg (Kohlhaas)*, § 336 Anm. 2 a; *Eb. Schmidt*, § 336 Anm. II; vgl. auch BGHSt. 22, 129 ff. (135).

Hinweise bei der ersten Vernehmung in der Hauptverhandlung nachgeholt wurden und damit der Weg zu einer vorwurfsspezifischen Verteidigung eröffnet wurde. Jedenfalls ist bislang kein Fall ersichtlich, wo eine Revision schon allein wegen unzulänglicher Belehrung begründet gewesen wäre.

Anders wird jedoch der Fall zu beurteilen sein, in dem der Beschuldigte infolge einer unzulänglichen Belehrung selbstbelastende Angaben gemacht hat, die dann auch in die Urteilsbegründung tatsächlich Eingang gefunden haben; denn in einem solchen Fall wird der Zusammenhang zwischen der Verletzung einer Belehrungspflicht und dem Schuldspruch schwerlich zu leugnen sein. Trotzdem glaubt die Rechtsprechung auch in diesem Fall einen Revisionsgrund versagen zu müssen, wobei sie sich freilich auf eine Judikatur beruft, die zu einer Zeit ergangen war, als das Schweigerecht noch nicht in derart eindeutiger Weise wie jetzt garantiert war. Denn jene Rechtsprechung sah in der Pflicht des Richters, den Beschuldigten bei seiner ersten Vernehmung zu befragen, ob er etwas auf die Beschuldigung erwidern wolle, lediglich eine Ordnungsvorschrift, deren Verletzung keinerlei Konsequenzen für die Verwertung der Aussage haben könne. Diese Deutung der Belehrungspflichten als bloße Ordnungsvorschriften glaubt man auch heute noch durch ein argumentum e contrario aus § 136 a begründen zu können; denn da dort die Verwertung von Aussagen, die aufgrund von verbotswidrigen Vernehmungsmethoden zustande kamen, ausdrücklich für unzulässig erklärt sei, bei den Belehrungspflichten des § 136 StPO hingegen ein derartiges Verwertungsverbot nicht statuiert wird, müsse diesen Pflichten eine geringere Geltungskraft, nämlich lediglich Ordnungscharakter zukommen[48]. Daran habe sich auch durch die Neufassung des § 136 StPO nichts geändert; denn damit sei lediglich die Belehrungspflicht klarer gefaßt und auf Polizei und Staatsanwaltschaft erstreckt worden. Hätte der Gesetzgeber dabei auch den Verbindlichkeitscharakter der Belehrungspflichten aufwerten wollen, so hätte er dies in Kenntnis der abweichenden Rechtsprechung ausdrücklich normieren müssen[49]. Demzufolge — und dies ist bei Annahme bloßen Ordnungscharakters sicherlich

[48] So BGHSt. 22, 129 ff. (133); 170 ff. (175); OLG Hamburg, NJW 1966, S. 1278, und *Löwe-Rosenberg (Sarstedt)*, § 136 Anm. 18. Gegen dieses argumentum e contrario mit guten Gründen *Schünemann*, MDR 1969, S. 101, und *Eb. Schmidt*, NJW 1968, S. 1216.

[49] So z. B. BGHSt. 22, 175, und *Löwe-Rosenberg (Sarstedt)*, § 136 Anm. 18.

konsequent — sah der BGH auch keinen revisionsbegründenden Verfahrensverstoß darin, daß ein Angeklagter lediglich nach der alten Formel befragt wurde, ob er auf die Beschuldigung etwas erwidern wolle, nicht dagegen ausdrücklich auf seine Aussagefreiheit hingewiesen worden war[50].

Im Gegensatz dazu steht die wohl überwiegende Lehre[51] auf dem Standpunkt, daß den Belehrungspflichten aufgrund ihrer Entstehungsgeschichte und im Hinblick auf den Grundrechtscharakter des Schweigerechts zwingende Kraft zukomme. Deshalb sei bei Verletzung der Belehrungspflicht und nachfolgender Verwertung der Aussage ein Revisionsgrund zumindest dann anzunehmen, wenn sich der Angeklagte mangels „Aufgeklärtheit" in einem Irrtum über sein Schweigerecht befunden hat[52].

Keine Frage, daß allein nach dieser Auffassung die dem Schutz vor Selbstbezichtigung dienenden Belehrungspflichten vor Mißbrauch geschützt werden können. Deutet man sie dagegen nur als Ordnungsvorschriften, wie es die Rechtsprechung tut, so werden gerade jene benachteiligt, die ihr Recht nicht kennen und daher besonderen Schutzes bedürften[53].

2. Auch für die Frage nach der *Verwertbarkeit* von Aussagen, die unter Verletzung der Hinweispflicht erlangt wurden, ist deren Verbindlichkeitscharakter von entscheidender Bedeutung.

Zwar ist unstreitig, daß frühere Aussagen des Beschuldigten, falls er zuvor ordnungsgemäß über seine Aussagefreiheit belehrt worden war, auch dann verwertet werden dürfen, wenn er erst in der Hauptverhandlung von seinem Schweigerecht Gebrauch macht[54]. Auch soll es dabei keine Rolle spielen, ob jene erste Aussage vor einem Richter, einem Staatsanwalt oder einem Polizeibeamten gemacht wurde[55]. Voraussetzung dafür ist jedoch immer, daß jene frühere Aussage des Beschuldigten durch mündliche Zeugeneinvernahme der jeweiligen Verhörperson, also des da-

[50] Vgl. BGH, NJW 1966, S. 1718.

[54] Dazu *Löwe-Rosenberg (Gollwitzer)*, § 243 Anm. 8 b; vgl. aber *Grünwald*, Nachweisen; vgl. insbes. auch *Eb. Schmidt* (Nachtrag), § 243 RdNr. 30; *ders.*, NJW 1968, S. 1209 ff.; *Schünemann*, MDR 1969, S. 101.

[52] So *Kunert*, NJW 1967, S. 542.

[53] Vgl. insbes. *Fincke*, NJW 1969, S. 1014 f.

[54] Dazu *Löwe-Rosenberg (Gollwitzer)*, § 243 Anm. 8 b; vgl. aber *Grünwald*, JZ 1968, S. 754.

[55] Vgl. z. B. BGHSt. 1, 337 (339); 14, 310 (311); 21, 285 (286); BGH bei *Lackner*, MDR 1968, S. 202; zusammenfassend Juristische Arbeitsblätter 1972, S. 163 ff.

mals vernehmenden Richters, Staatsanwalts oder Polizeibeamten, in die Hauptverhandlung eingeführt wird. Dagegen würde es nicht zulässig sein, andere als richterliche Protokolle über jene früheren Aussagen des Angeklagten vorzulesen[56]. Freilich kann auch dieser durch § 250 StPO statuierte Ausschluß des Protokolls dadurch unterlaufen werden, daß es im Wege eines Vorhalts gegenüber dem als Zeugen auftretenden Beamten, der es erstellt hat, nach § 253 StPO zur Kenntnis des Gerichts gebracht wird. Denn selbst wenn ein polizeiliches oder staatsanwaltschaftliches Protokoll gegenüber dem schweigenden Angeklagten für den Schuldspruch nicht verwertet werden darf, werden Vorhaltungen aus einem solchen Protokoll vor allem Laienrichter schwerlich unbeeinflußt lassen. Ebenso problematisch ist es, dem Angeklagten selbst solche Protokolle vorzuhalten[57].

Noch problematischer wird es aber dann, wenn die Rechtsprechung auch die Verwertung solcher Aussagen des Beschuldigten zuläßt, die er außerhalb der Hauptverhandlung ohne vorherige ordnungsgemäße Belehrung über sein Schweigerecht gemacht hat[58]. Wenn auch dies wiederum mit dem bloßen Ordnungscharakter der Belehrungspflichten gerechtfertigt wird, so wird verständlich, daß manchen das Recht zum Schweigen nur noch als „Schwert ohne Griff" erscheint[59]. In der Tat ist zu befürchten, daß die vom

[56] Dies deshalb, weil andere als richterliche Geständnisprotokolle (§ 254 StPO) zu Beweiszwecken nicht verwertet werden dürfen (§ 250 StPO), was sie aber vom Vorhalt dem Zeugen gegenüber (§ 253 StPO) nicht ausschließt (KMR *[Sax]*, § 249 Anm. 3; § 250 Anm. 5; § 254 Anm. 2). Nicht der Inhalt des vorgehaltenen Schriftstücks hat wie beim Urkundenbeweis die Beweiswirkung, sondern allein die auf den Vorhalt erfolgende Aussage des Zeugen oder des Angeklagten (BGHSt. 14, 310, 312).

[57] Für die Zulässigkeit auch gegenüber dem Angeklagten BGHSt. 14, 311 m. w. Nachw.; dagegen *Eb. Schmidt*, § 250 Anm. 7 und § 253 Anm. 1 m. w. Nachw., da auf diese Weise der Vorhalt die faktische Wirkung des in diesen Fällen unzulässigen Urkundenbeweises erhält, weil das Protokoll wörtlich und vollständig vorgelesen werden darf.

[58] So BGH GA 1962, S. 148; BGH NJW 1966, S. 1718; BGHSt. 22, 129, 170; zusammenfassend Juristische Arbeitsblätter 1972, S. 163 f.; dort auch Nachweis der gegenteiligen im Schrifttum herrschenden Meinung.

[59] In diesem Sinne *Jescheck*, JZ 1970, S. 206: „Der *Schutz des Beschuldigten* im Strafverfahren gegen Überraschung und gegen Prozeßnachteile infolge von Unkenntnis, Verwirrung oder Voreiligkeit ist durch die neuere Gesetzgebung stark ausgebaut worden. Die Rechtsprechung hat diesen Schutz jedoch durch Ablehnung der sich daraus ergebenden Beweisverbote inzwischen erheblich eingeschränkt. So wird die erst in der Haupt-

Gesetzgeber beabsichtigte Stärkung der Rechtsstellung des Beschuldigten von der Rechtsprechung, deren Richterschaft jener Rechtspolitik von Anfang an weithin ablehnend gegenüberstand[60], fast zur Wirkungslosigkeit minimalisiert wurde[61].

3. Selbst das scheinbar absolute Beweismethoden- und Beweisverwertungsverbot des § 136 a StPO für Aussagen, die durch *willensbeeinträchtigende Mittel* erlangt wurden, weist beim näheren Zusehen einige durchaus beachtliche Einbruchsstellen auf.

a) Das gilt einmal hinsichtlich des Personenkreises, vor deren verbotswidrigen Vernehmungspraktiken diese Vorschrift schützen soll. Obgleich § 136 a StPO keinerlei institutionelle Beschränkung erkennen läßt, soll er nach herrschender Meinung nur gegen verbotene Vernehmungsmethoden durch staatliche Verfolgungsorgane und deren Beauftragte (wie z. B. Sachverständige) durchgreifen, nicht dagegen, wenn eine *Privatperson* auf derart unzulässige Weise ein Geständnis erpreßt hat[62]. Gibt also ein Denunziant, der durch Drogen oder Täuschung dem Mitgefangenen ein Geständnis abgelockt hat, dieses als Zeuge in der Hauptverhandlung preis, so soll es verwertbar sein. Allenfalls biete die Beweiswürdigung einen Filter gegen möglicherweise fragwürdige Beweismittel[63]. Daß dies einen karrierebewußten und daher zum Erfolg verurteilten Kriminalbeamten geradezu zum stillschweigenden Einsatz privater „Ermittlungsgehilfen“ verführen kann, liegt auf der Hand.

b) Noch schwerer wiegt die Beschränkung des Verwertungsverbots auf die *unmittelbar* verbotswidrig erlangten Aussagen. Denn entgegen der amerikanischen Theorie der „fruits of the poisonous tree“[64] soll § 136 a StPO keine Fernwirkung haben[65],

verhandlung erklärte Aussageverweigerung des Zeugen durch die Vernehmung des Ermittlungs- oder Untersuchungsrichters praktisch illusorisch gemacht und § 252 StPO durch die Verlesung des Protokolls zur Stützung des Gedächtnisses der Verhörperson geradezu umgangen“.

60 Vgl. dazu *Eb. Schmidt*, NJW 1968, S. 1214 f.

61 In diesem Sinne *Fincke*, NJW 1969, S. 1015.

62 Vgl. *Kleinknecht*, § 136 a Anm. 4; *Löwe-Rosenberg (Sarstedt)* § 136 a Anm. 2.

63 So OLG Oldenburg, NJW 1953, S. 1237; *Kleinknecht*, NJW 1966, S. 1541.

64 Vgl. dazu Silverthorne Lumber Co. v. United States, 251 U. S. 385 (1920); Nardone v. United States, 308 U. S. 338, 341 (1939); ferner James *George* Jr. a. a. O. (Anm. 45), S. 101 ff., 134 ff.; *R. D. Davis* a. a. O. (Anm. 45), S. 335 ff.; *Karlen* a. a. O. (Anm. 45), S. 129 ff. (133).

so daß etwaige mittelbare Beweismittel, die durch die erpreßte Aussage erlangt wurden (z. B. der unter Hypnose genannte Zeuge; die Leiche, deren Versteck durch Folterung preisgegeben wurde), dem Verwertungsverbot nicht unterliegen sollen[66]. Auch gegen diese Gefährdung des Selbstbezichtigungsprivilegs werden jedoch von der Lehre in steigendem Maße schärfste Bedenken geltend gemacht[67].

c) Nicht zuletzt wird die Durchschlagskraft des § 136 a StPO auch dadurch beeinträchtigt, daß der *Beweis* für etwaige unzulässige Vernehmungsmethoden dem Beschuldigten obliegen würde[68]. Meist würden dabei seine Angaben über die unerlaubten Verhörmethoden mit den Aussagen der Verhörpersonen kollidieren, die schon zur Vermeidung möglicher Disziplinarmaßnahmen allen Grund hätten, die Unerlaubtheit ihrer Mittel zu bestreiten. Auch wenn solche Fälle in einem von rechtsstaatlichem Geist getragenen System selten sein mögen, werden sie für den Beschuldigten schwerlich beweisbar sein, wenn sie tatsächlich einmal vorkommen.

4. Teilweises Schweigen als *Schuldindiz:*

Wollte man dem vulgären Vorurteil, daß ein schweigender Angeklagter wohl etwas zu verbergen habe[69], nachgeben, so

[65] *Kleinknecht,* § 136 a Anm. 5 mit weiteren Nachweisen; *Löwe-Rosenberg (Sarstedt),* § 136 a Anm. 7; *Löwe-Rosenberg (Schäfer)* Einleitung, Kap. 12, V, B 1. [66] Vgl. *Löwe-Rosenberg (Sarstedt),* § 136 a Anm. 7.

[67] Für die Ausweitung des Verwertungsverbots auch auf mittelbare Erkenntnisse aus unzulässiger Vernehmung *Nüse,* JR 1966, S. 284; *Nüse* argumentiert hier aus der überragenden Bedeutung des Schutzes der Menschenwürde; äußerst kritisch gegen die Möglichkeit der Fernwirkung verbotswidrig erlangter Aussagen auch *Löwe-Rosenberg (Sarstedt),* § 136 a Anm. 7; *Sarstedt* meint dort: „Es genügt nicht mehr, den Beschuldigten so lange zu peinigen, bis er gesteht; diejenigen Vernehmungsbeamten, für die die ganze Vorschrift überhaupt nur gedacht sein kann, müssen ihn jetzt vielmehr weiter peinigen, bis er Augenzeugen nennt, das Versteck der Beute offenbart, kurz, bis er außer der unverwertbaren Aussage verwertbare Beweismittel bekannt gibt". Für Ausweitung auch 46. Deutscher Juristentag, NJW 1966, S. 2051.

[68] Vgl. *Kleinknecht,* § 136 a Anm. 6 mit weiteren Nachweisen; *Löwe-Rosenberg (Sarstedt),* § 136 a Anm. 8.

[69] Als Illustration dazu die Episode aus dem Mariotti-Prozeß, geschildert bei *Wessels,* JuS 1969, S. 169: Dort versuchte der die Klage vertretende Sitzungsstaatsanwalt das Schweigen der Angeklagten als Schuldindiz hinzustellen, worauf der lediglich als Zuhörer anwesende Generalstaatsanwalt das Wort ergriff und den Staatsanwalt unter Hinweis auf die Bedeutung des Schweigerechts richtig stellte.

könnte das Schweigerecht genau das Gegenteil von dem bewirken, was es eigentlich sichern soll, nämlich den Schutz vor Selbstbezichtigung. Gewiß läßt sich niemals ausschließen — und auch die Motive zur StPO[70] räumen dies ein —, daß ein schweigender Angeklagter vielen Richtern um so schuldiger erscheinen wird, je mehr sich der Tatverdacht im Laufe des Verfahrens aus anderen Gründen verstärkt[71]. Die Frage jedoch ist, welche Schlußfolgerungen prozeßrechtlich daraus zu ziehen sind: völlige Unbeachtlichkeit und Unverwertbarkeit des Schweigens oder wenigstens Berücksichtigung im Rahmen der allgemeinen Beweiswürdigung? Sicherlich würde der erstgenannte Weg dem Schutz vor Selbstbezichtigung in optimaler Weise gerecht, so daß den Vertretern dieser Auffassung[72] die Folgerichtigkeit ihrer Argumentation nicht bestritten werden kann.

Die herrschende Meinung hingegen glaubt diesen Weg nicht generell gehen zu können, sondern hält folgende Unterscheidung für angebracht:

a) Soweit der Beschuldigte völlig schweigt und sich zu keinerlei Äußerung bereit erklärt, soll dieses *totale Schweigen* auch dann nicht negativ gegen ihn verwertet werden dürfen, wenn das Motiv des Schweigens erkennbar darin besteht, eine Selbstbelastung zu vermeiden[73]. Denn wollte man anders entscheiden, so würde dem Angeklagten praktisch eine aktive Entlastungspflicht auferlegt, ein Aussagegebot also, das nicht nur mit der Unschuldsvermutung in Widerspruch stünde, sondern das Schweigerecht im Grunde wieder aufheben würde.

b) Hat sich der Beschuldigte dagegen irgendwann einmal zur Sache insgesamt oder wenigstens *teilweise eingelassen*, so soll nach den Grundsätzen der freien Beweiswürdigung diese Teilaussage verwertbar sein; denn damit habe sich der Beschuldigte selbst zum Beweismittel gemacht[74].

[70] Motive zu dem Entwurf einer deutschen Strafprozeßordnung, Berlin 1872, S. 94.

[71] Vgl. etwa *Stümpfler*, Das Schweigen im Strafverfahren oder Bußgeldverfahren, DAR 1973, S. 6/7.

[72] Nachweise bei *Löwe-Rosenberg (Schäfer)*, Einleitung, Kap. 12, V A 1.

[73] *Kleinknecht*, § 261 Anm. 4 b.

[74] So *Löwe-Rosenberg (Schäfer)*, Einleitung, Kapitel 12 V A 1; *Löwe-Rosenberg (Sarstedt)*, § 136 Anm. 5 a; *Kleinknecht*, § 261 Anm. 4 B; *Kleinknecht*, JR 1966, S. 270 f.; *Dallinger*, MDR 1971, S. 18; *Wessels*, JuS 1966, S. 172 mit Einschränkungen; dagegen *Stree*, JZ 1966, S. 593 f.; *Seibert*, NJW 1965, S. 1700.

Diese Differenzierung zwischen vollem und teilweisem Schweigen könnte auf den ersten Blick gekünstelt erscheinen, jedoch dürfte sie zumindest im Ansatz wohl begründet sein. Denn immerhin hat sich der Angeklagte zum Tatvorwurf „verhalten", und zumindest dieses Verhalten muß — wie das sonstige Verhalten des Angeklagten in der Hauptverhandlung auch — Gegenstand der Beweiswürdigung sein können. Auch geht es keineswegs um die Wertung des Schweigens — denn aus einem Nichts kann nichts entnommen werden —, sondern um die Wertung seines Redens. So wenig nun vom Gericht schon allein aus der Tatsache, daß der Angeklagte auf belastende Fragen schweigt, für sich allein ein Schuldbekenntnis herausgelesen werden darf[75], so wenig läßt sich ausschließen, daß die tatsächlichen Aussagen zu Schlußfolgerungen drängen, zu denen sich der Angeklagte durch sein Schweigen gerade nicht bekennen möchte.

Es liegt auf der Hand, daß die Grenze zwischen bloßer Wertung der Aussage und Deutung des Schweigens nicht leicht zu ziehen ist und dadurch der Schutz vor Selbstbezichtigung in Gefahr geraten kann. Deshalb wird es immer auf den aussagepsychologischen Gesamtzusammenhang ankommen. Nur dort, wo die Aussage bereits so weit gegangen ist, daß die Nichtbeantwortung einer weiteren Frage zum „beredten" Schweigen wird, wird man in der *Gesamteinlassung* des Angeklagten ein Schuldindiz erblicken dürfen. Freilich ist nicht zu leugnen, daß der Beschuldigte in eine gefährliche Alternative getrieben wird, wenn bei teilweisem Schweigen und teilweisem Reden seine Gesamteinlassung zum Gegenstand der Beweiswürdigung gemacht wird und damit möglicherweise auch zu seiner Überführung dienen kann. Denn entschließt er sich zu völligem Schweigen, so begibt er sich jeder Möglichkeit, etwaige Beweismittel, die gegen ihn aufgebaut werden, durch Gegendarstellung zu erschüttern. Läßt er sich dagegen auf Teilaussagen ein, macht er sich selbst zu einem Beweismittel. Insofern bleibt das Schweigerecht nach wie vor ein „privilegium odiosum" mit all seinen negativen Folgen. Um diese abzubauen, wäre von der schuldindizierenden Wirkung teilweisen Schweigens nur mit größter Vorsicht Gebrauch zu machen.

c) Um so mehr muß es verwundern, daß demgegenüber neuerdings einige Stimmen aus der Praxis fordern, daß über die gegenwärtigen Grenzen hinaus das Schweigen generell zum Gegenstand

[75] Vgl. *Löwe-Rosenberg (Sarstedt)*, § 136 Anm. 5 a.

freier richterlicher Beweiswürdigung gemacht werden könne[76]. Dies hätte zur Folge, daß es im richterlichen Ermessen läge, ob Schweigen als Schuldindiz verwertet wird oder nicht. Weiter würde dies dazu führen, daß eine solche Verwertung nur bei Nachweis eines Ermessensfehlers mit der Revision angreifbar wäre, was in der Praxis selten gelingen dürfte. Denn wenn das Gericht aus dem Schweigen des Angeklagten ohne weiteres den Schluß ziehen könnte, daß er schuldig sei, und sich aus der Beweisaufnahme keine anderen Indizien für Schuld oder Unschuld des Angeklagten ergäben, bliebe für eine revisionsrichterliche Überprüfung jenes Ermessens kein Anhaltspunkt mehr. Da Schweigen keine Tatsachen offenbart, auf die sich die richterliche Überzeugung von der Schuld des Angeklagten begründen ließe, müßte dies letztlich auf eine *Schuldvermutung* bei Schweigen hinauslaufen[77] — ein Ergebnis, dessen Unvereinbarkeit mit dem Privileg gegen Selbstinkriminierung auf der Hand liegt.

5. Verwertung des Schweigens bei der *Strafzumessung:*

Könnte dem Angeklagten sein Schweigen straferschwerend zur Last gelegt werden, so könnte dies ein Grund für ihn sein, entgegen seinem wahren Willen sich auf eine Aussage einzulassen. Doch anders als bei der zuvor erörterten Frage nach der etwaigen Indizwirkung teilweisen Schweigens ist man sich hinsichtlich der Strafzumessung weitgehend einig darüber, daß bloßes Schweigen bei Festsetzen des Strafmaßes keinen Straferschwerungsgrund abgeben darf[78]. Lediglich dort, wo es sich nicht nur um Schweigen, sondern um wahrheitswidriges Verleugnen handelt, das auf Verstocktheit oder Verschlagenheit schließen läßt, soll dies straferhöhend berücksichtigt werden können[79]. Freilich wird auch hier der Richter darauf achten müssen, aus dem Leugnen des Angeklagten nicht voreilig auf Uneinsichtigkeit zu schließen. Denn wer von seiner eigenen Unschuld überzeugt ist, kann sich leicht zu un-

[76] So *Ostermeyer*, NJW 1969, S. 1187; *Stümpfler* a. a. O. (Anm. 71), S. 7.

[77] Im Ergebnis auch *Stree*, JZ 1966, S. 598; a. A. *Stümpfler*, S. 7.

[78] Vgl. dazu *Löwe-Rosenberg (Gollwitzer)*, § 243 Anm. 8 c; *Löwe-Rosenberg (Sarstedt)*, § 136 Anm. 5 a a. E.; *Schönke-Schröder*, § 13 Anm. 40; dazu auch *Eb. Schmidt* (Nachtrag), § 136 RdNr. 28; vgl. auch dessen grundsätzliche Erwägungen zur Berücksichtigung des Verhaltens des Angeklagten vor Gericht bei der Strafzumessung, in Materialien zur Strafrechtsreform Bd. 1 (1954), S. 27 mit weiteren Nachweisen.

[79] *Schönke-Schröder*, § 13 Anm. 40 m. w. Nachweisen.

einsichtig scheinender Streitbarkeit hinreißen lassen[80]. Auch solchen Angeklagten sollte der Schild des Privilegs gegen Selbstbezichtigung nicht vorenthalten werden.

V. Schutz des Zeugen vor Selbstbeschuldigung

1. Das Privileg gegen Selbstbeschuldigung wäre unvollständig, wenn es nicht auch von Zeugen in Anspruch genommen werden könnte[81], die, würden sie pflichtgemäß die Wahrheit sagen, sich selbst einer strafbaren Handlung bezichtigen würden. Die StPO sucht dem Rechnung zu tragen, indem sie in solchen Fällen dem Zeugen ein *Auskunftsverweigerungsrecht* gibt, und zwar nicht nur für sich selbst, sondern auch zum Schutz von Angehörigen (§ 55 StPO).

Der Zeuge kann von diesem Recht in jedem Stadium des Verfahrens Gebrauch machen. Im Unterschied zum Zeugnisverweigerungsrecht (unten Ziff. 4) ist das bloße Auskunftsverweigerungsrecht dem Grundsatz nach auf das Recht beschränkt, auf bestimmte Einzelfragen zu schweigen. Es kann sich aber notfalls auf einen ganzen Komplex beziehen, durch dessen Offenlegung sich der Zeuge selbst belasten müßte[82]. Zur Begründung der Auskunftsverweigerung reicht die eidliche Versicherung des Zeugen, daß er sich selbst bezichtigen würde (§ 56 StPO). Er braucht daher nicht die Tat anzugeben, wegen der er verfolgt werden könnte. Doch bleibt es natürlich dem Geschick und den Rechtskenntnissen des Zeugen überlassen, wie nahe er mit seinen etwaigen Angaben bis zur Zeugnisverweigerung den Staatsanwalt und die Polizei an die ihn betreffende Straftat heranläßt.

2. Auch für den Zeugen ist dieses Schutzrecht nur dann realisierbar, wenn er um dessen Existenz weiß. Ähnlich der Beschuldigtenbelehrung ist daher seit dem Vereinheitlichungsgesetz von 1950 auch der Zeuge über sein Auskunftsverweigerungsrecht zu *belehren* (§ 55 Abs. 2 StPO). Doch galt dies zunächst nur für richterliche Vernehmungen, nicht dagegen für die vor dem Staatsanwalt oder der Polizei. Wollte man diese unterschiedliche Handhabung damit rechtfertigen, daß der Zeuge zwar einer richterlichen Vorladung, nicht dagegen der durch Staatsanwaltschaft

[80] Darauf weist der BGH eindringlich mit Blickrichtung auf die Instanzgerichte hin (BGH VRS 26, 22).

[81] Vgl. dazu BGHSt. 1, 40.

[82] Vgl. RGSt. 44, 45; BGHSt. 10, 104 f. (105) m. w. Nachw.; *Kleinknecht*, § 55 Anm. 1; KMR *(Sax)*, § 55 Anm. 1 c; *Eb. Schmidt*, § 55 RdNr. 1; *Löwe-Rosenberg (Kohlhaas)*, § 55 Anm. 1 m. w. Nachweisen.

oder Polizei Folge leisten müsse, insoweit also seine Mitwirkung eine freiwillige sei[83], so würde man verkennen, daß sich die breite Bevölkerung über derartige Unterschiede kaum im klaren ist. Wer von der Polizei oder Staatsanwaltschaft eine Vorladung erhält, wird diese, obwohl er es rechtlich könnte, nur im Ausnahmefall einfach ignorieren und fernbleiben. Deshalb war es sehr zu begrüßen, daß das StPÄG von 1964 die Belehrungspflicht auch auf die Staatsanwaltschaft und die Polizei erstreckt hat (§ 163 a Abs. 5 StPO).

Allerdings wird auch diese Schutzmaßnahme vor Selbstbezichtigung praktisch dadurch *unterlaufen,* daß nach vorherrschender Rechtsprechung die Belehrungspflicht durch das Gericht erst dann entstehe, wenn der Richter Grund zu der Annahme habe, der Zeuge könne sich strafbar gemacht haben[84]. Das hat zur Folge, daß das Gericht den Zeugen so lange reden lassen kann, bis es nach pflichtgemäßem Ermessen zu der Auffassung kommt, der Zeuge habe sich mit seiner Aussage nicht nur theoretisch, sondern auch tatsächlich belastet[85]. Erst dann sei der Vorsitzende verpflichtet, den Zeugen „alsbald“[86] zu belehren. Daß die vor oder aufgrund widerrechtlich unterlassener Belehrung gemachte Aussage des Zeugen nach herrschender Rechtsprechung[87] jedenfalls gegen einen anderen verwertbar bleibt, mag dahingehen. Problematisch ist dagegen, daß auch dem Zeugen selbst gegenüber die vor der Belehrung bzw. ohne eine solche gemachte Aussage zu seinen Lasten soll verwertet werden dürfen. Denn im Unterschied zum Beschuldigten steht der Zeuge grundsätzlich unter Aussage- und Wahrheitspflicht. Kommt er dieser nach, ohne zu wissen, daß er selbstbelastende Angaben zu verweigern berechtigt wäre, so läßt man ihn in eine Falle tappen, in der er sich unversehens der Straf-

[83] Vgl. dazu *Eb. Schmidt,* vor § 48, RdNr. 16 a. Nach dem Entwurf eines ersten Gesetzes zur Reform des Strafverfahrensrechts (1. StVRG), Bundestagsdrucksache VI/3478, S. 43 f., wird in Zukunft auch die Zeugen die erzwingbare Pflicht treffen, vor dem Staatsanwalt zu erscheinen und auszusagen, so wie bisher nur vor dem Richter.

[84] So BGHSt. 1, 39 (40); OLG Frankfurt NJW 1951, S. 618, weitere Rspr. des BGH bei *Dallinger,* MDR 1953, S. 402; *Kleinknecht,* § 55 Anm. 4 A.

[85] Vgl. *Löwe-Rosenberg (Kohlhaas),* § 55 Anm. 4; KMR *(Sax),* § 55 Anm. 23; kritisch dazu *Geerds* in: Festschrift für Stock, 1966, S. 188.

[86] So *Kleinknecht,* § 55 Anm. 4.

[87] Für Verwertbarkeit: RGSt. 38, 320; BGHSt. 1, 39 (40); 10, 186 (190); 11, 213; dagegen und zum Streitstand mit weiteren Nachweisen: *Löwe-Rosenberg (Kohlhaas),* § 55 Anm. 3, 6, 7; a. A. insbes. auch KMR *(Sax),* Anm. 2 b, II 1 vor 48; § 55 Anm. 2 d und 5; *Geerds* a. a. O., S. 188.

verfolgung ausliefert. Dem wäre durch eine *frühzeitigere Belehrung* abzuhelfen[88].

Ähnlich wie bei Unterlaufung des Schweigerechts des Beschuldigten durch Verwertung früherer Aussagen[89] läßt es die Rechtsprechung auch bei auskunftsverweigernden Zeugen zu, daß ihre frühere Aussage durch *Vernehmung* der *Verhörperson* oder durch Vorhalt in den Prozeß eingeführt wird[90]. Obgleich das in erster Linie gegen den Beschuldigten ausschlägt und seine Verteidigungsmöglichkeiten beschneidet[91], kann das erneute Aufrollen der selbstbelastenden Aussagen des Zeugen in der Hauptverhandlung doch auch gegen diesen selbst ausschlagen, indem die Aufmerksamkeit der Staatsanwaltschaft auf diese Taten gelenkt wird.

4. Schließlich ist noch auf einen mittelbaren Schutz vor Selbstbezichtigung aufmerksam zu machen, und zwar dadurch, daß Zeugen, die in einem bestimmten Vertrauensverhältnis zum Beschuldigten stehen und dadurch bei einer wahrheitsgemäßen Aussage in einen Interessenkonflikt geraten könnten, ein *Zeugnisverweigerungsrecht* eingeräumt wird. Das gilt namentlich für verwandtschaftliche Verhältnisse (§ 52 StPO) sowie für bestimmte berufliche Beziehungen, bei denen Vertraulichkeitsschutz eine besondere Rolle spielt, wie z. B. bei Geistlichen, Rechtsanwälten, Ärzten und Journalisten (§§ 53, 53 a StPO). Wäre im Rahmen solcher Beziehungen der Zeuge überhaupt zu einer Aussage verpflichtet, so müßte das nicht nur das Vertrauensverhältnis zu dem Beschuldigten belasten, sondern könnte unter Umständen auch eine gewisse — wenn auch nicht notwendig strafrechtliche — Selbstinkriminierung des Zeugen zur Folge haben.

Die Belehrungspflicht ist hier unterschiedlich geregelt: Während der verwandtschaftlich mit dem Beschuldigten verbundene Zeuge über sein Aussageverweigerungsrecht in jedem Stadium des Verfahrens zu belehren ist (§ 52 Abs. 2 StPO), ist bei beruflich bedingtem Zeugnisverweigerungsrecht eine Belehrung nicht vorgeschrieben. Hier geht das Gesetz offensichtlich davon aus, daß

[88] Vgl. *Geerds* a. a. O., S. 171 ff., 188 ff.

[89] Siehe oben IV.

[90] BGH MDR 1951, S. 180; BGH NJW 1957, S. 919; BGHSt. 17, 245; OLG Celle, NJW 1957, S. 194; vgl. ferner *Löwe-Rosenberg (Kohlhaas)*, § 55 Anm. 1; konsequenterweise auch hier a. A. *Eb. Schmidt*, JZ 1958, S. 596; *ders.*, § 252 Anm. 3.

[91] Dazu *Eser*, NJW 1963, S. 234 (236).

das Aussageverweigerungsrecht aufgrund entsprechender Erfahrungen bereits bekannt ist[92].

Auch dieses Aussageverweigerungsrecht kann freilich bis zu einem gewissen Grad dadurch unterlaufen werden, daß die Aussage eines Zeugen, der später sein Zeugnis verweigert, auf anderem Wege in die Hauptverhandlung eingeführt wird. Zwar kann dies nicht dadurch geschehen, daß einfach das Protokoll der früheren Vernehmung verlesen wird. Doch soll es nach herrschender Rechtsprechung zulässig sein, daß zumindest die vor einem Richter nach ordnungsgemäßer Belehrung gemachte Aussage durch *Vernehmung* dieses *Richters* in die Beweisaufnahme eingebracht und dann auch verwertet wird[93]. Auch diese Praxis trägt die Gefahr in sich, daß der Schutz vor Bezichtigung der eigenen Person oder nahestehender Personen durchlöchert wird[94].

VI. Schlußbemerkung

Trotz der aufgezeigten Einbruchstellen ist das Bemühen der deutschen Strafprozeßordnung unverkennbar, sowohl formell Beschuldigte als auch Zeugen, die sich einer Strafverfolgung aussetzen könnten, soweit wie möglich vor potentiellen Selbstbezichtigungen zu schützen. Doch werden Rechtsprechung und Lehre darauf bedacht sein müssen, daß in dem verständlichen Bestreben nach Wahrheitserforschung die aufgezeigten Einbruchstellen nicht noch größer werden, sondern das grundrechtlich geschützte Privileg gegen Selbstbeschuldigung tatsächlich seinen *Vorrang* behält.

Welchen Lauf die weitere Entwicklung nehmen wird, läßt sich schwer voraussagen. Eines erscheint jedoch sicher, nämlich daß sich das Schwergewicht des Vorverfahrens noch mehr als bisher auf die Staatsanwaltschaft verlagern wird. Um hier das Gleichgewicht zwischen Verfolgung und Verteidigung nicht aus der Balance geraten zu lassen, werden sicherlich auch die Rechte des Beschuldigten einer weiteren Verstärkung bedürfen. Auch wird nicht zu übersehen sein, daß damit die *Justiz* in noch größere *Rollenkonflikte* zwischen größtmöglicher Aufklärung einerseits und Wahrung der Beschuldigtenrechte andererseits kommen wird.

[92] So BGH 5 StR 388/57 bei *Lackner*, MDR 1958, S. 14; ferner *Löwe-Rosenberg*, § 53 Anm. I; KMR (*Sax*), Vorbem. vor § 48 Anm. 2 b II 3 c.

[93] BGHSt. 2, 99/107; 11, 338; *Löwe-Rosenberg (Kohlhaas)*, § 52 Anm. 5; Juristische Arbeitsblätter 1972, S. 166.

[94] Vgl. näher die Kritik bei *Eser*, NJW 1963, S. 234/6.

Auch dem wird durch entsprechende Schutzvorschriften zugunsten des Beschuldigten und des Zeugen vorzubeugen sein.

Summary

The principle of "nemo tenetur prodere seipsum" is also valid under the law of criminal procedure in the Federal Republic of Germany. Its ultimate roots are founded in the humanistic idea that man must not be abused by serving as object of other men's ends, a maxim that became part of article 1 of the Basic Law of the FRG, protecting the dignity of man. Yet, this privilege against self-incrimination is not explicitly codified as such but rather embodied in various provisions of substantive as well as procedural criminal law. Since most of these rules are applicable to all stages of the proceedings, beginning from police inquiries to the end of the trial, thus the defendant is protected from the impacts of the somehow antagonistic "principle of inquisition" by which the prosecuting authorities as well as the judge are bound to explore the truth to the highest degree possible.

The main rules may be summed up as follows:

— Extortion of confessions from defendants is already prohibited by substantive penal law.

— Primarily due to the awful experience during the Third Reich, the penal procedural code (StPO) was amended by a rule, binding all agencies of the prosecution, banning any infringement on the defendant's free will by force or other unfair practices.

— From the first questioning by the police up to the trial the StPO grants the defendant the right to refuse to answer any question with regard to the charge — a right equivalent to his other right to plead his case by repudiating statements.

The efficacy of the latter is supported by further supplementary rights:

— The defendant must be expressly instructed of his right to refuse to answer questions before the first interrogation by any of the agencies of the prosecution.

— If a defendant is to be interrogated by another prosecutor or judge, he has again to be instructed of his rights.

— The instruction has to comprise the factual circumstances as well as the legal aspects of the case.

— In context with the instruction above the defendant must be informed of his right to consult a defense counsel who is entitled to examine the records in an early stage of the prosecution.

These rules constituting an "informed" privilege against self-incrimination are as a whole based on the observation that the mere refusal of a statement in view of the charge can only reasonably be applied as a means of defense if the defendant knows what he has to stand up for.

The impression of almost perfect legal protection against self-incrimination must not delude as to some essential shortcomings due to the jurisdiction of the courts. Mainly:

— The violation of the pertinent rules on instruction — except for extreme instances of obtaining statements by means banned expressly by law which are rare indeed — does not inhibit the use of statements made thereafter as evidence against the defendant.

— The defendant cannot successfully appeal against the verdict, for example, with the assertion that he had made a self-incriminating statement only because he was not properly instructed of his rights.

— Contrary to authorities in criminal jurisprudence the courts allow exclusion of evidence attained out of court without due instruction only in instances enumerated in the code, which is not the case with regard to instructions against self-incrimination. In this case the statement itself is barred from use. The interrogator, however, may testify as a witness to such a former statement. In the course of such testimony the record of the interrogation may be read in court to the witness to refresh his memory — no doubt as to the effect on the jury.

— Even though statements obtained by unlawful means are strictly barred from use in court, this exclusion is not valid with regard to statements thus gained by others than prosecuting personnel; and if the latter apply such means themselves the exclusion is restricted to statements gained directly thereby. Thus, the American doctrine of "the fruits of the poisonous tree" is not practiced in German law.

— It is generally accepted that refusing to answer questions alone is no indication of guilt. But within his discretionary power, the judge may well interpret a refusal with regard to certain questions in context with other statements the defendant has made.

The witness enjoys similar protection against self-incrimination as the defendant — yet suffering under the same shortcomings.

The further development of this privilege is difficult to judge. As the scene of prosecution is now tending to center towards the public prosecutor and the police, away from the court, further strengthening of the defendants' and witnesses' rights seem necessary.

Resumen

El principio jurídico „nemo tenetur prodere seipsum" es válido también en derecho procesal penal alemán. Tiene su origen en la idea humanista de que el hombre no puede ser convertido por el hombre en objeto de sus fines, máxima que es parte constitutiva de la dignidad humana protegida por el art. 1 de la Ley Fundamental. Esta protección contra la autoincriminación no está codificada como tal, pero se encuentra sin embargo representada materialmente en distintas disposiciones jurídicas y procesales. Puesto que la mayor parte de estas reglas encuentran aplicación en todas las fases del proceso, empezando por las averiguaciones policiales hasta el final del proceso de cognición, el encartado está protegido de esta manera contra las repercusiones del, de alguna manera opuesto, principio inquisitivo, según el cual Ministerio Fiscal y Tribunal están obligados a la investigación de la verdad tan extensamente como sea posible.

Los más importantes derechos protectores del acusado pueden ser resumidos como sigue:

— La prohibición jurídico-penal de obtener mediante coacción una declaración.

— La prohibición e inutilización de medios indagatorios a través de los cuales pudiera ser mermada la libre determinación de la voluntad del encartado (maltrato, engaño, amenaza, promesas ilegales), prohibición de medios de prueba que fué introducida y no en último término, para impedimento de métodos indagatorios como los que fueron empleados durante el Tercer Reich.

— El derecho del acusado a rechazar, desde el primero hasta el último interrogatorio ante la Policía o el Tribunal, cualquier declaración a preguntas con respecto a la inculpación. Este derecho a guardar silencio expresado negativamente encuentra su complemento a través del positivo derecho a declarar ante cada inculpación.

— El encartado tiene derecho, ya desde el primer interrogatorio, a la asistencia de un defensor.

La eficacia de este derecho a guardar silencio, o en su caso, a defenderse, está protegida a través de los siguientes derechos complementarios:

— El encartado debe ser expresamente informado acerca de sus derechos anteriormente citados, antes del primer interrogatorio.

— Si un encartado que ya ha sido interrogado, es sometido por otro órgano procesal a un interrogatorio posterior, debe ser informado nuevamente sobre su derecho a permanecer callado.

— Esto vale también para el caso de que desde el anterior interrogatorio se hayan producido nuevas sospechas.

— La información debe comprender generalmente tanto las circunstancias fácticas como su calificación jurídica, pues sólo entonces, cuando el encartado sabe contra qué ha de defenderse, puede ser el silencio un práctico medio de defensa. Por eso, la Ley Procesal Penal Alemana le concede un derecho „informado al silencio".

Esta impresión de una casi perfecta protección ante la autoincriminación, no debe sin embargo, hacer olvidar algunas esenciales mermas en detrimento de estos derechos que han de atribuirse particularmente a la jurisprudencia. Así en especial:

— La violación del derecho de información conduce sólo en pocos casos excepcionales, así en caso de métodos interrogatorios prohibidos, a una prohibición de utilizarlos.

— Por consiguiente, el encartado no puede generalmente con éxito interponer un recurso, alegando que él ha hecho una declaración agravatoria sólo porque no había sido informado sobre su derecho a permanecer callado, según la ley lo ordena.

— En tanto la lectura del protocolo está prohibida, puede el juez que llevó a cabo el interrogatorio, bajo determinadas circunstancias, ser interrogado como testigo acerca de la declaración del encartado.

— Incluso cuando el encartado rechaza la declaración en las diligencias de prueba, puede ser leído el protocolo judicial sobre una anterior confesión.

— Incluso cuando una declaración no puede ser utilizada a causa de los ilícitos medios interrogatorios, no con esto está excluída la utilización de las pruebas que fueron obtenidas mediante aquella declaración. La teoría norteamericana de „the fruits of the poisonous tree" no está por tanto, reconocida por la jurisprudencia alemana.

— Aunque se reconoce generalmente que del silencio del acusado no debe deducirse confesión alguna de culpabilidad, queda al arbitrio del juez en la apreciación de las pruebas, hasta qué punto él estima un silencio parcial del acusado, en relación con eventuales manifestaciones, como agravatorio.

El testigo goza, como el encartado, de parecida protección contra la autoincriminación, por supuesto que con parecidas mermas.

El posterior desarrollo del privilegio contra la autoincriminación es dificil de juzgar. Puesto que las tendencias de reforma se dirigen a desplazar el mayor peso del proceso penal, siempre más fuerte, hacia el Ministerio público, parece necesario un mayor fortalecimiento de los derechos del encartado y de los testigos.

Verzeichnis

der für die Veröffentlichung der deutschen Landesreferate vorgesehenen Zeitschriften und Reihen

Sektion I	— Zeitschrift für vergleichende Rechtswissenschaft (Band 75 Heft 1)
Sektion II	— Materialien zum ausländischen und internationalen Privatrecht (Band 21)
Sektion III	— Abhandlungen aus dem Gesamten Bürgerlichen Recht, Handelsrecht und Wirtschaftsrecht (Heft 46)
Sektion IV	— Archiv für Öffentliches Recht (Beiheft 1)
Sektion V	— Zeitschrift für die gesamte Strafrechtswissenschaft (Beiheft 1974)
Sondersektion	— Datenverarbeitung im Recht (Band 3 Heft 1/2)

Bei Fragen zur Produktsicherheit wenden Sie sich bitte an:
If you have any questions regarding product safety, please contact:

Walter de Gruyter GmbH
Genthiner Straße 13
10785 Berlin
productsafety@degruyterbrill.com